I volti della storia

193

Dello stesso autore

Alessandro Magno (Universale Storica n° 26)

Titolo originale: *Les Cathares*

Traduzione di Lucilla Rodinò
Prima edizione: aprile 2006

Roma, Casella postale 6214

ISBN 88-541-0566-X

www.newtoncompton.com

Realizzazione a cura di Corpotre, Roma
Stampato nell'aprile 2006 dalla Legatoria del Sud s.r.l., Ariccia (Roma)

Roger Caratini

Il mistero dei catari

Dalla gloria alla tragedia

Newton Compton editori

Prefazione

Quella che viene tradizionalmente definita – a torto[1] – la "crociata albigese" è un conflitto religioso e politico che insanguinò la contea di Tolosa e tutta la Linguadoca tra il 1208 e il 1255, conflitto dopo il quale lo Stato indipendente del conte di Tolosa, vassallo del re di Francia Filippo l'Ardito, passò nelle mani di questo sovrano il 24 agosto del 1271. Questa guerra di conquista dal pretesto religioso ci è stata descritta (in latino) in tutti i particolari da due cronisti che ne furono testimoni: Pietro di Vaux-de-Cernay e Guglielmo di Puylaurens.

Il primo era monaco presso l'abbazia di Vaux-de-Cernay, compresa nella diocesi di Chartres, di cui era abate suo zio Guido. Nel 1202 egli s'unì con quest'ultimo all'armata della quarta crociata a Venezia. Partecipò alla presa di Zara (oggi Zadar, in Dalmazia) per poi rientrare in Francia quando i crociati, rinunciando a partire per la Terra Santa, decisero d'impadronirsi di Costantinopoli per scacciarne l'imperatore greco e instaurarvi un impero latino nel 1204. In seguito, nel 1206, Pietro di Vaux-de-Cernay accompagnò lo zio in Linguadoca, allo scopo di predicare contro l'eresia degli albigesi, e vi rimase gli anni successivi con l'armata di Simone di Montfort, incaricato di reprimerla[2]. Pietro ha scritto una *Storia albigese* preziosa per quanto riguarda la narrazione degli eventi (ne fu testimone oculare), ma di cui bisogna tuttavia diffidare per l'eccessiva parzialità verso i crociati. La prima stampa dell'opera risale al 1615 a Troyes e verrà citata in questo libro, con la sigla HA, a partire dalla traduzione francese che ne hanno fatto Pascal Guébin e Henri Maisonneuve[3]. Pietro di Vaux-de-Cernay iniziò a scrivere la *Storia albigese* intorno al 1213 e pare l'abbia completata dopo la morte di Simone di Montfort, avvenuta nel 1218, poiché nella sua opera menziona questo avvenimento (CC, 205, verso 128).

Contemporaneamente, due chierici occitani, uno navarrese e l'altro tolosano, redassero una cronaca della crociata in lingua d'oc sotto forma di canzone di gesta di circa diecimila versi alessandrini, suddivisi in

[1] La signoria d'Albi ha svolto un ruolo solo molto secondario in questa lunga e poco onorevole guerra di religione che coinvolse in realtà tutto il Sud-ovest della Francia.

[2] Vedi p. 48.

[3] *Histoire albigeoise*, Paris, J. Vrin, 1951.

214 *lasse*, nota col titolo di *Canzone della crociata albigese* (qui indicata con la sigla CC, seguita dal numero di lassa)[4]. Conosciamo l'identità del primo di questi due autori perché egli si presenta all'inizio della *Canzone*: si tratta di un tal Guglielmo di Tudela, residente a Montauban, che si era schierato con i crociati – e dunque, viste le sue origini occitane, era un "traditore" della causa albigese – ed era un protetto di Simone di Montfort, il losco capo militare che agiva per conto del papa e del re di Francia. Guglielmo ha scritto le prime 130 lasse del poema, vale a dire 2749 versi. Il suo racconto ha inizio il 15 gennaio 1208, sulle sponde del Rodano, con l'assassinio del legato pontificio, Pietro di Castelnau, da parte di un gentiluomo tolosano, omicidio che scatenerà le operazioni militari della crociata. Esso si conclude con il resoconto dell'assemblea tenuta da Simone di Montfort il primo dicembre 1212 a Pamiers[5], nell'Ariège. È evidente che Guglielmo di Tudela, protetto del conte Baldovino (fratello del conte Raimondo VI di Tolosa che, tradendo la causa albigese, era passato nel campo crociato), è ferocemente ostile agli eretici; ma da buon doppiogiochista, nondimeno rispetta Raimondo VI di Tolosa che definisce «il prode conte Raimondo». Da quest'ambigua appartenenza a due fronti deriva una certa mancanza di calore nella prima parte della *Canzone*.

Di tutt'altro stampo è la personalità dell'anonimo continuatore dell'opera. Costui, cattolico ortodosso, non allude mai all'eresia catara, rispetta il papa e i suoi ministri e vede la crociata albigese come una guerra civile tra i baroni del Nord e i baroni occitani, in cui i primi tentavano di mettere le mani sui feudi dei secondi con la benedizione del re Filippo II Augusto. La questione che apparentemente preoccupa il coautore della *Canzone* non è tanto la sorte degli eretici quanto il ripristino del diritto feudale, cemento politico dell'Europa occidentale cristiana, in parte danneggiato dalla crociata.

A questo proposito è utile leggere le lasse dalla 143 alla 147, che riferiscono le discussioni del quarto concilio lateranense[6] riguardanti le intricate conseguenze giuridiche della crociata: che ne sarà dei feudi ereditari dei conti occitani, morti in battaglia o scomunicati dal papa, conquistati dai crociati vincitori? Gli innocenti eredi dovranno perderle per colpa dei padri? Il caso più scottante era quello di Raimondo VII, figlio dello scomunicato conte di Tolosa Raimondo VI: avrebbe dovuto dire addio alla sua eredità? Non aveva ancora presentato l'omaggio feudale al re di Francia; doveva ciononostante comportarsi come se fosse stato legato al re allo stesso titolo del padre? E i vassalli dei conti scomuni-

[4] *Chanson de la Croisade albigeoise*, adattamento francese di Henri Gougaud, Paris, LGF, 1989.
[5] Vedi p. 99.
[6] Concilio presieduto da Innocenzo III, promotore della crociata, tenutosi al Laterano dall'11 al 30 novembre 1215. Il papa vi fece firmare dai vescovi una professione di fede contro il catarismo, precisando inoltre i *Comandamenti della Chiesa* riguardo, in particolare, l'obbligo dei fedeli alla confessione e alla comunione almeno una volta l'anno.

cati o uccisi, quale signore avrebbero dovuto servire? Ascoltiamo l'anonimo poeta presentarci questo celebre concilio (CC, 143):

> Ecco ordunque riunita la corte del signor papa
> di cui grande è la pietà. Il frusciante frastuono
> di prelati, cardinali, vescovi, abati, priori,
> primati, principi di sangue e potenti cavalieri,
> giunti da molti paesi riempie la grande sala,
> ove tutti sono riuniti in consiglio conciliare.
> C'è il conte di Tolosa[7], e anche suo figlio,
> il bello e bravo giovane segretamente giunto
> d'Inghilterra, scortato da rari fedeli,
> [...]
> A braccia aperte il papa l'accoglie e lo benedice.
> Mai in verità gli fu presentato
> giovane più cortese. Egli è di bell'aspetto,
> d'aria assennata e puro sangue: Inghilterra, Tolosa
> e Francia in lui stringono regia alleanza.
> Eccolo inginocchiato dinanzi al santo pontefice
> (sta al suo fianco il buon signor di Foix).
> Chiede il dovuto: la terra dei suoi padri.
> Lungamente il papa contempla il giovanotto.
> [...]
> Ahimè, niente da fare. I nostri conti lo intuiscono.
> Certo, il santo pontefice abilmente lo afferma
> in scritti solenni e grandi discorsi tenuti
> dinanzi agli uomini di Chiesa e ai baroni presenti:
> i conti tolosani non sono degli eretici.
> Sono buoni cattolici. Non meritavano
> il male che si è fatto alla terra avita.
> Ma si può tornare su un accordo concluso?
> Certo che no: il clero non lo accetterebbe.
> Il paese appartiene oramai alla Chiesa.
> Essa ne ha affidato il governo a Montfort.
> È così. Nessuno può contestarlo.

Tali sono le questioni che assillano il nostro anonimo poeta, ma esse dovevano sicuramente preoccupare anche i prelati e i signori dell'epoca e ci ritorneremo più avanti. Il fatto stesso che venga posto con tanta chiarezza il problema della stabilità del sistema feudale dimostra che la crociata contro gli albigesi fu principalmente una questione politica e non un conflitto religioso, come sosteneva Voltaire (che non l'ha capito).

Non si deve infatti dimenticare che la Francia di Filippo II Augusto era ben lungi dall'essere un reame unitario paragonabile all'odierna erede. Certo, i sovrani capetingi – di cui il primo, Ugo Capeto, si era abilmente impadronito della corona carolingia grazie a un astuto colpo di Stato politico orchestrato dal vescovo Adalberone – si sono fregiati della glo-

[7] Raimondo VI, conte dal 1194 al 1222.

ria di Carlo Magno e Rolando a tal punto che giullari, trovatori e menestrelli distorceranno a piacere la storia del paese dei Franchi tanto da collocare a Parigi il palazzo degli antichi imperatori (che, in realtà, risiedevano a Aquisgrana) e da trasformare in culla dei Carolingi la regione situata tra la capitale francese e Orléans[8]! Una menzogna ridicola e boriosa perpetuatasi fino ai programmi scolastici ufficiali revanscisti della Terza Repubblica.

È quindi a Parigi, il primo novembre 1179, ancora in vita il padre Luigi VII, che Filippo II è proclamato re di Francia all'età di quattordici anni (era nato a Gonesse nel 1165), secondo il rito capetingio; l'anno successivo muore Luigi VII e Filippo II, che vedrà attribuirsi il soprannome di "Augusto", gli succede per un lungo regno, fino al 1223. Basso, d'aspetto pesante e maldestro, guercio, intelligente e subdolo, ma ottimo capo militare, ben assistito da un fedele maniscalco di palazzo, Robert Clément, e dal conte Rodolfo di Clermont, questo sovrano costruirà, pezzo dopo pezzo, il primo Stato monarchico francese unificato.

Come ogni signore che si rispetti, Filippo si dedica innanzitutto all'ampliamento del proprio territorio – il dominio regio – il cui nucleo è l'Île-de-France, che si estende da Compiègne a Bourges e dalla Normandia a Sens, con capitale Parigi. Possiede le terre più pingui di Francia, solcate da strade e sentieri, terre dai numerosi villaggi e città e dalle cospicue rendite fondiarie. Da questo bel dominio regio, il re di Francia trae elevati profitti, diritti di banno e tasse varie che ne fanno il signore più ricco del regno e gli consentono d'inviare nelle province degli agenti salariati, i balivi a nord e i siniscalchi a sud, che controllano i prevosti e presiedono al corso della giustizia, e di mantenere un piccolo esercito di circa tremila uomini. Le terre di questo dominio regio sono circondate dai possedimenti di grandi principi, di cui i tre più potenti sono il duca di Normandia (che è anche re d'Inghilterra col nome di Enrico II Plantageneto), il conte di Champagne (Enrico il Liberale) e il conte di Fiandra.

Giunto al potere all'età di quindici anni, Filippo II dà inizio alla propria politica espansionistica prendendo in moglie Isabella, figlia del conte di Hainaut, che gli porta in dote le città di Arras e Saint-Omer. Questo ostacola le ambizioni della casata di Champagne e genera un conflitto che il re risolverà con le armi. Poi, ricorrendo ad astuzie e a cavilli del diritto feudale, acquisisce, per mezzo di trattative o scappatoie legali, le belle e ricche terre dell'Artois, del Valois, dell'Amiénois e del Vermandois. In seguito, abilmente consigliato, Filippo Augusto intraprende con successo la conquista della Normandia (1202-1204) nonché della regione della Loira. Era quindi prevedibile che dopo la confisca dei beni di Giovanni Senza Terra (1202), la conquista del Poitou (1204) e quella della Turenna e dell'Anjou (1205), Filippo Augusto

[8] Vedi Georges Duby, *Storia della Francia,* Milano, Bompiani, 1993.

proseguisse la propria politica d'espansione verso la Francia meridionale, e che dopo aver annesso l'Alvernia alla Corona grazie all'intervento di Guido di Dampierre, volgesse le armate contro la Linguadoca, vale a dire contro la contea di Tolosa: l'occasione gli verrà fornita dal diffondersi dell'eresia albigese in quel territorio.

Infatti, per il Capetingio, grande era la tentazione di fare man bassa dei siniscalcati della Linguadoca, il cui nucleo era questa ricca e potente contea comprendente in origine solo i territori della marca di Tolosa. Il primo signore conosciuto è un tal Frédelon (849-852), cui succedette il fratello minore, Raimondo I (852-864), fondatore della dinastia comitale di Tolosa. Nel 924, il quinto conte di Tolosa, Raimondo III Pons (923-950 ca.), diventa famoso respingendo oltre le Alpi gli ungheresi, che avevano invaso Provenza e Linguadoca. Nel 932, riceve dal re di Francia Rodolfo di Borgogna (923-936) il ducato d'Aquitania e la contea d'Alvernia, estende i confini del suo dominio dalla Loira ai Pirenei e al Mar Mediterraneo, dopo aver annesso le diocesi di Béziers, Narbona, Agde, Lozère, Maguelonne e Nîmes, e impone la propria sovranità ai signori della Linguadoca.

I successori di Raimondo III conserveranno la prosperità della contea, si distingueranno in Terra Santa fino ad Alfonso I Giordano (1147-1148), che riceverà inoltre il marchesato di Provenza.

A partire dal 1148, i conti di Tolosa sospendono la loro partecipazione alle crociate e si occupano del governo dei propri Stati. Raimondo V (1148-1194) contrasta l'invasione della Linguadoca da parte dei conti di Barcellona, al tempo re d'Aragona, e impone la propria sovranità ai visconti di Carcassonne e di Narbona. Raimondo VI (1194-1222) riorganizza l'amministrazione della contea, progettando al contempo la creazione di uno Stato indipendente della Linguadoca. Il diffondersi nelle sue terre dell'eresia catara e la terribile crociata che ne conseguirà non gli consentiranno di realizzare quest'ambizione, ed egli morirà scomunicato nel 1222; in compenso, l'eresia fornirà ai re di Francia[9] un ottimo pretesto per intervenire militarmente – per interposta crociata – nei territori tolosani annettendoli alla Corona. I siniscalcati di Beaucaire e di Carcassonne diventeranno proprietà della Corona nel 1229 (trattato di Parigi), mentre il resto della Linguadoca resterà nelle mani del conte Raimondo VII di Tolosa sino alla sua morte, per poi passare a quelle del genero Alfonso di Poitiers, fratello di re Luigi il Santo, e unirsi infine alla Corona dopo la sua scomparsa nel 1271.

La crociata albigese fu quindi in realtà una guerra feudale di conquista voluta dal re di Francia Filippo II Augusto, allo scopo di annettere al dominio regio la ricca contea di Tolosa e i territori circostanti, e le cui cause, molteplici e di diversa importanza, si possono raggruppare in tre punti:

[9] Filippo II Augusto (1180-1223), Luigi VIII (1223-1226), Luigi IX, detto Luigi il Santo (1226-1270).

1. La vera causa principale non ha nulla di religioso; la crociata contro i catari fu la conseguenza inevitabile della politica d'espansione territoriale condotta da Filippo Augusto, il cui risultato sarà il trattato di Parigi del 12 aprile 1229, concepito da Bianca di Castiglia e firmato sul sagrato di Notre Dame dal futuro Luigi IX, detto il Santo – allora quattordicenne – e dal conte Raimondo VII di Tolosa.

2. La causa secondaria, che spiega in particolare il carattere feroce di questa guerra dal pretesto religioso, fu l'avidità dei baroni del Nord. Per mezzo di questa crociata essi miravano a ottenere in feudo la contea di Tolosa e i territori da essa dipendenti, in un momento in cui si erano indeboliti gli interessi finanziari e territoriali delle crociate in Terra Santa.

3. La causa occasionale – potremmo dire il pretesto – fu il diffondersi nel Sud-ovest, a partire dal 1150 circa, dell'eresia catara, che provocò una rottura tra la Corona e i baroni della Linguadoca.

ABBREVIAZIONI USATE NEL TESTO

CC: *Chanson de la Croisade albigeoise*.
HA: *Histoire albigeoise*.

1
Nascita dell'eresia catara
(II secolo d.C.-1179)

È durante i primi cinque secoli della nostra era che si assiste alla definizione della fede cristiana e dei dogmi della Chiesa. Questi riassumono le conclusioni teologiche del primo concilio di Nicea (20 maggio-25 luglio 325), che si riunì su iniziativa dell'imperatore Costantino e condannò l'eresia ariana[1]. Tuttavia, per lungo tempo, nel mondo romano-cristiano una certa resistenza intellettuale alle idee cristiane si manifestò sotto due forme: il *manicheismo* e la *gnosi*.

Il *manicheismo* è stato elaborato da un persiano nato in Mesopotamia, vicino Ctesifonte (nei pressi dell'odierna Baghdad), di nome Mani, Manete o Manicheo, vissuto tra il 216 e il 277 circa. Mani, figlio di un mandeo (piccola setta palestinese che si richiamava alla predicazione di Giovanni Battista), iniziò a predicare le sue dottrine intorno al 242 in Asia centrale, India e persino in Cina; di ritorno in patria nel 270, fu perseguitato dalla classe sacerdotale dei magi, poi gettato in prigione e condannato alla morte per scorticamento.

Principio fondamentale del manicheismo è la divisione dell'universo in due regioni distinte: il regno della luce a nord, dove governa il "padre della grandezza" e il regno delle tenebre a sud, pura materia informe, dominio del demonio, che è il "principe delle tenebre". Molto tempo fa, nel "momento del passato", avendo scorto il regno della luce, il demonio tentò d'impadronirsene; per combatterlo, il dio della luce creò l'"uomo primordiale", che fu però vinto dalle forze delle tenebre. Il padre della grandezza dovette allora dar vita a un altro inviato che riuscì infine a dominarle e a vincerle. Tuttavia, nel corso di questo scontro titanico, i demoni riuscirono a catturare una gran quantità di sostanza luminosa. A partire da questo evento disastroso, e in funzione di questa opposizione, Mani interpreta la creazione e le leggende della Bibbia: Adamo fu generato dal demonio delle tenebre che vi riunì tutta la so-

[1] Predicata dal vescovo Ario, quest'eresia, che divise la nascente cristianità, riguardava la natura della divinità di Cristo. Secondo Ario, Cristo, seconda persona della Trinità, non è eterno insieme al Padre, ma è stato generato da questo e quindi prima non esisteva: il Figlio ha un principio, diceva Ario, mentre il Padre, che è la causa di tutte le cose, non ha un principio. Questa dottrina, detta *ariana* dal nome del suo ideatore, fu condannata come eretica nei concili di Nicea (325) e Costantinopoli (381).

stanza luminosa sottratta al dio della luce; Eva, la seduttrice, nel suo involucro carnale possedeva meno luce del suo sposo, e i discendenti della coppia – vale a dire gli esseri umani – sono ugualmente degli involucri materiali (corpi) in cui è imprigionata una parte della sostanza luminosa iniziale, ossia l'anima. Allora ha avuto inizio il "momento del presente", secondo periodo della storia del mondo, che prevede la liberazione delle particelle luminose dalla loro prigione materiale. Artefici di questa liberazione sono dei messi del principe della luce: Noè, Abramo (ma non Mosè), il Buddha, Gesù (non quello dei cristiani, bensì un suo contemporaneo) e infine Mani, ultimo dei profeti, il *Paracleto*. Quando sarà completata la liberazione di tutta la luce del mondo, verrà il "momento del futuro", un'apocalisse della durata di 1468 anni che distruggerà il mondo attuale, conseguenza dell'unione casuale e deplorevole di luce e tenebre, e vedrà il ripristino della situazione originale: i due regni di queste sostanze opposte saranno nuovamente separati.

Il manicheismo contò numerosi adepti nel mondo romano. Alcuni – gli *uditori* – erano semplici laici che dovevano rispettare regole morali di carattere assai generico (evitare idolatria, dissolutezza, stregoneria, omicidio, ecc.), altri – gli *eletti* – erano sacerdoti che coltivavano i testi di Mani, erano tenuti a obbedire a regole di tipo monastico molto rigide (castità assoluta, rinuncia a qualsiasi proprietà personale, rigorosa dieta vegetariana, ecc.) e tentavano di diffondere la dottrina nel mondo. Anche sant'Agostino, prima di diventare cristiano, fu uditore manicheo per nove anni. In seguito, questa religione venne perseguitata da tutte le potenze dell'epoca (persiana, bizantina, poi pontificia) e fu all'origine di diverse eresie cristiane, come quelle dei *cainiti* (III secolo), dei *pauliciani* (VII secolo), dei *priscillianisti* (IV-V secolo) e più tardi, come vedremo, dei *bogomili* e dei *catari*.

Invece, la *gnosi*[2] è una corrente di pensiero nata prima dell'era cristiana in territorio giudaico e in Siria. Essa si diffuse poi ad Antiochia, ad Alessandria e infine a Roma, dove fu combattuta dai dottori cristiani: san Giustino e sant'Ireneo nel II secolo, Clemente Alessandrino tra la fine del II secolo e l'inizio del III, e in epoca più tarda sant'Epifanio nel IV secolo. È grazie a loro che conosciamo le dottrine gnostiche. Sappiamo che la letteratura gnostica, scritta in greco o in copto, era assai abbondante, ma non ci è pervenuto quasi nulla. Sempre grazie alle fonti cristiane, possediamo frammenti d'informazioni sugli autori gnostici: Simone di Gitta, Dositeo di Samaria, Menandro e Cerinto erano originari della Palestina; Alcibiade, Cerdone e Bardesane erano siriaci; Basilide, Valentino e Carpocrate provenivano da Antiochia e da Alessandria; Marcione era originario di Sinope nel Ponto.

I temi del pensiero gnostico erano assai vari. Vi si ritrovavano considerazioni sulla situazione dell'uomo nel mondo, interpretazioni più o me-

[2] Dal greco *gnosis*, "conoscenza".

no fantasiose della Bibbia e dei Vangeli, riferimenti alla Cabala o all'ermetismo. Alcuni gnostici, come Simone di Gitta (menzionato negli Atti degli Apostoli come Simon Mago), pare abbiano elaborato una stravagante mitologia collegata alla Bibbia; altri hanno tentato una sintesi tra lo gnosticismo e il cristianesimo, come Carpocrate, che inseriva nel suo pantheon Platone, Socrate e Gesù; infine altri ancora, come Marcione, rinunciando a queste stravaganze, hanno proposto un'interpretazione dualistica della teologia giudeo-cristiana, in cui Yahweh, il dio ebraico, è presentato come un dio vendicatore, mentre Gesù, manifestazione visibile del dio dei cristiani, viene definito un dio di bontà e misericordia. Tuttavia, in tutti gli gnostici si riscontra il medesimo pessimismo generale relativo alla situazione dell'uomo sulla terra, legato al senso di assurdità delle cose (ad esempio la malattia e la morte) e al desiderio di sottrarsi a questa situazione tramite pratiche purificatrici. Tutto sommato questo tipo di preoccupazione era assai vicina alle riflessioni cristiane sulla salvezza ed è proprio perché gli gnostici offrivano ai peccatori dei mezzi per risolvere l'assurdità della situazione umana che esercitarono un'attrazione su molti cristiani rinnegati; questo spiega la severità con cui furono combattuti dai primi Padri della Chiesa. Ciò nondimeno la gnosi non ebbe vita durissima: le dottrine di Valentino, il più celebre degli gnostici, attivo intorno al 150 d.C. e fondatore di una setta a Roma, facevano adepti in Oriente ancora nel IV secolo.

Anche se le dottrine manichee e il pensiero gnostico scomparvero progressivamente in Occidente a partire dal V secolo, non così fu nell'Impero Bizantino. In Asia Minore, in particolare, sbocciò una setta neomanichea fondata verso il 660 da Costantino di Manamali[3] (che nel 687 sarebbe stato condannato a morte per eresia dall'imperatore bizantino), i cui adepti avevano un rispetto particolare per gli scritti di san Paolo, ed è per questo motivo che vengono definiti *pauliciani*. Come i seguaci della dottrina di Mani, anche i pauliciani erano dualisti: per loro la creazione era il prodotto di due princìpi, lo spirito divino e la materia, opera del diavolo. Essi quindi rifiutavano il dogma unitario dell'Antico Testamento e, sul piano puramente religioso, anche alcune parti del Nuovo Testamento (ad esempio, gli scritti di san Pietro). D'altro canto, i pauliciani condannavano il culto della Vergine perché, secondo loro, Maria era stata solo il "canale" tramite cui era venuto al mondo il corpo di Gesù; questo corpo, essendo materiale, non poteva che essere un'apparenza e quindi opera del diavolo; non vi poteva essere imprigionato lo spirito divino. I pauliciani respingevano anche i riti fondamentali del battesimo e dell'eucaristia e non avevano sacerdoti.

Va da sé che essi furono condannati dalle autorità bizantine, contro cui presero le armi; riuscirono persino a creare in Asia Minore un effimero Stato indipendente, distrutto nel 752 da Costantino V, imperatore dal

[3] Località nei pressi di Samosata, in Siria.

741 al 755. Ciò nondimeno la loro setta sopravvisse ed esercitò una forte influenza sulla popolazione locale (soprattutto in Armenia) fino al suo definitivo sradicamento per opera degli imperatori della dinastia macedone. I pauliciani vennero quindi deportati nei Balcani, nell'odierna Bulgaria, nell'872, per ordine dell'imperatore bizantino Alessandro, che regnò dall'871 al 913.

Il territorio dove furono confinati, situato a sud del Danubio, era al tempo occupato da cavalieri turco-mongoli, che avevano agevolmente soggiogato le tribù slave autoctone e che rientreranno ben presto sotto la designazione di Bulgari. Questi temibili guerrieri, giunti nella regione all'inizio del VI secolo dopo aver per lungo tempo preoccupato Costantinopoli, erano riusciti a erigere un impero bulgaro (intorno al 680), diventato cristiano nell'865 sotto il regno dell'imperatore Boris I. Sin dal loro arrivo, i pauliciani deportati predicarono in Bulgaria il manicheismo creando i loro eredi spirituali, che vengono definiti *bogomili* e la cui dottrina religiosa è il bogomilismo.

Ignoriamo se il fondatore di questa setta si chiamasse davvero Bogomil o se si trattasse di un semplice soprannome (il termine slavo *bogomil* significa "amato da Dio"), o ancora se la parola designasse un personaggio simbolico, ma sappiamo dai cronisti greci e latini che, a dispetto delle persecuzioni, nel X e XI secolo i bogomili diverranno sempre più numerosi e attivi in Bulgaria e che invieranno missionari in tutto il mondo balcanico (particolarmente in Bosnia e Serbia), nel Mediterraneo fino in Italia settentrionale e nel Sud della Francia. Come i pauliciani, i bogomili affermavano che gran parte dell'Antico Testamento e della storia di Cristo doveva essere interpretata in modo allegorico sulla base del manicheismo. Secondo loro, Dio Padre avrebbe avuto due figli, Lucifero e Gesù. Il primo, facendosi strumento di Dio, creò i corpi umani, nei quali il Padre infuse la vita. Ma spinto dalla superbia e dalla sete di potere e invidioso del destino glorioso promesso ad Adamo, sedusse Eva che, incinta delle sue opere, generò Caino. Questi introdusse nel mondo il male e il conflitto. In tal modo avrebbe avuto inizio l'opposizione tra bene e male, incarnati rispettivamente da Abele e Caino. Poi, comparve Mosè che, involontario strumento di Caino, con la sua Legge confuse talmente gli uomini che Dio dovette inviare l'altro suo figlio. Questo, introdottosi nel grembo della Vergine Maria, nacque sotto la forma di Gesù; egli intraprese la lotta contro il male diffuso nel mondo dal fratello Lucifero e ascese in cielo presso il Padre, lasciando sulla terra lo Spirito Santo perché lo rappresentasse nel cuore degli uomini.

Dal punto di vista della pratica religiosa, i bogomili rifiutavano tutti i sacramenti cristiani (battesimo, ecc.), condannavano il culto della Vergine, dei santi e delle immagini, ma celebravano la messa come i cristiani e integravano il culto con delle riunioni clandestine in cui si iniziavano i neoconvertiti. L'imperatore bizantino e il patriarca di Costantinopoli combatterono l'eresia con i mezzi tradizionali di cui disponeva la Chiesa, ossia il rogo: il primo martire della setta fu un medico bizantino di nome Basilio, bruciato vivo nel 1119. Ciononostante, il bogomilismo si radicherà in Bosnia e Serbia, dove rimarrà religione di Stato fino all'arrivo dei turchi nel Quattrocento. All'inizio dell'XI secolo migrerà nel Sud della Francia, dando vita a un'eresia che gli autori moderni chiamano *catarismo*.

Nota linguistica: negli scritti dei vescovi cattolici dell'XI secolo, i primi adepti di quest'eresia (in Germania, Italia e poi in Francia) vengono definiti «manichei» o, più semplicemente, «eretici» (in latino, *manichei* o *heretici*); essi, a loro volta, si autodefinivano «puri» (in greco, *catharos*, plurale *catharoi*); il termine francese "cathare" compare per la prima volta poco prima del 1214 in un testo francese, la *Cronologia*, del cronista Roberto d'Auxerre (1156-1212).

Nella prima metà dell'XI secolo, la dottrina dei bogomili inizia a diffondersi in modo disordinato in Provenza e Linguadoca, ma anche nelle Fiandre e nella Champagne, e in quel regno di Francia che sta per essere edificato dai primi Capetingi e in cui la presenza degli eretici è segnalata per la prima volta nel 1049 dal concilio di Reims; in quell'occasione essi sono designati col termine latino di *manichei*. Non pare, tuttavia, che si trattasse di una vera e propria setta organizzata: per i vescovi occidentali, questi *manichei* sono cristiani smarriti provenienti da Oriente, dove il cesaro-papismo degli imperatori bizantini, unito al desiderio dei patriarchi di Costantinopoli di stabilire il proprio primato sul vescovo di Roma, ossia il papa, isola lentamente, ma con decisione, la Chiesa orientale (greca) da quella latina. E infatti cinque anni dopo, nel 1054, esplode il primo grande scisma della cristianità: il patriarca Cerulario rompe con papa Leone IX e lo scomunica, dopo essere stato a sua volta scomunicato. Poco dopo faranno lo stesso i patriarchi di Gerusalemme e di Alessandria, come anche il metropolita di Kiev: si consuma allora la frattura tra Oriente e Occidente cristiano e le due Chiese non tenteranno un riavvicinamento che... nel 1965, dopo il Concilio Vaticano II.

Da quel momento, tutte le innovazioni dottrinali che giungono dall'Est saranno sospette e sistematicamente condannate da Roma e dai sovrani dell'Europa occidentale; a loro volta i pellegrini provenienti dai Balcani o dalla Germania meridionale, che penetrano in Francia attraverso le Fiandre e professano tesi manichee, verranno spesso condannati al rogo. Una delle prime condanne a morte menzionata venne emessa nel 1077 a Cambrai, dove un manicheo fu accusato di eresia e arso sul rogo. Circa mezzo secolo dopo, a Soissons, nel 1114, la popolazione s'impadronirà di diversi prigionieri condannati per eresia (manichei e altri) e li farà bruciare. Il primo rogo della Linguadoca verrà acceso a Saint-Gilles[4], dove, nel 1126, sarà arso l'eresiarca manicheo Pietro di Bruys, giunto dall'Asia Minore.

[4] Odierno capoluogo cantonale nel Gard, *arrondissement* di Nîmes.

Tuttavia, nel 1159, all'ascesa al soglio pontificio di Alessandro III (papa fino al 1181), questi eretici sono dei casi singoli. Certo, sono numerosi, ma il loro percorso è individuale e ancora non esiste una "Chiesa" manichea organizzata, né in Francia settentrionale, dove regna Luigi VII (dal 1137 al 1180), né nella vasta e potente contea di Tolosa, territorio dell'energico Raimondo V (conte dal 1148 al 1194). Questo principe unifica i propri territori, obbligando i recalcitranti vassalli al servizio di corte, e regna appoggiandosi alla borghesia tolosana, cui concede un regime consolare; amplia inoltre i suoi Stati imponendo la propria sovranità alla famiglia Trencavel, signora di Albi, Nîmes, Béziers e Carcassonne.

Questa pace religiosa non durerà a lungo. Infatti, a partire dal 1148, ritornano da Oriente i cavalieri sconfitti della seconda crociata[5]; attraversando l'Italia settentrionale hanno incontrato i loro primi eretici (dei bogomili) e muoiono dalla voglia di venire alle mani con questi nuovi "infedeli", ai quali si aggiungono ora altri eretici, i *valdesi*, seguaci del ricco lionese Pietro Valdo, o Valdès (1141-1217) che dal 1170 predica il ritorno all'etica dei Vangeli (fatti da lui tradurre in lingua volgare nel 1173, insieme alle massime dei Padri della Chiesa) esaltando l'assoluta povertà[6].

I vescovi del Sud della Francia iniziano a preoccuparsi e, nel 1163, al concilio di Tours, alla presenza di papa Alessandro III, adottano misure severe volte a soffocare l'eresia che si sta diffondendo da Tolosa al Mediterraneo. Poi, due anni dopo, nel 1165, organizzano a Lombers[7] un dibattito pubblico tra i prelati meridionali e i rappresentati dei catari, col doppio fine di denunciarli pubblicamente per eresia e agire contro questi manichei che si autodefiniscono *boni homines* ("buoni uomini") e che ora non esitano a definirsi ufficialmente una Chiesa. Infatti, nel 1167, il vescovo bulgaro Niceta, soprannominato il "papa" dei catari, parte da Costantinopoli alla volta della Linguadoca per organizzarvi le comunità che sono sorte in semiclandestinità; egli riunisce un concilio di predicatori e vescovi catari a Saint-Félix-de-Caraman, vicino Tolosa, allo scopo di stabilire i princìpi del culto, i riti e la gerarchia[8] di quella che ormai si atteggia non già a setta ma a Chiesa con pretese di universalità, a immagine di quella di Roma, sebbene il numero dei fedeli (qualche migliaio o decine di migliaia?) sia ancora relativamente esiguo paragonato ai milioni di cattolici europei.

Dinanzi a tale audacia, le forze regolari hanno il dovere di reagire. Il conte di Tolosa, Raimondo V, pensa a una crociata a cui parteciperanno

[5] La prima crociata (1095-1100) si era conclusa vittoriosamente con la conquista di Gerusalemme (1099) e la fondazione dell'omonimo regno cristiano (1100); la seconda crociata, invece, predicata da san Bernardo di Chiaravalle nel 1147, era fallita miseramente nel 1148.

[6] La setta creata da Valdo venne perseguitata, ma i suoi membri trovarono rifugio in Savoia e nel Luberon. Una guerra ai valdesi fu dichiarata da Carlo VIII nel 1487.

[7] Località situata nell'attuale *arrondissement* di Albi (Tarn).

[8] A questo proposito, vedi Capitolo 2, p. 21.

i due grandi monarchi della cristianità occidentale, vale a dire i re di Francia (Luigi VII, 1137-1180) e d'Inghilterra (Enrico II Plantageneto, 1154-1189), ma per predicarla attende la decisione di papa Alessandro III. Il pontefice preferisce innanzitutto informarsi sulla situazione e invia un legato a Tolosa, il cardinale Pietro di San Crisogono, accompagnato da un'importante delegazione di vescovi e teologi. Questo, vista la considerevole quantità di eretici da perseguitare, decide di compiere un'azione dimostrativa: fa arrestare e flagellare pubblicamente un borghese di Tolosa, Pietro Mauran, che non fa mistero delle sue simpatie per gli eretici, e lo spedisce in Terra Santa[9]. Poi, rientra a Roma per fare il suo rapporto al papa. Stranamente, il pontefice non reagisce, come ci si sarebbe potuto aspettare, con un anatema, ma si accontenta di affidare la soluzione del problema ai vescovi di Linguadoca e al conte Raimondo V di Tolosa. Questi, senza dubbio consapevoli dell'importanza del movimento eretico nascente nella contea e dei gravi disordini che potrebbero nascere da un qualsiasi tentativo di repressione, lasceranno l'eresia svilupparsi sulle loro terre.

Non fu così nella Francia del Nord, dove si erano stabilite alcune comunità eretiche d'ispirazione catara. Qui, vicino a Vézelay, dove san Bernardo aveva predicato nel 1146 la seconda crociata (contro i "saraceni"), un tal Ugo di Saint-Pierre, originario della Linguadoca, aveva fondato nel 1154 una compagnia religiosa discreta che attirava gli abitanti della regione desiderosi di affrancarsi dalla tutela degli abati di quella città. Nel 1167, un'assemblea ecclesiastica locale condannò alla morte sul rogo sette dei suoi capi, fatto che non impedirà all'eresia di prosperare nel Nivernais e fino in Borgogna. Tuttavia, in questa parte della Francia, si opporranno efficacemente al diffondersi dell'eresia due ordini monastici saldamente radicati: il vecchio ordine carolingio di Cluny e quello, più recente, dei cistercensi (fondato nel 1098 da san Roberto a Cîteaux, vicino Digione), e vedremo che sarà proprio a un monaco cistercense, Pietro di Castelnau, che papa Innocenzo III affiderà, una quarantina d'anni dopo, il compito di combattere «col ferro e col fuoco» la deviazione catara[10].

Ma per il momento, nel 1167, se si esclude qualche effimera iniziativa, come quella conclusasi nella flagellazione pubblica del borghese Mauran, le autorità laiche (il conte Raimondo V di Tolosa) e religiose (papa Alessandro III) dimostrano una tolleranza straordinaria, se paragonata alla feroce inquisizione che sarà ben presto creata[11] per combattere le eresie, e la Chiesa catara prospera in semiclandestinità. Il primo grido (ufficiale) d'allarme sarà emesso dal conte Raimondo V che, nel

[9] Mauran tornerà dalla Terra Santa tre anni dopo e verrà accolto trionfalmente dai suoi concittadini.

[10] Vedi pp. 42 sgg.

[11] Il tribunale della Chiesa cattolica incaricato di individuare ed estirpare le eresie sarà fondato all'epoca del sinodo di Tolosa, nel 1229, dopo il successo della crociata contro gli albigesi.

1177, informa il capitolo del monastero di Cîteaux, dello «spaventoso sviluppo» dell'eresia catara, ma non avrà eco immediata. Bisognerà attendere il terzo concilio lateranense (5-22 marzo 1179, l'undicesimo concilio ecumenico della Chiesa romana) perché venga scagliato l'anatema contro i catari.

All'origine di questo concilio, presieduto da papa Alessandro III e al quale parteciparono trecento vescovi nonché la maggior parte dei sovrani cattolici, vi era un conflitto sorto vent'anni prima, nel 1159, tra il pontefice e l'imperatore Federico Barbarossa, che non ne aveva voluto riconoscere l'elezione, conclusosi nel 1177 con la vittoria di Alessandro III. Il concilio del 1179 era stato indetto principalmente allo scopo di sancire questa pace e di stabilire definitivamente le regole dell'elezione papale (con la maggioranza di due terzi dei cardinali) e, in seconda istanza, per scagliare l'anatema contro l'eresia catara. D'altro canto, questi due problemi erano collegati: era più che evidente che lo stato di belligeranza tra i principi ostacolava la repressione dell'eresia. Il concilio denuncia infatti sia i crimini della soldatesca (i *routiers*, soldati di ventura), che profana le chiese e i beni del clero, sia l'insolenza degli eretici, e i canoni stabiliti dall'assemblea li colpiscono con le stesse pene.

Stavolta, quindi, i giochi sono fatti. Gli eretici sono scomunicati in blocco e messi al bando della società civile, ma non si parla ancora di crociata sterminatrice: ancora non scorre il sangue in Occitania.

2
Il catarismo

«Nella provincia di Narbona[1] dove un tempo era fiorita la fede, il nemico della fede iniziò a seminare zizzania: la popolazione perse il lume della ragione, profanò i sacramenti di Cristo che è salvatore e saggezza di Dio; divenne insensata e si allontanò dalla vera saggezza e se ne andò qua e là per le strade tortuose e confuse dell'errore, nelle vie smarrite e non più per la diritta via».

Così ha inizio la *Storia albigese* del monaco cistercense Pietro di Vaux-de-Cernay (1193 ca.?-dopo il 1218). Egli, prima di narrare la crociata contro l'eresia catara che, dopo il 1209, insanguinerà la Linguadoca, ci fornisce qualche breve cenno sul catarismo[2]: «la fede» fiorita un tempo era la fede cristiana cattolica, da secoli radicata nel Mezzogiorno francese; «l'errore» imboccato dalla popolazione occitana altro non è che il catarismo, che aveva fatto la sua comparsa quasi clandestinamente a partire dall'anno mille (è nel 1022 che furono arsi sui roghi d'Orléans e di Tolosa i primi eretici catari: dieci canonici).

Secondo la Chiesa cattolica romana, l'errore fondamentale di questi eretici era la loro teologia dualista, riassunta in questi termini da Pietro di Vaux-de-Cernay (HA, 5 sgg.):

> Gli eretici credevano nell'esistenza di due creatori: uno invisibile, che chiamavano il Dio "buono", e l'altro invisibile, che chiamavano il Dio "cattivo". Essi attribuivano al Dio buono il Nuovo Testamento e al Dio cattivo l'Antico Testamento, che quindi respingevano totalmente, tranne qualche testo inserito nel Nuovo Testamento e che per questo motivo ritenevano degno di essere preso in considerazione. Danno del mendace all'autore [*ignoto*] dell'Antico Testamento: infatti aveva detto che i nostri progenitori, Adamo ed Eva, sarebbero stati colpiti a morte il giorno in cui avrebbero mangiato il frutto dell'albero della conoscenza del bene e del male[3], ma invece, dopo aver mangiato il frutto, non sono morti, come aveva

[1] Si tratta del territorio corrispondente alla Gallia Narbonese romana, il cui confine settentrionale disegnava approssimativamente un arco di cerchio da Losanna a Tolosa e quello meridionale (mediterraneo, poi pirenaico) andava da Nizza a Narbona; i due terzi di questo territorio costituivano la contea di Tolosa, circondata, da est a ovest, dalla contea d'Armagnac, dalla viscontea di Béziers, dalla contea di Foix e da quella del Gévaudan.

[2] Questi cenni sono davvero brevi; in pratica, la traduzione moderna della cronaca di Pietro di Vaux-de-Cernay conta 235 pagine, di cui solo sette sono dedicate alla descrizione dell'eresia e del comportamento degli eretici, contro le 228 che narrano della crociata vera e propria.

[3] Genesi, 2, 17.

predetto. Questi eretici affermavano, nelle loro riunioni segrete[4], che il Cristo nato nella Betlemme terrestre e visibile e morto crocifisso era il Cristo cattivo e che Maria Maddalena era la sua concubina: era lei l'adultera di cui si parla nei Vangeli. Il Cristo buono, infatti, dicevano, non ha mai né mangiato, né bevuto, né rivestito vera carne: egli è apparso nel mondo in maniera tutta spirituale nel corpo di san Paolo. È per questo che abbiamo scritto «nella Betlemme terrestre e visibile», poiché gli eretici immaginavano un'altra terra, nuova e invisibile dove, secondo alcuni, era nato ed era stato crocifisso il Cristo buono. Essi dicevano anche che il Dio buono aveva avuto due donne, Oolla e Ooliba, con le quali aveva generato figli e figlie. Altri eretici dicevano che il creatore è unico, ma che ha avuto due figli, Cristo e il diavolo [...].

I predicatori catari sostenevano infatti che vi erano due dèi, un Dio buono, puro spirito, e un Dio del male, che essi chiamavano Satana o Lucifero, creatore del mondo materiale e impuro – il sole, gli astri, la terra, i corpi degli animali e degli uomini – che è quindi un mondo satanico. Ne consegue dunque che il Dio buono non è onnipotente. Quanto agli esseri umani (i discendenti di Adamo ed Eva) sono anch'essi doppi: in quanto corporei, e quindi materiali, sono creature del diavolo, in cui è imprigionata l'anima che il Dio buono ha infuso in ogni corpo e che desidera liberare per riportarla nel suo universo celeste. Purtroppo, Dio non può liberare personalmente queste anime, perché un abisso separa lo spirito divino dall'universo materiale creato da Lucifero: ha quindi creato un mediatore, Gesù, che è al tempo stesso suo figlio, sua immagine e il più perfetto degli angeli (i teologi catari non ammettono il dogma della Santa Trinità). Gesù è disceso nel mondo impuro della materia per liberare le anime umane dalla loro prigione corporea e riportarle nella purezza del cielo, ma Satana ha riconosciuto in lui il messaggero del Dio buono e ha cercato di farlo perire, da qui la Passione e crocifissione del messo divino. Tuttavia, il corpo non carnale di Cristo non può né soffrire, né morire e dopo aver insegnato agli apostoli la via della salvezza, Cristo è risalito in cielo, lasciando sulla terra la sua Chiesa la cui anima è lo Spirito Santo. Ma il principe del male, rimasto nel mondo terrestre, ha continuato a trascinare gli uomini sulla via dell'errore, ha distrutto la pura Chiesa di Cristo e l'ha sostituita con una Chiesa falsa, quella di Roma, che è stata definita "cristiana", ma che è, in realtà, la Chiesa del diavolo che insegna il contrario di ciò che ha detto Gesù: è lei la Bestia immonda dell'Apocalisse, la meretrice di Babilonia, mentre la Chiesa vera e *pura*, che possiede lo Spirito Santo, è la Chiesa catara.

Da questo edificio teologico risulta che: 1) i sacramenti della Chiesa romana (battesimo, comunione, matrimonio, estrema unzione) non sono che riti materiali, trabocchetti di Satana: l'acqua del battesimo è solo dell'acqua, l'ostia non può essere il corpo di Cristo, non è che della farina, la croce non deve essere oggetto di venerazione, ma d'esecra-

[4] I diversi concili che discuteranno l'eresia catara non smetteranno mai di denunciare le «conventicole dove si riuniscono gli eretici», il cui carattere segreto era per loro «diabolico».

zione, perché essa è stata lo strumento dell'umiliazione e della tortura di Gesù; 2) la Vergine non può essere stata la madre di Gesù, perché egli non ha mai avuto un corpo ed è, come il Dio buono, puro spirito; 3) l'anima di un essere umano, finché lo Spirito Santo non vi è disceso e finché essa non ha beneficiato dell'illuminazione salvatrice che rende l'uomo un *puro*, rimane sotto il dominio di Satana e passa, di vita in vita, attraverso un gran numero di corpi d'uomini e d'animali (dottrina della trasmigrazione delle anime); 4) a colui che è diventato un *puro*, la morte reca la liberazione definitiva dell'anima e alla fine dei tempi, quando tutte le anime saranno liberate dalle tenebre del corpo, la luce sarà nuovamente e definitivamente separata e salvata dall'intollerabile dominio della materia. Allora, scomparirà il mondo, si spegneranno il sole e le stelle e il fuoco divorerà le anime dei demoni: non resterà che la vita eterna in Dio.

A questa disordinata dottrina del fine ultimo si sovrapponeva un insieme di riti e preghiere che conosciamo grazie a un *Rituale cataro*[5], di cui due versioni databili al XIII secolo, una in latino e l'altra in lingua d'oc, sono sfuggite alla distruzione quasi completa di tutto ciò che riguardava il catarismo, conseguenza della crociata detta "albigese". La Chiesa catara, che insegnava che il matrimonio era una prostituzione, negava la resurrezione della carne e inventava, ci informa Pietro di Vaux-de-Cernay, «strane favole», era infatti organizzata sul modello della Chiesa romana.

Essa comprendeva due categorie di fedeli: i preti, che conducevano un'esistenza di rinunce e ascetismo, e i laici, che vivevano secolarmente, potevano sposarsi, esercitare una professione, possedere beni personali e dovevano semplicemente sforzarsi di vivere rettamente. I primi erano chiamati *perfetti*: sempre vestiti di nero, praticavano l'assoluta castità, rifiutavano di mangiare carne perché tutti i corpi di animali potevano imprigionare un'anima umana, escludevano anche le uova, il latte, i formaggi e il burro perché erano prodotti dell'attività sessuale tra esseri viventi; in compenso, erano autorizzati a consumare pesce. Questo stile di vita, se seguito senza alcun compromesso, assicurava ai perfetti la liberazione dell'anima dopo la morte del corpo. I secondi erano chiamati *credenti*: essi non tentavano d'imitare la vita dei perfetti, ma speravano che la fede di questi procurasse loro la salvezza ed erano tenuti a condurre una vita retta e rispettabile.

I perfetti – uomini e donne –, che erano in un certo qual modo i catari militanti, conducevano generalmente una vita da eremiti itineranti, recandosi di villaggio in villaggio, di castello in castello, ovunque rispettati per la loro austerità, bontà, autorità morale e ascetismo (erano di-

[5] Il *Rituale cataro* è stato tradotto dal linguista e dialettologo francese Léon Clédat. Lo citiamo qui nella versione abbreviata di questa traduzione proposta da Zoé Oldenbourg in *L'assedio di Montségur*, Milano, Garzanti, 1990. Vedi anche Appendice I, pp. 201 sgg.

giunatori intransigenti). Il loro volto pallido ed emaciato, la magrezza, che sicuramente non aveva nulla da invidiare a quella di venerabili guru e fachiri orientali, la dolcezza della voce quando predicavano erano ammirati come prove della loro santità da parte della gente, che li aveva soprannominati i "Buoni uomini". Quelli che tra loro abitavano in città vivevano in modo ugualmente rigoroso in comunità, in case speciali, che la parte ostile della popolazione definiva le "case degli eretici". In esse si trovava sempre una grande sala austera dalle pareti disadorne, generalmente imbiancate a calce, dove si riunivano i fedeli per pregare e l'unica mobilia presente era un tavolo di legno ricoperto da una tovaglia bianca dove era collocato il Vangelo, e un altro tavolo, più piccolo, su cui erano disposti un acquamanile e un catino per il lavaggio delle mani; in questa sala bruciavano in permanenza dei ceri bianchi le cui fiamme simboleggiavano quelle dello Spirito Santo.

Non sappiamo come fosse organizzata la Chiesa catara, la cui nascita e sviluppo furono più o meno clandestini. Solo Pietro di Vaux-de-Cernay ci fornisce a questo proposito qualche breve informazione all'inizio della sua *Storia albigese* (HA, 7 sgg.):

> Gli eretici perfetti avevano magistrati che chiamavano "diaconi" e "vescovi", di cui era richiesta l'imposizione delle mani affinché ogni moribondo si ritenesse capace di operare la propria salvezza; ma, in verità, se essi imponevano le mani a un moribondo, quali che fossero le sue colpe, purché fosse in grado di recitare il *Padre nostro*, lo consideravano salvato e, secondo la loro espressione, "consolato", al punto che senza alcuna soddisfazione, senza alcun altro rimedio ai suoi peccati, se ne saliva in cielo. A questo proposito, abbiamo udito riferire il seguente fatto ridicolo: un certo credente, giunto in articulo mortis, ricevette dal suo maestro il *consolamentum*[6] tramite l'imposizione delle mani, ma non poté recitare il *Padre nostro* e spirò. Il suo consolatore non sapeva cosa dire: il defunto era all'apparenza salvato, per aver ricevuto l'imposizione delle mani, ma dannato per non aver potuto recitare l'orazione domenicale! [...]. Gli eretici consultarono allora un cavaliere, di nome Bertrando di Saissac[7], su ciò che avrebbero dovuto pensare. Il cavaliere diede il suo consiglio e la seguente risposta: «Di quest'uomo sosterremo e diremo che è salvato. Quanto a tutti gli altri, a meno che non abbiano recitato il *Padre nostro* all'ultimo momento, li riterremo dannati».

Questo brano è sintomatico dello spirito del tempo. Gli uomini di quell'epoca e delle generazioni successive erano ossessionati dall'idea della salvezza dell'anima dopo la morte, ossessione cui il cristianesimo della Chiesa di Roma forniva un rimedio: la morte sulla croce di Gesù, figlio dell'uomo, e la sua resurrezione in quanto figlio di Dio poco dopo il supplizio garantiva loro la salvezza eterna, purché questi cristiani avessero ricevuto nel corso della loro vita i sacramenti della Chiesa (in

[6] Fondamentale rito cataro, chiamato in francese il *baptême spirituel* ("battesimo spirituale"). Vedi Appendice I, pp. 206-9.

[7] Bertrando di Saissac era il tutore del visconte Raimondo Ruggero di Béziers e, nel 1194, si era impegnato dinanzi al vescovo di Béziers a scacciare i catari dalla viscontea.

particolare e innanzitutto quello del battesimo, condizione necessaria e sufficiente per l'ammissione di un essere umano in seno alla Chiesa, poi, prima di morire, l'assoluzione dai peccati e il sacramento dell'estrema unzione).

Dal canto loro i catari, che sostenevano che la teologia cattolica fosse falsa e dovesse essere sostituita da una teogonia dualistica, quella che abbiamo riassunto precedentemente, consideravano privi di valore i riti e i sacramenti romani. In altri termini, i cristiani, che chiameremo tradizionali – per distinguerli dai catari che si autodefinivano anch'essi "cristiani" – erano fermamente convinti della verità dell'adagio «Al di fuori della Chiesa (romana) non c'è salvezza», e vedevano negli adepti della nuova Chiesa (catara) scherani di Satana, condannati all'inferno per l'eternità. Viceversa, quest'ultimi erano altrettanto fermamente convinti che loro dovere in terra fosse di ricondurre le anime smarrite dei cristiani romani sulla retta via della pura religione del vero Dio – il Dio buono – da cui queste erano state sviate dal principe del male.

Se si escludono queste scarne informazioni sulla dottrina eretica dei catari e il *Rituale* citato precedentemente, alcune allusioni ai loro dogmi menzionate nei canoni dei concili riuniti per combattere quest'eresia tra il 1179 (III concilio – ecumenico – lateranense) e il 1246 (concilio di Béziers), e qualche sentenza pronunciata contro i catari dal tribunale dell'Inquisizione, del catarismo non sappiamo quasi nulla. In compenso, dagli scritti dei cronisti già citati e dalle allusioni fatte dai due poeti occitani autori della *Canzone della crociata albigese* risulta che l'eresia si era diffusa in tutto il Sud della Francia, dalla Garonna al Mediterraneo. Questi autori concordano nel localizzare a Tolosa il focolaio dell'eresia e così dichiara Pietro di Vaux-de-Cernay nelle prime righe della sua *Storia albigese* (HA, 3 sgg.):

> [...] Tolosa, principale fonte del veleno dell'eresia che infestava la popolazione e la allontanava dalla conoscenza di Cristo, dal suo vero splendore e dalla sua divina chiarezza. L'amara radice era cresciuta a tal punto ed era affondata così profondamente nel cuore degli uomini da non poter essere strappata se non con estrema difficoltà: più volte i Tolosani erano stati invitati ad abiurare l'eresia e a scacciare gli eretici, ma erano stati ben poco persuasi, tanto erano colpiti e infetti da una malvagia saggezza animale, terra terra, diabolica, che esclude la saggezza dall'Alto che consiglia e predilige il bene.

Non è superfluo precisare in questa sede che Pietro di Vaux-de-Cernay scrisse queste righe tra il 1213 e il 1218 (date limite), circa due secoli dopo la comparsa dell'eresia catara in Linguadoca; ne possiamo quindi dedurre che a quell'epoca il catarismo vi fosse ampiamente diffuso. Circa mezzo secolo prima che fosse predicata la crociata albigese, nel 1145, lo stesso Bernardo, inviato in missione dall'abate di Chiaravalle nella regione di Tolosa, dipingeva in questi termini pessimistici, lo stato religioso della zona (*Epistole*, CCXLI):

Le basiliche sono senza fedeli, i fedeli senza sacerdoti, i sacerdoti senza onore. Qui non vi sono ormai che cristiani senza Cristo. I sacramenti sono vilipesi, le feste solenni non vengono più celebrate. Gli uomini muoiono nel peccato, senza assoluzione. Si privano i fanciulli della vita di Cristo rifiutando loro la grazia del battesimo.

Più o meno all'epoca in cui Pietro di Vaux-de-Cernay scriveva la *Storia albigese*, il poeta occitano Guglielmo di Tudela intraprendeva la stesura della sua *Canzone della crociata albigese*, facendoci sentire la stessa campana (CC, 2, 4-10):

Avete tutti avuto sentore degli eretici.
Sapete che questi folli (che Dio li maledica)
tenevano in pugno l'Albigeois, il Carcassès[8]
e la maggior parte delle terre del Lauragais[9].
Da Béziers a Bordeaux, non una strada che non conduca
a questi miscredenti e non un solo villaggio
che non puzzi più o meno della malvagia parola.

D'altro canto, l'impressionante numero di località che si videro piombare addosso l'armata dei crociati guidata spietatamente dal suo capo Simone di Montfort fa pensare che i catari fossero stabiliti ovunque a sud della Garonna. Pietro di Vaux-de-Cernay cita circa centocinquanta località d'Occitania colpite dalla crociata albigese, di cui le più importanti sono (in ordine cronologico): Béziers, Carcassonne, Castres, Pamiers, Lombers, Albi, Limoux, Montréal, Montgey, Montferrand, Castelnaudary, Cahusac, Moissac, Castelsarrasin, Auterive, Muret, Marmande, Rodez e, naturalmente, Narbona e Tolosa, senza contare i centri provenzali (Beaucaire, Nîmes, Montélimar). In tutte queste città, dove vivevano e predicavano i perfetti, i catari erano numerosi e si può supporre che, a causa del loro aspetto fisico, del mistero che circondava le "case degli eretici", e delle loro opere di carità e predicazione, non passassero inosservati e dovessero assai spesso incuriosire la gente irritando al contempo i membri del clero locale.

Non ci è pervenuto alcun documento, né ufficiale né segreto, relativo alla struttura della Chiesa catara, a parte il *Rituale* che abbiano già ricordato. Tuttavia, sappiamo da Pietro di Vaux-de-Cernay e da Guglielmo di Puylaurens che essa era a due livelli: ogni regione era dotata di un vescovo cataro, assistito da un "figlio maggiore" e da un "figlio minore". Prima di morire, il vescovo, tramite l'imposizione rituale delle mani, conferiva l'episcopato al figlio maggiore, sostituito in questo grado dal figlio minore, le cui funzioni, a sua volta, venivano trasferite

[8] La regione di Carcassonne.
[9] La regione che corrisponde oggi ai cantoni di Castelnaudary e di Villefranche-de-Lauragais, rispettivamente nell'Aude e nell'Haute-Garonne.

a un nuovo figlio minore eletto dai perfetti della regione. Ogni città o centro importante erano affidati a un diacono, nominato dal vescovo e coadiuvato da un numero più o meno grande di perfetti e – va sottolineato – perfette: non dimentichiamo che l'Occitania era il paese dei trovatori e dell'amor cortese, e che la donna vi godeva di un'indipendenza morale ben maggiore che nel regno di Francia. Inoltre, la natura stessa del discorso religioso cataro non si accordava con una vita culturale estroversa, né con le pompe e gli ori della Chiesa cattolica; i catari non avevano né messe, né vespri, né preghiere collettive, né processioni, né sacramenti (battesimo, comunione, matrimonio) pubblici; tutto avveniva a porte chiuse, nel discreto silenzio delle cosiddette "case degli eretici".

Quanto alla dottrina catara, essa si richiamava in parte ai Vangeli (ma rifiutava il dogma della Trinità e, da questo punto di vista, si avvicinava all'eresia ariana ricordata precedentemente), all'insegnamento degli apostoli e al manicheismo dei bogomili. I riti, molto sobri, di ammissione di un uomo o di una donna nella Chiesa catara al grado di credente e il passaggio dallo stato di credente a quello di perfetto (o perfetta), obbedivano a rigide regole che ci sono note grazie a un libro di preghiere e d'iniziazione comunemente conosciuto col nome di *Rituale cataro*[10].

Ecco, innanzitutto, come questo *Rituale* descrive il rito preliminare d'ammissione:

> Se un credente [*un cattolico*] è in astinenza [*in attesa di essere ammesso tra i catari*] e se i cristiani [*epiteto con cui si qualificavano i perfetti, che si consideravano i soli veri discepoli di Cristo, condizione che negavano ai cattolici*] sono d'accordo nel consegnargli l'orazione [*accettarlo tra di essi*], si lavino le mani, e facciano lo stesso i credenti [*i catari che non erano perfetti*], se ve ne sono. E poi uno dei perfetti, quello che è dopo l'Anziano [*il ministro cataro che riceve l'aspirante*], faccia tre riverenze all'Anziano, e poi prepari una tavola, e poi faccia altre tre riverenze. E poi dica: «*Benedicite pace nobis*». E poi il credente faccia il suo *melioramentum*[11] e prenda il libro [*il Vangelo*] dalle mani dell'Anziano. L'Anziano deve allora ammonirlo ed evangelizzarlo con le appropriate testimonianze [*leggendogli adeguati brani del Nuovo Testamento*].
>
> E poi l'Anziano dica l'orazione e il credente la segua. E poi l'Anziano gli dica: «Noi vi consegniamo questa santa orazione, affinché la riceviate da Dio e da noi e dalla Chiesa, e abbiate il potere di dirla durante tutta la vostra vita, di giorno e di notte, solo o in compagnia, e non mangiate o beviate mai senza dire questa orazione. E se non lo fate, dovrete farne penitenza». E il credente deve rispondere: «Io la ricevo da Dio e da voi, e dalla Chiesa». E poi faccia il suo *melioramentum* e renda grazie, e poi i cristiani [*i perfetti*] facciano una doppia orazione, con inchino e genuflessione, e dopo di loro il credente.

[10] Vedi p. 23.

[11] Gesto rituale di venerazione che doveva essere eseguito davanti ai perfetti. Esso consisteva nell'inchinarsi dinanzi a quello cui si rivolgeva il credente, fare tre genuflessioni e dirgli: «Pregate Dio che faccia di me un buon cristiano e che mi conceda una buona morte». Allora, il perfetto benediceva il credente dicendo: «Che Dio faccia di te un buon credente e ti conceda una buona morte».

Compiuto questo rito d'ammissione, i catari neofiti, che avevano il grado di semplici "credenti", nel senso precedentemente definito, continuavano a vivere normalmente sforzandosi di condurre un'esistenza retta e onesta. Alcuni esercitavano professioni rispettabili e remunerative che consentivano loro di assicurare l'amministrazione finanziaria dell'organizzazione, di acquistare e mantenere le "case" comunitarie (ne esistevano in quasi tutte le città occitane, dove esse fungevano a un tempo da scuole, ospedali, ospizi e monasteri), di retribuire i popolani che facevano loro da guardie, guide o messaggeri. Altri erano giovani, affidati dai genitori ai perfetti, o convertiti al catarismo di qualsiasi età che speravano di ricevere un giorno il *consolamentum* che li avrebbe resi, a loro volta, dei perfetti. Tuttavia, se si escludono questi militanti, nelle città e nelle campagne del Mezzogiorno, la maggior parte dei credenti viveva come i cristiani romani, accontentandosi di assistere al culto e di venerare i Buoni uomini, quei perfetti austeri, vestiti di nero, che percorrevano il paese predicando il vangelo cataro.

Il rito fondamentale, condizione necessaria della salvezza, era il *consolamentum*, che rendeva un credente (o una credente) membro a pieno titolo della Chiesa catara – un *perfetto* – un po' come il battesimo cristiano fa entrare simbolicamente il neonato nella Chiesa romana, ma con la differenza basilare che per un cataro questo rito non era un semplice gesto simbolico: esso aveva la capacità di trasformare un essere umano comune, la cui anima era prigioniera nel corpo, in un essere umano realmente abitato dallo Spirito Santo (da cui la denominazione di *battesimo spirituale* che talvolta gli viene attribuita). In tal modo l'anima dell'uomo che era stato "consolato", il giorno della morte sfuggiva alla trasmigrazione in un altro corpo e raggiungeva lo Spirito divino in cielo, a condizione che, dal giorno del battesimo in poi, il suo possessore avesse condotto una vita santa, vale a dire si fosse sottomesso senza alcun compromesso o limitazione ai severi obblighi della religione catara. Il credente che riceveva il *consolamentum* diveniva grazie a esso un essere nuovo, un perfetto, e la sua anima era acquietata: alla morte del corpo essa sarebbe stata liberata e avrebbe ritrovato la luce perduta alla nascita.

Ma in cambio di questa promessa di felicità eterna, l'anima correva un grave rischio: dal momento di questo battesimo spirituale, il peccato anche più veniale commesso dal perfetto sarebbe divenuto un sacrilegio ed egli avrebbe perso lo Spirito Santo che era in lui. Per ritrovare la condizione di perfetto, bisognava ricevere un'altra volta il *consolamentum*. Ed è per questo motivo che alcuni credenti attendevano di trovarsi in fin di vita per venire "consolati", sicuri così di non perdere negli ultimi momenti di vita il beneficio di questo rito, che quindi corrispondeva al tempo stesso ai sacramenti cattolici di battesimo (che fa del battezzato un cristiano, ossia un depositario dello Spirito Santo), eucaristia (che rinnova quest'alleanza con Dio), ordinazione (che fa di un laico un religioso) ed estrema unzione.

La solenne concessione del *consolamentum* a un credente era una cerimonia che si svolgeva nella grande sala di preghiera della casa catara che abbiamo precedentemente descritto, dove i fedeli andavano a pregare e dove tutti i ceri bianchi erano stati accesi a simboleggiare la luce dello Spirito Santo disceso sugli apostoli il giorno di Pentecoste[12], dopo l'Ascensione di Cristo al cielo. L'Anziano della casa rivolgeva innanzitutto al neofita un discorso preliminare, rammentandogli l'importanza soprannaturale del rito che stava per compiersi. Il *Rituale cataro* ce ne ha conservato il tenore:

> Pietro [*presunto nome del credente*], tu vuoi ricevere il battesimo spirituale tramite cui viene dato lo Spirito Santo nella Chiesa di Dio, con la santa orazione, con l'imposizione delle mani dei Buoni uomini [*i perfetti*]. Di questo battesimo, nostro signore Gesù Cristo dice nel Vangelo di san Matteo ai suoi discepoli: «Andate dunque: di tutte le nazioni fate dei discepoli, battezzandole nel nome del Padre, del Figlio e dello Spirito Santo, insegnando loro a custodire tutto ciò che vi ho prescritto. Quanto a me, io sarò con voi tutti i giorni fino alla fine dei tempi». E nel Vangelo di san Marco dice: «Andate per il mondo intero, proclamate il Vangelo a tutte le creature. Colui che crederà e sarà battezzato, sarà salvato, colui che non crederà sarà condannato». E nel Vangelo di san Giovanni, Egli dice a Nicodemo: «In verità, in verità ti dico che nessun uomo entrerà nel regno di Dio se non sarà rigenerato dall'acqua e dallo Spirito Santo». [...] Questo santo battesimo, col quale viene donato lo Spirito Santo, la Chiesa di Dio l'ha custodito, dagli apostoli fino a oggi, ed esso è venuto da Buoni uomini a Buoni uomini fin qui, ed essa lo farà fino alla fine del mondo; e dovete comprendere che la Chiesa di Dio ha il potere di legare e sciogliere, di perdonare i peccati e di ritenerli. [...] E nel Vangelo di san Marco Egli dice: «Ed ecco i segni che accompagneranno coloro che avranno creduto: nel mio nome essi scacceranno i demoni, parleranno nuove lingue, prenderanno in mano dei serpenti, e se berranno un veleno mortale, non farà loro alcun male. Imporranno le mani sui malati, e questi verranno guariti». E nel Vangelo di san Luca Egli dice: «Ecco che vi ho dato il potere di camminare sui serpenti e gli scorpioni e su tutte le forze del nemico, e nulla vi nuocerà» [...].

Dopo questo discorso, l'Anziano spiegava al credente i dogmi della religione catara e gli obblighi ai quali doveva sottomettersi fino alla morte, recitava il *Padre nostro*, commentandone ogni frase, che il postulante doveva ripetere dopo di lui, una a una. Poi, il credente abiurava solennemente la fede cattolica in cui era vissuto sin dall'infanzia, prometteva di non mangiare più né carne, né uova né alcun alimento di origine animale, di astenersi da qualsiasi commercio carnale, di non mentire mai, di non pronunciare mai giuramenti e di non abiurare mai la fede catara. Doveva quindi pronunciare la seguente formula: «Ricevo questa santa orazione da Dio e da voi, e dalla Chiesa» e proclamare

[12] «E come il giorno della Pentecoste fu giunto, tutti erano insieme nel medesimo luogo. E improvvisamente vi fu dal cielo un suono come di vento impetuoso che soffia, ed esso riempì tutta la casa dov'essi si trovavano. E apparvero loro delle lingue come di fuoco che si dividevano, e se ne posò una su ciascuno di loro. E tutti furono ripieni dello Spirito Santo, e cominciarono a parlare in altre lingue, come lo Spirito Santo ordinava loro d'esprimersi» (*Atti degli Apostoli*, 2, 1-4).

a voce alta e intelligibile di voler essere battezzato. Faceva in seguito un *melioramentum* (tre genuflessioni e una richiesta di benedizione) davanti all'Anziano e chiedeva perdono a Dio di tutti i peccati che aveva commesso col pensiero, con le azioni o con le omissioni. Allora i Buoni uomini (i perfetti) presenti proclamavano in coro la formula d'assoluzione: «Che i tuoi peccati ti siano perdonati tramite Dio, e tramite noi e tramite la Chiesa». Veniva infine il momento solenne dell'esecuzione del *consolamentum* che faceva del postulante un perfetto: l'Anziano prendeva il libro dei Vangeli e lo poneva sulla testa del neofita, sulla quale lui e i suoi assistenti imponevano le mani pregando Dio di far discendere su questo credente lo Spirito Santo, mentre l'assemblea recitava ad alta voce il *Padre nostro* e le preghiere rituali catare. A quel punto, l'Anziano leggeva i primi diciassette versetti del Vangelo di san Giovanni, recitava nuovamente, da solo, il *Padre nostro*, e il neoperfetto riceveva da lui, e poi dai suoi assistenti, il *bacio della pace*, che, a sua volta, trasmetteva alla persona dell'assemblea che si trovava a lui più vicina, la quale lo trasmetteva al proprio vicino, e così, di persona in persona, questo bacio faceva il giro dell'adunanza[13].

Ormai perfetto, il "consolato", avrebbe rivestito l'abito nero, segno della sua nuova condizione, avrebbe fatto dono di tutti i suoi beni alla comunità catara e avrebbe iniziato la vita errante di un predicatore caritatevole, sul modello di quella di Gesù e dei suoi apostoli. Il diacono della città o il vescovo cataro della provincia gli avrebbe assegnato, tra gli altri perfetti, un *socius* (o una *socia* se si trattava di una donna) con cui avrebbe condiviso da quel momento in poi la propria vita, le opere e le pene, rispettato e venerato dal popolo, dai borghesi e dai grandi.

La crociata contro i catari, detta "crociata albigese", è stata in realtà il pretesto invocato da Filippo Augusto per conquistare i territori del conte Raimondo VI di Tolosa, vale a dire la contea di Tolosa propriamente detta e i feudi da essa dipendenti, come ad esempio la viscontea di Béziers o di Albi, al solo scopo di estendere il regno di Francia. È d'uopo quindi spendere qualche parola su questo conte, nato nel 1156 e morto a Tolosa nel 1222, che sposò in successione cinque donne: Ermessenda di Pelet (morta nel 1176), Beatrice, sorella del visconte di Béziers (sposata prima del 1193), Bourguigne di Lusignano (sposata nel 1193), Giovanna, sorella di Riccardo Cuor di Leone (che gli portò in dote l'Agenais) e la sorella del re d'Aragona, Eleonora, nel 1211.

Raimondo VI, conte di Tolosa e di Saint-Gilles, duca di Narbona e marchese di Provenza, era succeduto al padre Raimondo V nel 1194. Con un vantaggioso trattato, aveva messo fine alla guerra intrapresa da quest'ultimo contro i Plantageneti d'Inghilterra (Enrico II, poi suo fi-

[13] Se il neofita era una donna, il cerimoniale del bacio della pace era sostituito da un gesto simbolico: l'Anziano, o il suo assistente, toccava la spalla della neoperfetta con il Vangelo e le sfiorava il gomito col proprio.

glio Riccardo Cuor di Leone) da cui aveva recuperato il Quercy. Nel 1198 si era coalizzato col cognato, Riccardo Cuor di Leone, e con numerosi grandi vassalli contro Filippo Augusto; negli anni successivi, aveva avuto vari conflitti con diversi signori del Mezzogiorno francese. Quando non era sotto le armi a guerreggiare, Raimondo VI raccoglieva una corte brillante, dove affluivano i trovatori, e s'interessava ai catari che, sotto la sua protezione, si erano stabiliti sulle sue terre. Intorno al 1205-1206, il conte, intimorito dai passi intrapresi da papa Innocenzo III presso Filippo Augusto per avviare una crociata contro questi eretici (quindi sui suoi territori), promise al legato pontificio, Pietro di Castelnau, che ritroveremo più avanti[14], che non avrebbe più tollerato la presenza di catari nei suoi Stati; ma questa promessa non fu mai mantenuta, e vedremo come la missione di Pietro di Castelnau, legato del papa, si chiuderà con la terribile crociata albigese.

Queste brevi osservazioni ci permettono di accennare ai due fatti seguenti, che ci possono far comprendere questa poco onorevole guerra di religione: 1) la potenza di Raimondo VI conte di Tolosa, i cui territori erano ricchi e vasti quasi quanto quelli del suo signore, il re di Francia, e il fatto che fosse per di più cognato di Riccardo Cuor di Leone (col quale, l'abbiamo detto, si coalizzò contro Filippo Augusto, suo cugino germano) lo rendevano il naturale avversario di quest'ultimo; 2) la sua libertà di costumi e le dichiarate simpatie per i catari facevano inoltre del conte Raimondo VI un nemico di Dio (e quindi di papa Innocenzo III), fatto che sfocerà nella sua scomunica per opera di Pietro di Castelnau nel 1204, sentenza confermata dal pontefice nel mese di maggio di tre anni dopo.

Di conseguenza, per il papa come per il re di Francia, l'uomo da abbattere è il conte Raimondo VI di Tolosa. La crociata contro i catari fornisce il pretesto e il motivo del crimine, perché gli eretici pullulano nella contea di Tolosa e in tutta l'Occitania. Ce lo spiega Pietro di Vaux-de-Cernay, grande giustiziere dei catari, con la penna d'oca ben intinta come unica arma, che dichiara apertamente, ma con un certo spirito, le sue simpatie e ci fornisce, strada facendo, qualche preziosissima informazione da noi sottolineata in nota al brano (HA, 16 sgg.):

Osserviamo innanzitutto che sin dalla culla, si potrebbe dire, egli [*il conte Raimondo VI*] ha sempre amato e favorito gli eretici: quelli che erano sulla sua terra, li ha onorati quanto ha potuto[15]. Fino a oggi [*fino al 1209; l'assassinio del legato*

[14] Vedi p. 42.

[15] Un cartulario di Maguelonne, frazione del comune di Villeneuve-lès-Maguelonne, nell'Hérault, vicino a Frontignan, datato 1209, ci fornisce un elenco (non esaustivo) di ventisei località dove erano stati recensiti degli "eretici" (catari) nella regione di Tolosa: Arifat, Auriac, Avignonnet, Baziège, Cadalen, Cahuzac, Caraman, Castelnaudary, Castelsarrasin, Cestayrols, Graulhet, Lanta, Marcel, Montauban, Montbrun, Montferrand, Montégut, Montesquieu, Montmaur, Rabastens, Saint-Félix, Saint-Martin-Laguépie, Saint-Martin-la-Lande, Saint-Paul-Cap-de-Joux, Sénégast, Verfeil.

pontificio, che fu il detonatore della crociata, ha avuto luogo nel 1208], a ciò che si dice, dovunque vada porta con sé degli eretici, vestiti come gli altri, in modo da poter, in caso dovesse coglierlo la morte, morire tra le loro braccia: immagina, infatti, di potersi salvare senza alcuna penitenza, per quanto grandi possano essere i suoi peccati, se in articulo mortis riceverà l'imposizione delle loro mani[16]. Fa anche portare il Nuovo Testamento affinché, in caso di necessità, riceva dagli eretici l'imposizione della mano con il libro [...]. Il conte di Tolosa disse un giorno agli eretici, è cosa certa, che voleva allevare il figlio [*il futuro Raimondo VII*] a Tolosa tra gli eretici affinché fosse istruito nella loro fede[17]. Il conte di Tolosa disse un giorno agli eretici che avrebbe dato volentieri cento marchi d'argento per convertire alla fede degli eretici uno dei suoi cavalieri da lui di frequente incoraggiato ad abbracciare questa credenza facendo predicare dinanzi a lui[18]. Inoltre, quando gli eretici gli inviavano doni o viveri, egli li accoglieva con viva riconoscenza e li faceva conservare con la più grande cura: non tollerava che li potessero toccare altri che lui stesso o qualcuno dei suoi familiari. Molto spesso, addirittura, come abbiamo appreso con gran sicurezza, adorava gli eretici, ginocchia a terra, e domandava loro la benedizione[19] e dava loro il bacio della pace [...]. Un certo giorno, il conte si trovava in una chiesa dove si diceva una messa: era accompagnato da un mimo che, secondo l'uso dei buffoni di tal sorta, si faceva beffe della gente facendo smorfie e gesti da commediante. Come il prete si girò verso l'assemblea dicendo: «*Dominus vobiscum*», l'ignobile conte disse al suo istrione di fare il verso al prete e di burlarlo. Un'altra volta il suddetto disse anche che avrebbe preferito assomigliare a un certo pericoloso eretico di Castres, nella diocesi di Albi, che non aveva più arti e viveva in miseria, che essere re o imperatore[20].

Quest'ultima affermazione del conte di Tolosa è forse vera, ma non prova "l'ignominia" di Raimondo VI: potrebbe, al contrario, dimostrare che questo principe, per quanto libertino, sapeva ammirare – e forse a volte invidiare – la purezza quasi mistica della fede dei perfetti, destinati al rogo che forse un giorno sarebbe stato costretto a innalzare per

[16] La grande paura dei catari era di morire all'improvviso in stato di peccato, senza aver avuto il tempo di ricevere il *consolamentum*, rito che poteva essere celebrato solo da un perfetto (vedi p. 28): portando con sé dei perfetti, che potranno "consolarlo" in caso di necessità, il conte si protegge contro qualsiasi evento imprevedibile. Si tratta evidentemente di una supposizione gratuita da parte del cronista, e anche sbagliata: solo un credente cataro può ricevere il *consolamentum* e nulla prova che Raimondo VI fosse stato sottoposto al rito di ammissione che fa di un uomo comune un credente cataro.

[17] Questo inciso fa pensare che a Tolosa le case catare fossero sicuramente numerose.

[18] Questo genere di commento, da parte di un cronista serio come Pietro di Vaux-de-Cernay, non ha alcun carattere calunnioso: ci suggerisce che nella contea di Tolosa e sicuramente in tutta l'Occitania, non c'era una "caccia alle streghe".

[19] Quest'ultima osservazione è sospetta: è difficile immaginare un principe come il conte di Tolosa, costantemente circondato dal proprio seguito, dal cappellano, se non dal vescovo, genuflesso davanti a un perfetto!

[20] Pietro di Vaux-de-Cernay interpreta grossolanamente un'osservazione del conte di Tolosa; in realtà, i Buoni uomini che percorrevano le strade della contea tolosana e che avevano lasciato tutto – famiglia, ricchezze, agio, persino sicurezza – per vivere la loro fede, avevano un comportamento che ispirava rispetto, e anche i loro avversari – il papa, ad esempio, o san Domenico – ne lodarono l'abnegazione. Si sa, con ancor maggior certezza, che durante la decina d'anni di durata della crociata, centinaia, forse migliaia, di catari sono stati massacrati o bruciati e non si citano che tre o quattro casi di abiura: si comprende l'ammirazione che si poteva avere per tali uomini, pur rifiutandone l'ideologia. È in questo senso che si deve interpretare l'espressione ammirata di Raimondo VI di Tolosa.

loro. Infatti, non c'erano voluti neanche due secoli perché i catari costituissero una Chiesa, ben radicata in tutte le province e le città dell'Occitania e principalmente della contea di Tolosa, che non era né segreta, né clandestina, i cui adepti si reclutavano sia tra il popolino delle campagne che in seno alla borghesia urbana e che contava tra i proprio membri e simpatizzanti grandi baroni e signori della Linguadoca.

D'altro canto il catarismo non era l'unica Chiesa eretica della Linguadoca. Pietro di Vaux-de-Cernay c'informa infatti dell'esistenza di una setta cristiana nata nel Sud della Francia, intorno al 1170, sulla base della predicazione di un certo Pietro Valdo, ricco mercante lionese che aveva lasciato tutti i suoi beni per predicare il ritorno all'etica originale dei Vangeli, e i cui adepti dal suo nome furono chiamati valdesi (HA, 16 sgg.):

> Queste persone erano di certo malvagie, ma, paragonate agli eretici catari, erano molto meno perverse. Su molti argomenti, infatti, erano d'accordo con noi e su altri differivano. Il loro errore riguardava principalmente quattro punti: indossare dei sandali alla maniera degli apostoli; dire che, per nessuna ragione, si poteva prestare giuramento, o uccidere; affermare che, in caso di necessità e purché portasse i sandali, uno qualsiasi tra loro poteva impartire il sacramento dell'eucaristia, anche se non era stato ordinato prete da un vescovo.

I valdesi furono perseguitati da Roma e contro di loro fu indetta una crociata nel 1487, ma riuscirono a resistere e a trovare rifugio nei villaggi alpini del Piemonte, della Savoia e del Luberon. Nuovamente perseguitati nel Seicento (da Luigi XIV), si sono uniti alla Chiesa riformata calvinista. Va precisato che i valdesi non hanno alcun rapporto con i catari; in particolare, non hanno mai sostenuto alcuna dottrina manichea.

3
La Chiesa di Roma e il catarismo
(1049-1209)

Le dottrine di questa Chiesa catara che si era stabilita e sviluppata dall'anno mille in poi nel Sud della Francia non minacciavano direttamente né l'ordine religioso ufficiale (quello della Chiesa cattolica romana), né l'ordine pubblico, né l'ordine politico, né l'ordine sociale. Certo, nelle loro predicazioni i catari attaccavano diversi dogmi del cattolicesimo, ma non se la prendevano con nessuna istituzione né a parole, predicando, né *a fortiori,* con azioni violente. Inoltre, la loro Chiesa si era stabilita in un territorio il cui signore, Raimondo V, conte di Tolosa dal 1148 al 1194, era in primo luogo impegnato in dispute con il re Enrico II d'Inghilterra, che rivendicava le sue terre in nome della moglie Alienor (o Eleonora) d'Aquitania. Quanto al suo successore, il figlio Raimondo VI (conte dal 1195 al 1222), era assai tollerante nei confronti del catarismo, come abbiamo precedentemente spiegato, nonostante avesse mantenuto la fede cattolica e la sua principale preoccupazione era impedire al cugino germano Filippo Augusto (re di Francia dal 1180 al 1223) di accrescere il proprio potere. In fin dei conti, la Chiesa catara dava fastidio solo alla Chiesa romana: essa attentava alla sua gerarchia, alle sue tradizioni, al suo ruolo mistico ed educatore, nonché, soprattutto, alle sue più sante dottrine, professando che il Gesù di Roma non era il vero Gesù, che la Chiesa di Roma era la Chiesa del diavolo, che le croci dei cimiteri erano buone solo per far da trespoli a piccioni e corvi e che l'ostia non era il corpo di Cristo.

Di fatto, l'eresia metteva in pericolo la grande opera spirituale e civilizzatrice elaborata dalla Chiesa nel corso dei secoli, dopo il crollo della civiltà greco-romana, razionalista e individualista. La Chiesa aveva disseminato il mondo occidentale di cappelle e cattedrali, creato scuole, ospizi per curare e proteggere gli innumerevoli poveri, riscoperto le scienze e le arti fondate dagli antichi pagani, distillato nelle coscienze un nuovo ordine di valori, quello del rispetto delle creature umane in quanto creature di Dio, il cui più importante comandamento era: «Amatevi gli uni gli altri». Essa aveva inoltre santificato il potere di re e principi. Era quindi inevitabile e anche legittimo che la Chiesa cattolica s'indignasse per gli "attacchi" che le sferravano questi eretici che erano, in certo qual modo, figli suoi, poiché era stata lei ad aver loro ispirato il sistema di valori – la purezza, la carità, la misericordia, l'amore per gli altri – nel cui nome si battevano i catari.

Era anche assolutamente normale che vescovi, monaci e clero cattolico nella loro totalità difendessero la Chiesa di Roma, come è normale, al giorno d'oggi, che analoghe istituzioni internazionali difendano nel mondo, con la forza se necessario, i diritti fondamentali dell'uomo moderno. Ora, a questo scopo, la Chiesa costituita aveva le sue armi: disponeva di un'istituzione giudiziaria penale, purtroppo altrettanto spietata e talvolta spiccia di quella laica che, all'epoca, impiccava i ladri di mele e bruciava i parricidi. Tuttavia, in fatto di eresia, essa disponeva di uno strumento diverso dalle punizioni corporali (la prigione, la tortura o la morte): l'intimidazione, al cui gradino inferiore era la predicazione dei missionari che tentavano di allontanare i cristiani dall'eresia, mentre a quello superiore si trovava la minaccia di scomunica, che comportava la dannazione eterna del peccatore.

Tuttavia, la scomunica è efficace purché lo scomunicato consideri lo scomunicante – sia esso un predicatore, un vescovo o il papa – legittimo dal punto di vista religioso. Certo, nei paesi cristiani, la scomunica aveva delle conseguenze nella vita secolare: non solo lo scomunicato non aveva più diritto ai sacramenti della Chiesa (fatto che peraltro lo lasciava indifferente, visto che ne negava la legittimità), ma era messo al bando dalla società e dalla propria famiglia; amici e parenti lo scacciavano, i locandieri non l'accoglievano, i fornai rifiutavano di vendergli il pane e, se non si pentiva, non aveva altro futuro che diventare un miserabile vagabondo o un ladro di mele che forse un giorno sarebbe finito impiccato. Ciononostante, nei territori raggiunti dall'eresia queste conseguenze non si manifestavano perché era impossibile e inutile scomunicare tutti gli abitanti di una città o di una regione. Era quindi d'obbligo, per i vescovi, fare appello al braccio secolare, fatto canonicamente possibile perché la legislazione in vigore prevedeva che chi professasse opinioni manifestamente contrarie all'insegnamento della Chiesa romana perisse sul rogo. In altre parole, la società civile era intollerante quanto la società religiosa, e non era un fatto nuovo nella storia dell'uomo: Gesù, secondo la tradizione ammessa all'epoca, non era stato forse prima condannato dal Sinedrio ebraico, che era un tribunale religioso, per poi essere consegnato al tribunale secolare di Pilato, che, nonostante avesse la possibilità di graziare il "colpevole", l'aveva fatto crocifiggere?

È al concilio di Reims, nel 1049, sotto il pontificato di Leone IX, che si fa ufficialmente, e per la prima volta, menzione della comparsa in Francia del catarismo. Ed è nel 1077, a Cambrai, che verrà pronunciata la prima condanna a morte per eresia contro un cataro, arso sul rogo. Tuttavia, all'epoca si tratterà di un caso sporadico; è solo un secolo dopo, nel 1163, al concilio di Tours, che i vescovi di Francia denunceranno i progressi inquietanti del catarismo in Linguadoca. Poi, nel 1165, a

Lombers, nel cuore dell'Occitania (nell'attuale dipartimento del Gers), i vescovi e teologi locali organizzeranno un altro concilio allo scopo di contrastare le manovre dei Buoni uomini catari. Si dovrà però attendere il pontificato di Alessandro III (papa dal 1159 al 1181) e il concilio ecumenico da lui convocato al Laterano nel 1179, perché sia lanciato l'anatema contro «gli eretici che alcuni chiamano catari, altri patarini e altri ancora pubblicani...» che non solo praticavano l'eresia in segreto, nelle loro "case", ma la proclamavano apertamente e corrompevano gli animi deboli. Il canone 27 prodotto da questo concilio è, a questo proposito, assolutamente esplicito:

> Noi pronunciamo l'anatema contro di loro e contro tutti coloro che aderiranno ai loro princìpi e li difenderanno. Noi proibiamo, sotto pena d'anatema, di ospitarli, di commerciare con loro [...]. Chiunque si accompagnerà a questi eretici verrà escluso dalla comunione [...]. Tutti i fedeli devono opporsi energicamente a questa peste, e prendere anche le armi contro di loro. I beni di questa gente saranno confiscati e verrà permesso ai principi di ridurli in schiavitù. Chiunque, seguendo il consiglio dei vescovi, prenderà le armi contro di loro [...] sarà posto, proprio come un crociato, sotto la protezione della Chiesa.

Questa condanna pontificia era, in realtà un'ammissione d'impotenza: la Chiesa, incapace di lottare contro l'eresia con i propri mezzi, faceva appello alle armi dei fedeli per tentare di sradicarla. Lucio III (papa dal 1181 al 1185), successore di Alessandro III, ordinò ai vescovi della Linguadoca di dare la caccia agli eretici nelle proprie diocesi e ingiunse ai signori e ai cavalieri della regione di prestare man forte ai religiosi; ma la strategia dei feudatari consisteva nel promettere e nel dimenticare subito le proprie promesse. Il signore assoluto della contea di Tolosa, Raimondo V, si schierò volentieri e apertamente dalla parte della Chiesa. Quanto al figlio, il futuro Raimondo VI, se avrà coscienza del ruolo preponderante raggiunto dagli eretici nella contea, preferirà la pace a una guerra civile incerta e rovinosa. Così, durante la decina d'anni che segue il pontificato di Lucio III, l'eresia catara prolifererà, le "case" silenziose degli eretici si moltiplicheranno nelle città e i Buoni uomini nerovestiti non cesseranno di battere città e campagne, curando gli uni, ammaestrando gli altri e promettendo la felicità eterna a tutti coloro che li seguiranno.

1194: negli ultimi giorni dell'anno, il conte di Tolosa, Raimondo V, muore di morte naturale nel suo castello, dopo aver passato gran parte della vita a guerreggiare contro il re Enrico II d'Inghilterra. Gli succede il figlio, Raimondo VI, nato nel 1156 e all'epoca trentottenne.

Il nuovo conte è un personaggio dalle molte sfaccettature, che occupa un posto importante nella *Canzone della crociata albigese*. Sin dal 1195, inaugura il suo regno ponendo fine con un trattato vantaggioso alla guerra contro il re d'Inghilterra, Riccardo Cuor di Leone, che ha invaso la contea tolosana nel 1181. Secondo i termini di quest'accordo, egli recupera il Quercy (da sette anni occupato dagli inglesi) e riceve l'Agenais, anch'esso in mano inglese, come dote di Giovanna, sorella di Riccardo, che Raimondo VI sposa dopo aver ripudiato la terza moglie. Nel 1198, si allea con diversi grandi vassalli contro il proprio signore, il re di Francia Filippo Augusto, e lo stesso anno papa Innocenzo III ritira la scomunica pronunciata contro di lui per aver danneggiato l'abbazia di Saint-Gilles (vicino Nîmes). Negli anni successivi, numerose dispute oppongono Raimondo VI a diversi signori del Mezzogiorno ed egli prende personalmente parte a qualche guerra feudale di carattere locale. Infine, quando non è a guerreggiare, il conte di Tolosa intrattiene presso di sé una corte brillante dove si affollano belle dame e trovatori, attirati dalla sua fama di cavaliere... e dalla sua generosità. Condividendo i costumi liberali del tempo, Raimondo VI s'interessa anche alle credenze e alle attività dei catari, cui permette di stabilirsi sulle proprie terre, e non pare che abbia incoraggiato i suoi vassalli e cavalieri a rispondere all'anatema pronunciato da Alessandro III contro «catari e patarini» sedici anni prima, esortandoli a prendere la croce contro questi eretici.

Nel 1198, quattro anni dopo l'avvento del conte Raimondo VI, il cardinale Conti, di soli trentotto anni (ha quindi quattro anni meno del conte di Tolosa) è eletto papa col nome di Innocenzo III. Tra le questioni urgenti e delicate che deve affrontare il capo della cristianità, oltre alle dispute del papato con l'imperatore tedesco (Ottone), al divorzio del re di Francia (Filippo Augusto) che aveva scacciato dal letto nuziale Ingeburge per sposare Agnese di Merano, alla predicazione della quarta crociata contro i turchi, quella che lo preoccupa maggiormente riguarda coloro che a Roma vengono chiamati gli «eretici del Sud della Francia», le cui attività si estendono ora sempre più, nonostante l'anatema pronunciato contro di loro da Alessandro III. Tuttavia, è chiaro che in questo campo l'atteggiamento di Innocenzo III è assai più conciliante di quello del suo predecessore, e le lettere pastorali inviate a vescovi e arcivescovi della Linguadoca, ai quali richiede indagini imparziali e prove della colpevolezza di questi eretici, attestano una grande moderazione. In un certo senso, il nuovo papa apprezza la condotta morale dei Buoni uomini, simile a quella che una ventina d'anni dopo adotterà san Francesco d'Assisi e che costituisce una condanna da parte della Chiesa militante; ma, di fatto, non può assolutamente ammettere la confutazione, da parte dei seguaci del catarismo, di due dogmi fondamentali del cattolicesimo: quello della Santa Trinità (consustanzialità del Padre, del Figlio e dello Spirito Santo) e quello del Verbo fatto carne.

Per riportare in seno alla Chiesa queste pecorelle smarrite, Innocenzo III invierà non dei legati "condannatori", incaricati di punirli, ma dei legati predicatori, incaricati di mostrare loro che si sbagliano e di richiamarli all'ordine cattolico; li sceglierà tra le file dei monaci cistercensi, ordine monastico nato verso l'anno 1100 presso l'abbazia di Cîteaux, vicino Digione, estesosi poi a Clairvaux (Chiaravalle) – di cui primo abate fu san Bernardo –, La Ferté, Pontigny e Mormont. Questi legati avevano il compito non di predicare *ex cathedra*, ma di convincere dialetticamente gli eretici e avevano l'autorizzazione ad argomentare contro di loro pubblicamente, fatto che non si era mai verificato nella storia della Chiesa. Ecco come, nella *Canzone della crociata albigese*, Guglielmo di Tudela descrive uno di questi pubblici dibattiti teologici, che ebbe luogo, nel febbraio del 1204, a Carcassonne, su iniziativa del re Pietro II d'Aragona e che oppose, davanti a una giuria composta da tredici cattolici e tredici eretici, il vescovo cataro della città, Bernardo di Simorre, e i legati pontifici Pietro di Castelnau e frate Raul (CC, 2-4):

> Così, a Carcassonne, un giorno il vescovo d'Osma
> e i suoi fratelli legati [*Castelnau e frate Raul*] sfidarono i "bulgari" [*a cui erano assimilati i catari*]
> a un pubblico dibattito. Ad ascoltare la disputa
> venne una gran folla. Era presente anche
> Pietro, re d'Aragona. Alla fine egli seppe
> dov'era l'eresia. Lo scrisse a chiare lettere
> su pergamena sigillata che fece recare a Roma.
> [...]
> A Poblet [*in Catalogna*], vicino a Lerida, c'era un'abbazia
> dell'ordine di Cîteaux. Essa era governata
> da una perla d'uomo dai così grandi pregi
> che presto sarebbe stato chiamato a più nobili uffici
> [*si tratta di Arnaldo Amalrico che si metterà alla testa della crociata contro i catari nel 1209 e morirà nel 1225*].
> [...]
> Dio l'amava, divenne padre abate di Cîteaux.
> Allora questo sant'uomo se ne andò anche lui
> a predicare la giusta fede nel paese degli eretici.
> Supplicò la gente, con semplicità, di accogliere
> le sue piissime parole. Ahimè, fu ricevuto
> come un asino rognoso, lui, il legato del papa,
> lui che aveva il potere di ridurre in polvere
> questi miscredenti.
> [...]
> Frate Arnaldo, il nostro abate di Cîteaux (Dio lo conservi)
> talvolta a cavallo, sovente sui sandali,
> in testa ai suoi chierici assillava,
> senza però mai fiaccare, questi malvagi eretici.
> I suoi infuocati discorsi non ebbero alcun effetto.
> Non lo si ascoltò, ancora peggio: fu presa in odio
> la sua compagnia di legati.

Tra i «chierici» che componevano la «compagnia di legati» di frate Arnaldo c'era Pietro di Castelnau, che la nostra *Canzone* definisce «buon monaco». Nel 1204, al termine del colloquio di Carcassonne, questo legato aveva pronunciato una sentenza di scomunica contro il conte Raimondo VI di Tolosa, a cui la Chiesa rimproverava di sostenere e proteggere gli eretici; tuttavia, per essere esecutiva, questa terribile sanzione doveva essere confermata dal papa, e quest'ultimo esitava a escludere dalla comunità cristiana un così gran nobile, il cui signore – Filippo Augusto – era il più potente monarca della cristianità. Innocenzo III riteneva infatti che, in quest'affare, i veri colpevoli non fossero gli eretici, ingannati da abili predicatori, bensì i vescovi locali che si erano dimostrati incapaci di mantenere le proprie pecorelle sulla retta via del cattolicesimo. Innocenzo III esitò quindi per tre anni, prima di convalidare la sentenza del legato Pietro di Castelnau; si decise solo il 29 maggio del 1207 e, firmando la bolla di conferma, il papa firmò la condanna a morte del suo rappresentante, che cadrà, otto mesi dopo, sulle rive del Rodano, vittima della vendetta catara, come racconteremo più avanti[1].

Tuttavia, prima che fosse perpetrato questo sacrilego crimine che accese la miccia in Linguadoca, papa Innocenzo III, nel mese d'agosto dell'anno 1205, fece un ultimo tentativo per convincere gli eretici del loro errore: richiamò i suoi sfarzosi missionari e le loro splendide carrozze (a causa delle quali i catari affermavano che questi cristiani venivano in cocchi dorati a difendere il loro Dio il cui Figlio aveva camminato a piedi nudi per le strade della Galilea) e autorizzò un giovane predicatore spagnolo rinomato nonostante la sua giovane età, Domingo di Guzman, a noi noto col nome di san Domenico, a rimanere in Francia, dove si trovava col vescovo d'Osma, Diego di Azebez, per combattere il catarismo tramite la predicazione accanto ai monaci cistercensi che vi erano già impegnati.

Per quanto l'intervento di Domenico nella crociata che si preparava contro i catari non sia stato determinante – iniziato nel 1206, fu interrotto dall'invasione della Linguadoca dei crociati cattolici nel luglio del 1209, diciotto mesi dopo l'assassinio del legato Pietro di Castelnau – merita di essere brevemente descritto.

Il monaco e il suo vescovo spagnolo presero innanzitutto contatto con i cistercensi (i fratelli Guido e Raniero) che il papa aveva nominato suoi commissari nella provincia di Narbona. Poiché i monaci di Cîteaux si presentavano sempre con equipaggi splendidi, cocchieri e numerosi servitori, Domenico e il suo vescovo li invitarono a congedare valletti, cavalli e tutto il sontuoso armamentario, che scandalizzavano gli eretici; ma rimasero inascoltati da loro come dagli eretici, che tentarono di riconvertire alla religione cattolica nel corso dei pubblici dibattiti a Osma, Montpellier, Servian, Béziers, Carcassonne, Verfeil e Pamiers, dove fecero la loro ultima "conferenza" con dibattito nel castello del conte di Foix (la sola e autentica conversione nota che ottenne san Domenico fu quella di Pons Ruggero di Tréville). Nella sua *Storia*

[1] Vedi p. 42.

albigese, Guglielmo di Puylaurens lascia inoltre a intendere che lo stesso frate Domenico avrebbe predicato una crociata generale contro gli albigesi divenendo poi intimo consigliere del losco Simone di Montfort che, come vedremo, sarà uno dei capi militari di questa sanguinosa guerra religiosa, ma non esiste alcun documento che lo provi.

In realtà, l'unico atto positivo e duraturo in favore del cattolicesimo compiuto da san Domenico, durante il soggiorno in Linguadoca, fu creare, nel 1206, il monastero di Prouille (vicino a Castelnaudary), inizialmente destinato ad accogliere le giovani allevate nella fede eretica e che, commosse dalla predicazione di frate Domenico, erano state riportate in seno alla Chiesa. «Pregate il Signore Dio», gli avevano chiesto, «affinché ci riveli la vera fede nella quale vogliamo vivere e morire e noi siamo salvate»; riferisce la leggenda che il santo avrebbe risposto: «Non abbiate timore, il Signore Dio vi mostrerà e scaccerà il padrone che avete servito fino a oggi» e, a queste parole, sarebbe apparso loro il demonio sotto la forma di un orribile gatto nero. San Domenico creò per queste giovani della Linguadoca ritornate al cattolicesimo il convento in questione al quale, l'anno successivo, l'arcivescovo di Narbona concesse la chiesa di San Martino di Limoux e che in seguito si sarebbe arricchito dei beni confiscati ai signori eretici della regione.

Anche se una cospicua parte di cittadini e contadini della Linguadoca frequentava, apertamente, o con discrezione, le "case silenziose" dei catari, questo non vuol dire che la Chiesa cattolica locale avesse perso i suoi fedeli, o il suo vigore, o [illegible] i suoi difetti, tra cui il più grave era il commercio di beni spirituali o di oggetti sacri preziosi, corrotta pratica che porta il nome di *simonia*, a cui si dedicava una buona parte dell'alto clero della Linguadoca (fatto che spiega, tra gli altri, il successo dell'eresia dei "puri" – i catari – in questa regione del regno di Francia). Lo stesso papa Innocenzo III non era tenero riguardo ai costumi dei suoi vescovi. Ecco, ad esempio, in che modo ne parla in una delle sue epistole (Innocenzo III, *Epistole*, t. VII, p. 79):

> Sono dei ciechi, dei cani muti che non sanno più abbaiare [*vale a dire: che non sanno più combattere il peccato*], simoniaci che assolvono il ricco e condannano il povero [...]. Accumulano i benefici [*i beni materiali ottenuti grazie alla loro funzione*] e conferiscono sacerdozio e dignità ecclesiastiche a preti indegni o a fanciulli illetterati [*dai quali o dalle famiglie dei quali si fanno "comprare"*]. A questo si deve l'insolenza degli eretici, il disprezzo dei signori e del popolo per Dio e per la sua Chiesa. In questa regione, i prelati sono la favola dei laici.

Si può facilmente immaginare l'atteggiamento di questi laici appassionati di vita religiosa, quali erano i catari, in presenza di un clero romano decadente, venale e dissoluto, e quanto fu agevolata la missione dei perfetti, che andavano di città in città e di campagna in campagna, predicando, come i vescovi cattolici, l'amore di Dio e l'osservanza della pura morale evangelica tramite l'esempio della loro vita e non con semplici parole smentite dall'armamentario, dai costumi e dal patrimonio. Tuttavia, la Chiesa catara, pur rifiutando gli ori e le pompe di quella cattolica, si era organizzata sul modello di quest'ultima: ogni provincia ecclesiastica della Linguadoca aveva un suo vescovo cataro, assistito da un "figlio maggiore" e da un "figlio minore" eletti dall'assemblea dei perfetti della provincia in questione. Prima di morire, il vescovo ordinava al figlio maggiore di succedergli, il figlio minore diveniva figlio maggiore e l'assemblea procedeva all'elezione di un nuovo figlio minore. Ogni località aveva inoltre un proprio diacono, subordinato al vescovo cataro della provincia corrispondente, assistito dal punto di vista amministrativo e finanziario da credenti laici, i più ricchi dei quali (in genere commercianti) assicuravano il mantenimento delle case comunitarie, al tempo stesso luoghi di asilo, scuole, ospedali e monasteri. Così, nel giro di pochi anni, nella Francia feudale del Sud-ovest, il cui territorio si ricopriva di questi conventi di nuova concezione, si era creata una nuova società su base religiosa, che non veniva smossa né dalle campagne di predicazione lanciate dai vescovi cattolici, né dall'iniziativa del papa di inviare nella regione un san Domenico, i cui costumi erano altrettanto sobri e irreprensibili di quelli dei predicatori eretici. L'ultimo tentativo del papa di ripristinare la propria autorità nella contea di Tolosa fu deporre nel 1206, a causa di simonia, il poco raccomandabile vescovo di Tolosa, Raimondo di Rabastens, che aveva ipotecato le terre del proprio vescovado per pagare i creditori, e sostituirlo con un monaco provenzale, Folco di Marsiglia, che, dal canto suo, aveva un passato di trovatore ed era uso a correr dietro alle gonnelle (a patto fossero indossate da grandi dame).

Il nuovo vescovo iniziò col saldare i debiti del suo predecessore, poi si assunse l'onere di far regnare l'ordine cattolico nella regione di Tolosa dove, in compagnia del vescovo spagnolo d'Osma, di san Domenico e dell'abate di Cîteaux, Arnaldo Amalrico, parteciperà alla "campagna di contraddittori" con i predicatori catari, che avrà il solo effetto di fanatizzare qualche cattolico locale e, per cinque anni, di aizzarlo, peraltro senza successo, contro i fratelli eretici, come ricorda ai suoi lettori Guglielmo di Tudela nelle prime righe della *Canzone della crociata* (CC, 2):

> Ve lo dico: per cinque anni, questi smarriti
> fiutando i sermoni come mele marce
> seguirono il loro errato cammino, ostinatamente.
> Questa balorda genia non volle sentir ragioni,
> per colpa sua ci fu la guerra, e un gran carnaio
> nutrirà i corvi prima della sua fine.
> È così, non ci si può fare nulla.

Nel corso di questi cinque anni, la Chiesa esitò alla tragica prospettiva di una crociata sterminatrice contro gli eretici, suggerita in teoria da papa Alessandro III nel suo anatema del 1179[2]. La strategia dei "contraddittori" non aveva portato a nulla, se non far scoprire ai vescovi occitani quanto numerosi fossero gli eretici e quanto grandi i loro mezzi di difesa, e papa Innocenzo III, come anche i legati da lui mantenuti nella contea di Tolosa e negli altri territori della Francia sud-occidentale, indietreggiava di fronte alla responsabilità morale di una guerra.

Ma poi, quale guerra, con quale esercito e contro chi? Contro i signori cattolici, i cui territori ospitavano gli eretici? Non avrebbe avuto alcun senso: era un compito che spettava ai padroni di questi territori, come il conte Raimondo VI di Tolosa, ad esempio... Ma come obbligarlo? Minacciandolo di scomunica? Predicando una crociata cristiana contro gli eretici di Linguadoca? Era questa una cosa impossibile, perché i signori della regione erano tutti vassalli del re di Francia, che non avrebbe mai ammesso la presenza di un esercito straniero sulle sue terre: la Francia occitana non era un provincia turca, come la Palestina. E soprattutto, prima di qualsiasi altra cosa, quale *casus belli* invocare?

Lo fornirono il caso e la malvagità degli uomini. Ricorderete che nel 1204 il legato Pietro di Castelnau aveva pronunciato una sentenza di scomunica contro il conte di Tolosa[3], sentenza confermata dal papa tre anni dopo, il 29 maggio 1207; ecco cosa accadde al legato alcuni mesi dopo questa conferma pontificia, il 15 gennaio 1208 (CC, 4):

> [...] Un giorno [*quel 15 gennaio 1208*], come se ne andava
> lungo il Rodano al passo tranquillo della sua mula
> (aveva appena colpito di scomunica
> il conte tolosano, quel protettore di ladroni)
> un delinquente di scudiero lo uccise a tradimento
> (l'uomo credeva così di far piacere al conte).
> Cavalcando sulla riva gli arrivò alle spalle,
> gli piantò lo spiedo tra le costole
> e si diede alla fuga a briglia sciolta verso Beaucaire,
> da dove era venuto: era là la sua famiglia.
> Prima di spirare, levando le mani al cielo,
> il morente, sostenuto dai suoi, pregò Dio
> di perdonare il crimine allo scudiero fellone.
> Al canto del gallo fece la comunione.
> Albeggiava appena quando cessò di vivere,
> e l'anima se ne fuggì al Padre Onnipotente.
> Il suo corpo fu seppellito nel monastero di Saint-Gilles
> tra canti funebri e ceri ardenti.

Stavolta, il dado era tratto. Quando papa Innocenzo III apprese della morte del suo legato, nella primavera dell'anno 1208, si trovava al palazzo del Laterano, deliberando proprio sulla situazione della Chiesa in Linguadoca con una dozzina di cardinali e frate Arnaldo, abate di Cî-

[2] Vedi p. 36.
[3] Vedi p. 38.

teaux, i cui consigli gli erano preziosi; la guerra parve a tutti inevitabile e, qualche giorno dopo, dalla bocca pontificia partì, in latino, l'ordine immediato e secco: «Dalle mura di Montpellier alle porte di Bordeaux, sia abbattuto ogni ribelle!». Frate Amalrico lo esplicitò immediatamente e con fermezza nei termini riferiti dall'autore della *Canzone*, che ci racconta così le inesorabili disposizioni prese quel giorno da papa Innocenzo III per risolvere definitivamente il problema degli eretici di Linguadoca (CC, 6):

«[...] Signore, per san Martino,
basta con le chiacchiere [*e l'abate di Cîteaux che si rivolge in modo così sfrontato al papa*]. Dovete subito
dettare ai vostri cancellieri delle lettere in latino.
Dite ciò che dev'essere, e mi metterò in marcia.
Porterò i vostri ordini in Francia, nel Limosino,
nel Poitou, in Alvernia e fino al Perigord.
Dai nostri santi paesi fino a Costantinopoli [*era la formula d'uso per i crociati che partivano per Gerusalemme, ai quali sono quindi paragonati i guerrieri che andranno in Linguadoca*]
fate che i crociati [*è quindi proprio una crociata, e non una guerra feudale: la ricompensa sarà il paradiso*] siano assolti da tutti i peccati passati e futuri.
Che il senza-croce non abbia diritto a bere vino, né a mangiare sulla tovaglia,
e se crepa, venga sotterrato come un cane».

Ora spettava al papa la decisione finale. Dopo che tutti i cardinali presenti ebbero dato il proprio parere, calò il silenzio, nel palazzo del Laterano, e la voce del Santo Padre si levò ferma e risoluta (CC, 7):

Dopo che l'abate di Cîteaux, reverenda persona
(a Narbona sarà poi arcivescovo,
il più soave e puro che mai fu mitrato)
ebbe dato il suo parere, tutti restarono in silenzio,
tranne il papa che disse arricciando il naso:
«Fratello mio, mettiti in cammino. Va' dritto a Carcassonne
e a Tolosa la grande sulle rive della Garonna,
va', e conduci l'armata contro i rinnegati.
Nel nome di Dio assolvi i crociati dai loro peccati
e pregali da parte mia d'estirpare senza pietà
i rovi mal credenti dalle nostre terre cristiane».
[...]
Egli [*l'abate di Cîteaux*] uscì dalla città a sferrante galoppo.
Cavalcava con lui un nugolo di vescovi:
quello di Lerida, quello di Tarragona,
anche quello di Barcellona, di Montpellier,
e quelli giunti da più lontano dei porti spagnoli,
quelli di Burgos, di Pamplona e Tarazona,
scortavano tutti l'abate.

Noterete che sia frate Arnaldo, abate di Cîteaux, sia il papa impiegano il termine di "crociati" per designare i guerrieri incaricati di scacciare dalla Linguadoca (dalla «terra d'oc», dice la *Canzone*) i "ribelli", che non qualificano come "infedeli". L'obiettivo era quindi definito: era proprio una crociata quella che stava per iniziare contro gli eretici, i crociati avrebbero beneficiato delle stesse indulgenze previste per i cavalieri che combattevano in Terra Santa; non restava che predicarla e chiamare a raccolta, se non tutti i baroni del regno di Francia, dove Filippo Augusto non riceveva ordini da nessuno, nemmeno dal papa, almeno i signori del Nord, quelli le cui terre erano situate a nord della Garonna.

Non sappiamo nulla delle condizioni in cui avvenne questa predicazione, ma pare che presero la croce tutti i signori della Linguadoca, compreso il più potente di tutti, il conte Raimondo VI di Tolosa, che era stato scomunicato nel maggio 1207, a seguito della sentenza pronunciata contro di lui dal legato Pietro di Castelnau. D'altra parte ne aveva tutto l'interesse: unirsi alle file dei crociati, per Raimondo VI era il modo migliore per proteggere le sue terre da un'invasione del loro esercito.

A questo scopo, però, era necessario che il papa accettasse di annullare la sentenza di scomunica pronunciata contro di lui il 29 maggio 1207; perciò, senza por tempo in mezzo, Raimondo VI corre ad Aubenas, dove sono riuniti i dignitari ecclesiastici della sua contea e, gettandosi ai piedi di frate Arnaldo, abate di Cîteaux, lo supplica di perdonargli i suoi peccati: «Andate piuttosto a portare i vostri pentimenti a Roma», gli risponde l'abate, «solo il papa e i suoi prelati possono assolvervi».

Furioso, il conte esce dalla sala, rimonta in sella ed ecco come ci racconta il seguito Guglielmo di Tudela (CC, 9, 10):

> Se ne va cavalcando a gran colpi di sperone
> dal nipote Trencavel, visconte di Béziers.
> «Dobbiamo cessare le nostre liti», gli dice,
> «uniamoci, altrimenti non avremo alcun peso
> contro l'armata dei crociati». Trencavel lo manda a farsi benedire
> e gli gira le spalle. Raimondo, schiumante di rabbia,
> se ne torna nel paese d'Arles e d'Avignone.
> [...]
> Il conte di Tolosa si arrabbia e si dimena.
> È solo: Trencavel gli rifiuta l'alleanza
> e la schiera dei crociati batte già
> alle porte del paese [*la contea di Tolosa*].
> [...]
> «Un uomo», dice a se stesso, «può trarmi d'impiccio:
> l'arcivescovo d'Auch, il mio compare benedetto».
> Gli fa seduta stante portare questa supplica:
> «Fratello mio, andate a Roma. Portate con voi
> l'abate dell'Ospedale, Raimondo di Rabastens [*ex vescovo di Tolosa*]
> e l'abate di Condom. L'uno è un buon medico,
> gli altri parlano d'oro. Perorerete insieme

la mia causa presso il papa, e che Dio vi conceda
di ammorbidire il suo rigore».

I quattro ambasciatori di Raimondo VI partono immediatamente da Tolosa, ma la strada per Roma è lunga ed è già cominciato l'inverno quando arrivano dal papa, presso cui perorano la causa del conte. Questi, assicurano, è disposto a fare atto di sottomissione alla Santa Sede in presenza di un legato che gli sia meno ostile di Arnaldo Amalrico, l'abate di Cîteaux. Innocenzo III, che ha deciso di aver riguardo per il conte di Tolosa per paura che si unisca alle file degli eretici, aderisce alla richiesta e gli invia come legato il suo notaio Milone.

Ma Raimondo VI era sincero, oppure, facendosi lui stesso crociato, cercava solo di proteggere la sua contea dall'invasione dei crociati pontifici? Nessuno storico è stato in grado di rispondere a questa domanda con argomenti validi, ma è certo che non era per compiacere il papa che il conte di Tolosa aveva offerto la sua sottomissione: era per assicurarsi il sostegno dei propri sudditi, gran parte dei quali era ancora cattolica, nonostante l'intensa propaganda catara nella regione, e per evitare loro di subire l'invasione dei crociati. D'altra parte, questa invasione non aveva più alcuna ragion d'essere perché la sottomissione del conte Raimondo alla Chiesa l'obbligava *ipso facto* a scacciare lui stesso gli eretici dalle sue terre. Viceversa, non era per mostrarsi generoso verso il conte di Tolosa che Innocenzo III aveva accettato d'inviargli un negoziatore diverso dall'abate di Cîteaux: era piuttosto allo scopo di poter utilizzare le forze di questo potente principe non solo contro gli eretici insediati nel territorio tolosano, ma anche contro coloro che continuavano a espandersi sulle terre di altri baroni occitani meno potenti di lui.

In altri termini, i due avversari recitavano entrambi una parte: Raimondo VI, quella della sottomissione, Innocenzo III, quella del perdono delle offese. Il finale di questa commedia spettacolare si svolgerà a Saint-Gilles il 18 giugno 1209, alla presenza di ventidue dignitari della Chiesa, tra cui tre arcivescovi, dei vassalli del conte e di tutti i chierici della contea. Così descrive l'evento Pietro di Vaux-de-Cernay nella sua *Storia albigese* (HA, 77):

Mastro Milone diede convegno al conte di Tolosa a una data precisa nella città di Valence. Il conte venne il giorno stabilito. Quest'uomo crudele, mutevole e spergiuro, promise al legato di fare la sua volontà in tutto, ma era in mala fede. Il legato, uomo prudente e accorto, appurò il parere dei prelati: volle e ordinò che il conte di Tolosa gli consegnasse in pegno sette dei suoi castelli [...]. Ecco come si svolse la cerimonia di riconciliazione e assoluzione. Il conte fu condotto [*a Saint-Gilles*] davanti al portale della chiesa. Qui, alla presenza di una ventina tra arcivescovi e vescovi, giurò sull'ostia e sulle reliquie dei santi [*dentro delle teche*] davanti al portale di obbedire in tutto ai precetti della santa Chiesa romana. Poi il legato fece mettere al collo del conte la sua stola e, tirandolo per questa stola, lo sferzò con delle verghe e lo fece entrare in chiesa [...]. In seguito dovette scendere nella cripta e passare, nudo, accanto alla tomba del beato martire, frate Pietro di Castelnau, da lui fatto assassinare. Giusto giudizio di Dio. Fu costretto a manifestare rispetto al cadavere di colui che, da vivo, aveva subito il suo disprezzo.

La riconciliazione solenne e umiliante del conte di Tolosa con la Chiesa non ha però soffocato sul nascere la crociata ordinata da Innocenzo III contro gli eretici. L'armata dei crociati che hanno risposto all'appello del papa è ora sul piede di guerra: la maggior parte dei pellegrini-guerrieri, già riuniti a Lione, arde dal desiderio di battersi per difendere la propria fede e la data della partenza per Tolosa e la regione occitana è stata fissata al giorno di san Giovanni (24 giugno 1209).

All'epoca, la guerra non era fatta di battaglie in campo aperto, ma di assedi talvolta lunghissimi ed essendo l'obiettivo dei capi militari la sottomissione di una città o la conquista di una fortezza gli eserciti radunati non erano grandi armate, come invece sarà in seguito. Essi contavano un numero relativamente esiguo di cavalieri (in generale qualche centinaio), seguiti dai loro compagni (vassalli, combattenti, scudieri, sergenti e qualche soldato semplice), che si battevano innanzitutto per l'onore e la reputazione del proprio signore. A questi si aggiungevano compagnie di mercenari – soldati di ventura o "ribaldi" – che combattevano solo perché allettati dal bottino.

Questa volta, ed è un fenomeno nuovo, l'armata che si forma a Lione all'appello del papa è sicuramente la più grande che abbia mai calcato il suolo francese, eccezion fatta per le orde germaniche che l'hanno invaso secoli prima; essa conta diverse migliaia di combattenti, di cui i più fortunati hanno portato con sé mogli e figli.

Al suo apparire per le strade della Provenza in direzione di Montpellier, seguita da una compagnia eteroclita di discutibili "civili" (vagabondi, ladri, giullari e ambulanti vari), i villaggi si svuotano dei loro abitanti, i campi dei contadini; la popolazione delle campagne corre a rifugiarsi nei castelli o nelle città fortificate delle vicinanze, sfuggendo alle razzie della soldatesca. Nella *Canzone della crociata albigese*, il chierico navarrese Guglielmo di Tudela ci presenta quest'esercito che al suo passaggio riempie d'ammirazione e al tempo stesso di terrore campagnoli e cittadini (CC, 13):

Dio del cielo, che magnifica moltitudine!
Ventimila cavalieri irti di ferro,
duecentomila soldati che brandiscono falci e forconi
(e non parlo né dei chierici né dei borghesi)
dilagano. Vengono da Borgogna, Francia,
Alvernia e Limosino, da Saintonge e Rouergue,
Guascogna, Poitou, da ogni dove, da lontanissimo:
dal regno di Svevia e dal paese germanico.
[...]
Dai colli di Lombardia alle porte di Rodez,
alti i vessilli, procedono in colonne compatte,

ardenti, valorosi, lieti, liberi da ogni peccato.
«Chi può resisterci?», si dicono, «Nessuno!».

Questo esercito era davvero potente come lo descrive il poeta? Non è certo. Non bisogna dimenticare, infatti, che l'autore della prima parte della *Canzone* è navarrese e che quindi appartiene al partito dei vinti: il suo orgoglio nazionalista occitano lo spinge, senz'alcun dubbio, a esagerare la superiorità numerica di questa "armata del Nord", che, nell'estate 1209, sotto il comando del losco Simone di Montfort, schiaccerà gli "eretici" del Sud uno dopo l'altro, a Béziers e a Carcassonne, e poi, tra il 1210 e il 1214, s'impadronirà di tutte le piazzeforti e le città delle regioni di Tolosa, dell'Ariège, di Narbona e di altri territori del Sud-ovest dove si era diffusa l'eresia catara.

4
La sanguinosa estate del 1209 e la conquista dell'Albigeois (1209-1210)

18 giugno 1209: il conte Raimondo VI di Tolosa, forte del perdono concessogli dalla Chiesa e temendo che l'armata dei crociati, venuta dal Nord allo scopo di sterminare gli eretici del Sud-ovest e partita da Lione verso la fine del mese di maggio, metta a ferro e fuoco la sua contea si affretta ad andarle incontro. Raggiunge i crociati all'uscita di Valence, si unisce ai soldati di Cristo, chiede al legato pontificio, Milone, di dargli la croce per poterli controllare personalmente, precisa il nostro cronista, e prende posto tra i capi della crociata. Nelle loro file si può riconoscere, tra altri dignitari ecclesiastici, il vescovo di Béziers, «notevolissima città, ma tutta contaminata dal veleno dell'eresia, i cui abitanti erano in sommo grado ladri, ingiusti, adulteri e ladroni, ricolmi di tutti i peccati», scrive – sicuramente con qualche esagerazione – Pietro di Vaux-de-Cernay (HA, 84), che fornisce in seguito due esempi precisi e concreti di quella che definisce la «perversità» degli abitanti locali. Il primo riguarda l'aggressione, avvenuta all'alba, di un prete che si recava a dire messa nella sua chiesa, e il secondo l'omicidio, commesso il 15 ottobre 1167, del visconte di Béziers, Raimondo Trencavel I (1098 ca.-1167) (HA, 85, 86)[1]:

> Una notte, allo spuntar del giorno, un prete di questa città si recava in chiesa per celebrare la messa, portando in mano un calice: alcuni abitanti di Béziers appostati gli saltarono addosso, lo colpirono con estrema brutalità e lo ferirono gravemente rompendogli un braccio; presero poi il calice, lo aprirono e vi urinarono dentro, a dispetto del corpo e sangue di Cristo.
> Un'altra volta, nella chiesa della Maddalena, situata nel pieno centro della città, gli abitanti di Béziers, con un orribile tradimento, assassinarono il loro signore Raimondo Trencavel e ruppero i denti del loro vescovo che tentava di prendere le difese del conte.

Dopo una breve sosta a Montpellier, il 21 luglio 1209, l'esercito dei crociati giunse davanti alle mura di Béziers, il cui visconte, Raimondo

[1] Non bisogna confondere i differenti rappresentanti di questo casato di cattolici tolosani, che tollerarono l'insediamento dell'eresia catara nella loro contea: Raimondo Trencavel I (ca. 1098-1167); Ruggero II Trencavel (1167-1194), visconte di Béziers e di Carcassonne; Raimondo Ruggero Trencavel I (1194-1209), figlio del precedente ed erede di due feudi poi presi dai crociati; Raimondo Ruggero Trencavel II (1209?-1263 ca.), figlio del precedente, visconte di Béziers, che guiderà la ribellione del 1240.

Ruggero Trencavel I, nipote del conte di Tolosa, aveva formalmente promesso ai suoi abitanti di non abbandonarli e di attendere con loro l'arrivo dei crociati... Ma all'avvicinarsi dell'armata, dimentico del giuramento, il visconte era corso a rifugiarsi dietro le mura di Carcassonne (altra città di sua appartenenza), portando con sé diversi eretici suoi sudditi per proteggerli, sebbene lui personalmente, per quanto liberale e tollerante, fosse rimasto un buon cattolico. Quindi non c'era più alcuna autorità militare ufficiale con cui parlamentare, e sarà direttamente ai cattolici della città che si rivolgerà il rappresentante dei crociati, che altri non è che il loro stesso vescovo, monsignor Rinaldo di Montpeyroux. Pietro di Vaux-de-Cernay[2] ci riferisce le proposte da lui fatte alle sue pecorelle di un tempo, per l'occasione riunite in cattedrale (HA, 89):

> Quando i nostri arrivarono davanti a Béziers, inviarono in città il vescovo di quel luogo, mastro Rinaldo di Montpellier [*detto anche "di Montpeyroux"*], la cui età, vita e cultura rendevano venerabile [...]. I nostri dichiararono: «Siamo venuti per scacciare gli eretici. Chiediamo agli abitanti cattolici, se ve ne sono [*questa precisazione indicherebbe che la città era a maggioranza eretica*], di consegnarci gli eretici di cui il venerabile vescovo fornirà i nomi, giacché li conosce bene e ne ha addirittura compilato l'elenco[3]. Se non è possibile, che i cattolici escano dalla città lasciandovi gli eretici, in modo da non condividere la loro sorte né perire con loro».

Questo messaggio era un ultimatum; gli eretici si limitarono a rispondere tempestando di frecce i crociati, con cui d'altronde si schiera Pietro di Vaux-de-Cernay (in tutta la *Storia albigese*, li definisce «i nostri»): gli assediati preferivano morire da eretici rimanendo fedeli alla loro fede catara che da cristiani, riferisce il nostro autore, e si misero quindi a tempestare di frecce gli assedianti «prima che questi avessero diretto contro di loro il benché minimo attacco».

L'autore della prima parte della *Canzone della crociata*, Guglielmo di Tudela, è più eloquente ed esplicito: dal testo, risulta – e ci sono fortissime possibilità che abbia ragione – che i cattolici di Béziers vivevano d'amore e d'accordo con i loro compaesani catari. Nella crociata essi vedevano un'aggressione dal pretesto religioso contro il popolo occitano, che mascherava un tentativo di sottomissione dell'Occitania alla monarchia francese. Monsignor di Montpeyroux non si faceva quindi illusioni sul tipo di reazione dei cattolici locali, gelosi della propria "identità nazionale" e della loro indipendenza, ma non se ne faceva nemmeno sulla potenza di questo sovrano estraneo all'Occitania che

[2] Il racconto della presa di Béziers fornito da Pietro di Vaux-de-Cernay, che si schiera immediatamente dalla parte dei crociati da lui definiti «i nostri», è nell'insieme più laconico di quello della *Canzone*, tranne la descrizione dell'inizio dell'assedio che degenererà in una carneficina.

[3] Quest'elenco comprende 222 nomi di eretici, tra cui si contano soprattutto artigiani (fabbri, maniscalchi, ecc.), una ventina di borghesi e quattro medici. Vedi L. Domairon, *Rôle des hérétiques dans la ville de Béziers*, in *Le Cabinet historiques*, Paris 1863, pp. 95-123 e 326-29.

era il re di Francia. In compenso, comunque, il vescovo si faceva delle illusioni sulle proprie doti di negoziatore: i catari da lui minacciati dichiararono che non avrebbero mai abiurato la loro religione e che preferivano morire nella loro fede. Quanto agli abitanti di Béziers, catari o non catari che fossero, avevano in simpatia il loro vescovo ma tenevano innanzitutto alla propria tranquillità.

Rifiutarono quindi di aprire le porte della città ai crociati e risposero al vescovo in questi termini (CC, 17):

> Accogliere questi soldatacci? Consegnare loro la nostra città?
> Meglio crepare. Per Dio, i crociati non avranno nulla,
> nemmeno un pezzo di grasso per lucidare gli stivali.
> Credono di farci paura? Se ne andranno
> prima di quindici giorni. Guardate quanti sono:
> non può contenerli una lega.
> Non potranno mai nutrire così tante persone [...].

Il prelato se lo tiene per detto, rimonta sulla mula, poi, «cavalcando all'ambio», scrive il poeta per sottolineare l'augusta calma dell'uomo di Dio, attraversa il ponte levatoio, esce dalla città e, seguito da qualche abitante di Béziers, rientra pensieroso e inquieto al campo dei crociati. Qui, tra le tende e gli stendardi, il vescovo parla con gravità ai capi della crociata e con questo tono conclude la sua interpretazione della situazione:

«Questa povera gente è davvero sciocca», dice loro, «che può sperare, se non penosi tormenti e la morte?».

Ben presto cala la sera, greve di minacce. Nel campo dei crociati, prende il comando delle operazioni l'intransigente frate Arnaldo Amalrico di Cîteaux, che abbiamo già presentato[4]:

«Poiché gli abitanti di Béziers rifiutano di aprirci le porte della città», decide, «vi entreremo con la forza!».

L'abate di Cîteaux ordina quindi di collocare le macchine d'assedio e di preparare, secondo le regole dell'arte militare, l'assalto della città, che intende liberare sin dal mattino successivo. Ma – purtroppo per Béziers – frate Amalrico viene superato in velocità dai "ribaldi", valletti d'arme dell'esercito, e l'attacco alla città-fortezza degenererà in un abominevole massacro, sul quale pudicamente sorvola Pietro di Vaux-de-Cernay, la cui *Storia albigese*, come abbiamo già detto, è favorevole ai crociati.

Il mattino del 22 luglio 1209, giorno di santa Maddalena, il sole d'estate brilla con tutto il suo splendore sulle mura della città e sulle acque dell'Orb, che scorrono pigramente ai suoi piedi. Dall'alto del cammino di ronda, gli assediati osservano, non senza una certa apprensione, le innumerevoli tende dei crociati, che s'affaccendano nei valloni attorno

[4] Vedi pp. 41 e 43.

alla città, e si preoccupano per l'agitazione che regna tra i ranghi dei laceri valletti d'arme, quelli che i cavalieri dell'epoca chiamano con disprezzo "ribaldi": urlano, si battono e fanno un baccano d'inferno. In quello stesso momento, gli assedianti, al riparo nelle loro tende dall'opprimente sole di luglio, si consultano e deliberano sul modo migliore di condurre l'assalto alla cittadella, mentre la guarnigione di Béziers mette a punto i propri dispositivi di difesa. Nella prima parte della *Canzone della crociata*, Guglielmo di Tudela espone dettagliatamente l'eccitazione che regna nella città quando i crociati, guidati all'attacco dall'abate di Cîteaux, si avvicinano alle mura (CC, 18):

> Ventidue luglio, giorno di santa Maddalena:
> è l'abate di Cîteaux a comparire per primo
> alle porte di Béziers. Lo segue la crociata.
> Nella città accerchiata il suo prodigioso frastuono
> fa tacere i chiacchieroni. Negli sguardi cresce lo spavento.
> Tutti i signori cristiani hanno piantato là la tenda.
> Quelli di Béziers si scrollano di dosso il terrore. Discutono lungamente,
> giorno dopo giorno si adirano, s'armano di spiedi puntuti,
> si radunano alle postierle e lì, tutte le notti,
> attendono l'alba. E allora sapete che fanno questi balordi, questi merdosi [*gli abitanti di Béziers*]? Sorgono dall'ombra,
> attaccano l'armata dei crociati, sbraitando a squarciagola,
> in capo alla picca brandiscono sudice bandiere.
> Questi esseri insignificanti si credono spaventosi,
> sperano di disperdere i crociati
> come nugoli d'uccelli che pigolano in mezzo all'avena.
> Son proprio degli idioti!

Considerata l'entità dell'esercito assediante, che riunisce diverse migliaia di guerrieri (sebbene la cifra di quindicimila fornita dalla *Canzone* appaia esagerata), è certo che una sortita del genere da parte degli abitanti di Béziers, chiaramente una semplice manovra di perlustrazione, costituisce una grave imprudenza: si muterà in un disastro. L'autore della *Canzone*, indiscutibilmente parziale (è un "anticataro", che dà delle «canaglie» agli abitanti di Béziers) ce ne traccia un quadro ricco di pathos (CC, 19, 20):

> Un mattino, queste canaglie agguantano un crociato,
> da un ponte, come un sacco, lo gettano nel fiume
> e, con la bava alla bocca, stuzzicano i ribaldi [*i valletti d'arme*].
> Ora, il capo dei ribaldi, vedendoli far così,
> quel giorno s'inalbera e aizza la truppa:
> «Basta!», grida. «Uomini, seguitemi!».
> Ed eccoli partiti. Non sono armati
> che d'una mazza di legno sulla spalla, null'altro,
> ma sono quindicimila ribaldi in marcia verso i bastioni,
> a piedi nudi, la collera nel cuore e la camicia aperta.
> Gli uni vanno ai fossati, assaltano le mura,

serpeggiando sfondano e smuovono la breccia,
gli altri fanno volare i portali come fuscelli.
I crociati, accorsi, si urtano alle porte
e un torrente corazzato si riversa nella città,
le donne, per le strade, nel panico, con le mani tremanti,
gli uomini, i vecchi, le matrone schiamazzanti
tutti corrono in chiesa dove le campane suonano a martello
e si ammassano nella navata.
Che incredibile baraonda: i ribaldi e i loro capi
si lanciano. Le loro mazze roteano, già insanguinate,
fanti e valletti assalgono i bastioni,
scalano, si aggrappano, sbrecciano i merli.
Dei crociati in ritardo corrono verso la battaglia,
allacciano il cinturone, gridando che li si aspetti.

Sul ruolo degli ausiliari dell'esercito dei crociati, i famosi ribaldi, Pietro di Vaux-de-Cernay è altrettanto chiaro. Il dramma si consuma in poche ore (HA, 90):

[...] senza avvisare né consultare alcuno dei nobili dell'armata, i ribaldi vanno all'attacco e – cosa sorprendente – prendono la città all'istante. Non appena entrati, massacrano tutta la popolazione, dal più piccolo al più grande, e incendiano la città. Béziers viene presa il giorno di santa Maddalena.

In questa rapida vittoria, il nostro autore vede un segno della Provvidenza: i catari non pretendevano forse che Maria Maddalena fosse la concubina di Gesù Cristo e, inoltre, non era forse all'interno della chiesa dedicata a santa Maria Maddalena che gli abitanti della città di Béziers avevano assassinato, quarantadue anni prima, il loro visconte e rotto i denti del loro vescovo, che tentava di difenderlo? E conclude Pietro di Vaux-de-Cernay (HA, 91):

È quindi a buon diritto che settemila di questi cani schifosi [*gli eretici catari*] furono presi e massacrati durante la festa di santa Maria Maddalena, che essi avevano insultata e di cui aveva insozzato la chiesa col sangue del loro visconte e del loro vescovo.

Il panico si diffonde per Béziers, invasa da «quindicimila ribaldi» (numero chiaramente di fantasia: all'epoca, una città come Béziers contava a malapena diecimila abitanti e non possedeva né strade, né viali che permettessero il passaggio di grandi truppe armate, ed è difficile immaginare quindicimila soldatacci che assalgono le case una ad una!). La soldatesca si sparpaglia, fracassa i banchi, sfonda le porte delle abitazioni, ne massacra i proprietari, saccheggia, si ubriaca, stupra, distrugge. I cavalieri crociati tentano, invano, d'intervenire, inseguono questi predatori, arrivano persino a ucciderli per strappare loro ciò che hanno rubato. Nel giro di poche ore, le strade della bella e ricca città di Béziers sono disseminate di cadaveri. L'autore della *Canzone* ci illustra questo saccheggio e questi crimini (lasse 20-22) che non sono, come si afferma falsamente, opera di una soldatesca trasportata da malvagi istinti, ma, ci assicura, risultato di una decisione ponderata dei baroni, organizzatori della crociata (CC, 21):

> Mentre avanzavano insieme verso Béziers,
> i baroni e i chierici, i principi, i marchesi,
> hanno deciso ciò che ora bisogna dire:
> ogni castello che oppone resistenza, ogni città ritrosa
> saranno presi con la forza e ridotti in carnai.
> Che non vi si lasci vivo neppure un neonato.
> Così si seminerà un sano panico
> e nessuno oserà più sfidare la croce di Dio.
> Buona idea, messeri crociati: dopo il vostro fatto d'armi
> a Béziers, tale sarà il terrore
> che quelli di Montréal, Fanjeaux e di altre città
> vi baceranno i piedi implorando pietà.
> Si fa dunque a Béziers un'esemplare carneficina:
> non un solo superstite. Chi dice meglio, chi dice peggio?
> La chiesa? Un mattatoio. Il sangue bagna gli affreschi.
> La croce non ferma i ribaldi: preti, donne,
> bambini e anziani, tutti massacrati, ve lo dico.
> Dio accoglie le loro anime nel suo santo paradiso.
> Credo proprio che mai, dopo i saraceni,
> il mondo conobbe più feroce massacro.

Il finale di questo macabro e sanguinoso fuoco d'artificio, che non ha nulla a che vedere con la fede, sarà l'incendio della città di Béziers. A un certo punto della carneficina, i cavalieri, che – va sottolineato – fino a quel momento non erano intervenuti con sufficiente autorità per fermarla, finalmente si decidono ad agire e «sbattono fuori [i ribaldi] a calci nel sedere» (lassa 21), riferisce il primo autore della *Canzone*, che descrive così la drammatica fine dell'orribile sacco di Béziers (CC, 21, 22):

> I ribaldi privati così del loro bottino vaneggiano
> come pazzi scatenati. Grida all'improvviso il loro re,
> levando il pugno arrossato: «Per Dio, bruciamo tutto!».
> Diecimila berci gli rispondono. Immediatamente
> questa fottuta teppaglia accatasta delle fascine.
> Ben presto il fuoco crepita alle porte, alle finestre,
> si arrampica sui tetti, invade le strade, scende nelle cantine.
> [...]
> L'incendio si spande fino al cielo. Tutto avvampa:
> forge, case, giardini, chiostri, dimore nobiliari.
> E chi saprà mai quante vesti ricamate,
> armi e belle pelli sono ridotte in fumo
> nell'immenso braciere! Anche l'alta cattedrale
> opera di Gervasio, mastro architetto, brucia,
> si spacca al centro e crolla, divorata
> da zampilli rosseggianti.

Precisiamo in questa sede che l'ordine tristemente famoso, lanciato nel corso dell'assalto contro Béziers («Uccideteli tutti, Dio riconoscerà i suoi!») e attribuito al cistercense Arnaldo Amalrico, non è menzionato né dalla *Canzone* né da alcun testimone degli eventi. In realtà si incontra questa frase per la prima volta in un domenicano tedesco, Cesario di Heisterbach (nato a Colonia intorno al 1180 e morto nella stessa città nel 1240), autore di numerosi opuscoli teologici, che non ha mai messo piede in Francia in tutta la sua vita e che, alludendo alla tragedia di Béziers nei suoi *Dialogi de miraculis* ("Dialoghi sui miracoli", libro V, cap. 21) riferisce che frate Arnaldo avrebbe detto: «*Caedite eos, novit enim Dominus qui sunt eius*», frase che si può tradurre con «Uccideteli, poiché Dio conosce i suoi». Guglielmo di Puylaurens scrive più semplicemente (e senz'altro più veridicamente) che i crociati avevano fatto sapere agli abitanti di Béziers, tramite il vescovo della città, di essere venuti allo scopo di sterminare i soli eretici. Frate Cesario, che pare tenesse la cronaca quotidiana del proprio ordine, ha interpretato a suo modo le "consegne" date ai crociati da frate Arnaldo Amalrico, e il clima anticlericale presente al momento della fortunata fondazione della scuola pubblica in Francia, alla fine dell'Ottocento, ha favorito la diffusione di quest'apostrofe... Non si trattava di un ordine, ma solo di un'apostrofe di cui, d'altronde, i "massacratori" (in questo caso i valletti d'arme e altri soldati di ventura unitisi a loro) non avevano affatto bisogno per esercitare le proprie doti criminali!

La presa di Béziers da parte dell'esercito dei crociati, il massacro degli eretici che vi si trovavano e la distruzione della città con l'incendio scatenato dai ribaldi furono i primi eventi, davvero poco onorevoli, della crociata intrapresa dalla Chiesa, all'inizio dell'estate del 1209, contro i catari del Sud-ovest della Francia, che alcuni vescovi, nelle loro lettere, cominciarono all'epoca a definire "albigesi".

Dopo questa sanguinosa e poco nobile "vittoria" dei crociati, il frate cistercense Arnaldo Amalrico decide di marciare con loro verso l'altro feudo proprietà del visconte di Béziers, ossia la viscontea di Carcassonne. Poiché, scrive Pietro di Vaux-de-Cernay, i suoi abitanti erano «i peggiori eretici e grandi peccatori dinanzi a Dio» (HA, 92) e anche papa Innocenzo III, quando «arricciando il naso» nel gennaio 1208 aveva preso la decisione d'intraprendere la crociata[5], aveva incaricato l'abate di Cîteaux di andare «dritto a Carcassonne», che non era ancora una città molto grande, ma con le sue mura considerate inespugnabili avrebbe potuto diventare la roccaforte del catarismo. La città era in effetti munita di una massiccia cinta dotata di trentuno torri dominanti la valle dell'Aude[6], fiancheggiata, a nord e a sud, da due borghi – il Bourg

[5] Vedi p. 43.
[6] Queste mura, che hanno resistito al tempo, sono tutt'ora in piedi.

e il Castellar – a loro volta cinti da un muro di grosse pietre circondato da un fossato largo e profondo che ne proteggeva l'accesso. All'epoca, Carcassonne è quindi una cittadina di appena quindicimila metri quadri (compresi i due borghi); la popolazione, che conta numerosi eretici, è di gran lunga inferiore a quella di Béziers. Tuttavia, per frate Amalrico, prendere Carcassonne non è una semplice operazione di polizia religiosa: è una strategica azione preventiva di politica ecclesiastica. Deve impadronirsi di questo luogo il più in fretta possibile e a ogni costo, prima che Trencavel, figlio ed erede del visconte di Béziers, lo trasformi in un inespugnabile baluardo dell'eresia che il papa gli ha ordinato di combattere e sradicare in Linguadoca; è per questo, scrive Pietro di Vaux-de-Cernay (difensore, lo ricordiamo, della posizione dei crociati), che «i nostri, dopo la presa e la distruzione di Béziers, decisero di marciare dritti su Carcassonne» (HA, 92).

Ed ecco sbucare, il primo agosto 1209, nella vasta pianura dominata dalle celebri mura di Carcassonne, un esercito di «cinquecentomila crociati» (è la cifra decisamente esagerata che fornisce il nostro autore). I cavalieri scendono da cavallo, gli scudieri conducono a bere gli animali, la fanteria si sparpaglia, prende posizione. Nei due o tre giorni successivi, i capitani misurano il terreno, individuano le strade, le sorgenti d'acqua potabile e i frutteti, in previsione di un assedio che rischia di essere lungo, mentre i valletti d'arme piantano le tende, affilano le spade, gli spiedi e i coltellacci dei loro signori, i palafrenieri si occupano delle cavalcature e i carpentieri ispezionano le foreste circostanti. I medici, infine, sistemano un'infermeria sotto una tenda e, dal canto loro, i monaci pregano o intonano cantici. Dall'alto dei bastioni della sua città, il visconte Raimondo Ruggero di Béziers e di Carcassonne, chiamato anche Trencavel, osserva questa schiera che non cessa di aumentare. Gli si riuniscono intorno i suoi migliori cavalieri e la sera del 2 agosto 1209 si tiene un piccolo consiglio descritto dalla *Canzone* (lasse 23-25; lo riassumiamo traducendolo in termini moderni):

«A parer mio», dice Trencavel, «quattrocento di noi, cavalcando all'araba [*cioè senza armatura e piegati per evitare le frecce e i giavellotti del nemico*], dovrebbero andar loro addosso prima del calar della notte; questi cavalieri sono pesantemente armati, potremmo coglierli di sorpresa e ritornare indenni dentro le mura».

«Sono dell'avviso», dice Pietro Ruggero, signore del castello di Cabaret, «che non bisogna aver fretta. Domani i crociati saranno accampati sotto le nostre mura; quale sarà il loro primo pensiero? Chiaramente, quello di occupare la strada che conduce al fiume per privarci dell'acqua: è allora che dovremo uscire, marciare su di loro e picchiare sodo. Fino ad allora, non muoviamoci e aspettiamo».

Gli altri cavalieri condividono quest'opinione, che pare loro la più assennata; appostano vedette sulle mura e la notte trascorre tranquilla e riposante. All'alba, Trencavel è il primo ad alzarsi e a salire sui bastioni. In basso, si svegliano i suoi uomini, scalpitano i cavalli, i fanti battono i piedi, mentre a Carcassonne si lucidano le corazze...

Il mattino del 3 agosto 1209, i crociati, prima di affrontare l'imponente cinta della città vera e propria e le sue torri, decidono saggiamente di occupare innanzitutto i due borghi che la fiancheggiano, protetti solo da un muro di grosse pietre sovrastante un fossato piuttosto largo. Lanciano il primo assalto verso quello settentrionale (il Bourg), che pensano di poter occupare senza bisogno di servirsi d'ingombranti macchine da guerra, e avanzano lentamente, tutti insieme, vescovi, abati, monaci, cavalieri e soldati, intonando devotamente cantici. Il primo cavaliere – e anche l'unico, secondo Pietro di Vaux-de-Cernay – a osare di saltare nel fossato che circonda il villaggio, a dispetto delle frecce e degli strali che gli piovono intorno, è Simone di Montfort. Secondo l'autore della *Storia albigese*, egli avrebbe contribuito più d'ogni altro alla presa del borgo, che i crociati poi incendieranno e raderanno al suolo. Il giorno seguente, dopo una breve notte di riposo, l'armata cattolica affronta il Castellar, il borgo meridionale, assai meglio fortificato (il muro che si eleva al di sopra del fossato è molto alto e spesso). Esso è difeso da Trencavel in persona e dai suoi uomini, che respingono gli assalti dei crociati con fitti e frequenti lanci di pietre. Nel corso del combattimento, un cavaliere cattolico è ferito a una coscia e ruzzola nel fossato, da cui non può più uscire; coraggiosamente, Simone di Montfort, noncurante dei proiettili che gli piovono addosso, si precipita nel fossato in compagnia solo di uno scudiero e riesce così a salvare la vita del soldato di Dio (grazie al suo fisico atletico Montfort è in grado di sollevare il ferito e di tirarlo fuori dal fossato caricandoselo sulle spalle).

Dopo questa prima scaramuccia, davanti al muro che protegge il Castellar si spingono delle macchine d'assedio chiamate petriere, sorte di catapulte con cui si potevano lanciare da lontano pesanti proiettili di pietra contro mura o fortificazioni. Ma invano: il bastione è spesso, fatto di grossi blocchi sigillati e appare inespugnabile. Ne vinceranno la resistenza i genieri dell'esercito dei crociati: ai piedi del muro viene portato un carro ricoperto dalla pelle di un bue, al cui riparo si scava per tutto un giorno e una notte. Pietro di Vaux-de-Cernay, che descrive minuziosamente le prime operazioni dell'assedio, può quindi scrivere: «Che altro aggiungere? Allo spuntar del giorno, il muro scalzato finisce per crollare e i nostri, con gran fracasso, penetrano nel luogo attraverso la breccia» (HA, 97). I soldati di Carcassonne battono allora in ritirata verso le parti alte della città. Poi, vedendo che, dopo aver ucciso qualcuno dei loro, i crociati si ritirano dal Castellar per tornare alle loro tende, ridiscendono, escono da Carcassonne e scacciano dal borgo i pochi assedianti che ancora si attardano, dando fuoco alle case prima di tornarsene al riparo delle potenti mura della loro città... e concedersi qualche ora di riposo, quanto mai necessario.

Trascorre un giorno senza combattimenti; cala la notte su Carcassonne, una calda notte d'estate occitana, rischiarata da una luna piena, la cui luce attenua quella delle stelle. Turbano il silenzio di questa bella notte dell'agosto 1209 solo il pesante procedere delle sentinelle che misurano a grandi passi i bastioni della città addormentata e il gracidio dei rospi e delle rane che si trastullano negli stagni della pianura. Dietro le mura, il signore di quei luoghi, Raimondo Ruggero di Trencavel, è pensieroso. Quell'anno l'estate è particolarmente calda, non ci sono ancora stati temporali, i ruscelli sono quasi in secca e la città comincerà a sentire la mancanza d'acqua: ben presto quindi il visconte di Carcassonne sarà obbligato a trattare col nemico. Sta forse già considerando di fare appello alla mediazione del suo signore, Pietro II, il cattolicissimo re d'Aragona, quando improvvisamente, c'informa la *Canzone della crociata albigese*, all'alba questo monarca spunta davanti alle mura di Carcassonne, seguito da un'imponente scorta armata, inatteso, come se avesse indovinato il desiderio del suo vassallo (CC, 26):

> Un bel giorno del mese d'agosto, giunge alla crociata
> con cento cavalieri ben equipaggiati
> Pietro, re d'Aragona. Baroni, principi, prelati
> sono lì, davanti a Carcassonne, che fanno colazione
> con vini e cosciotti su lunghe tovaglie bianche.
> Tutti, appena lo scorgono con la sua piccola schiera,
> si alzano, a braccia aperte e tovaglioli in mano.
> «Siate il benvenuto», gli dicono, e il re Pietro
> cortesemente li saluta.

L'arrivo del re d'Aragona proprio nel momento in cui Trencavel ha bisogno di lui è un'immagine troppo bella per essere vera, e non è impossibile che il poeta occitano abbia infiocchettato il racconto a posteriori per puro patriottismo. Ma è certo che l'assedio di Carcassonne da parte dei crociati, subito dopo la distruzione di Béziers, non poteva lasciare indifferente Pietro d'Aragona. Tuttavia, se si vuol credere all'autore della *Canzone*, la sua reazione verso i baroni francesi del Nord e verso i crociati che assediano un luogo del Sud-ovest così strategico come la città di Trencavel, suo vassallo, non è ostile (CC, 27, 1-7):

> Monsignore il re Pietro e i suoi cento cavalieri
> s'avanzano, conversando, in un fitto boschetto
> lungo la riva del fiume. Là è il padiglione
> ricamato d'oro e d'argento del conte di Tolosa.
> Il re pranza con carne e vuota qualche coppa,
> poi rimonta in sella ed ecco che se ne va
> verso la città, senz'arma alcuna e senza scudo.

Noterete però che dopo il pasto Pietro II non si attarda (per precauzione? Forse non si fida dell'esercito dei crociati, pur essendo considerato un buon cattolico?) e prosegue il cammino, impassibile, fino alla postierla del castello del suo vassallo. Questo, non appena appresa la notizia dell'arrivo del suo signore, ordina di abbassare il ponte levatoio e gli corre incontro, scortato dai suoi cavalieri esultanti. Una volta alla presenza del re, Trencavel gli espone la situazione e gli descrive la spaventosa carneficina che ha insanguinato la città di Béziers[7] (CC, 27):

> «I crociati», gli dice, «seminano ovunque rovina,
> angustia e fuoco. Il nostro paese se ne muore.
> Dobbiamo scacciarli, son peggio dei barbari».

Il re d'Aragona tenta di calmare il suo vassallo, poi gli fa una piccola predica e lo spinge a negoziare (CC, 27, 28):

> «Per Dio», risponde il re, «siete il solo responsabile
> di questo brutto affare. Se aveste bandito
> dalla vostra viscontea questi bricconi d'eretici,
> come vi avevo ordinato di fare,
> non vi trovereste a questo punto.
> Che tristezza mi viene, che rabbia mi ferisce
> nel vedervi in pericolo di così gran sventura
> per esservi curato di un'accozzaglia di matti!
> Non vedo che un rimedio ai vostri attuali tormenti:
> negoziate, figlio mio. Un accordo onorevole
> è la vostra unica speranza. Se vi ostinate
> a cercare botte, a voler dar di scudo,
> ben presto nelle vostre orbite si annideranno i vermi.
> I crociati sono troppo forti, credetemi:
> ho attraversato il loro campo, non potete vincerli.
> I vostri bastioni, lo ammetto, son degni di fiducia,
> sono alti, larghi e forti. Tuttavia, riflettete:
> la vostra città è stracolma di donne e bambini,
> quanto tempo ancora potrete nutrirli?
> Su! La vostra sventura assai m'impedisce di vivere,
> poiché vi amo molto. Lasciate che vi salvi.
> Parlate. Farò tutto, fuorché venir meno all'onore,
> per rivedervi contento».

Convinto, Trencavel, si piega alla volontà del suo signore (CC, 29):

> «D'accordo, sire, negozio. Accettate, se vi aggrada,
> le chiavi della mia città, i suoi beni, il suo carico d'anime.
> Vostro padre un tempo amava molto il mio.
> In sua memoria, mi rimetto a voi».

Il re d'Aragona rimonta a cavallo e torna dai crociati, accampati davanti a Carcassonne. Lo circondano i cavalieri francesi e l'abate di Cîteaux, Arnaldo Amalrico, promotore della crociata contro i catari, lo in-

[7] Ricordiamo che Trencavel era visconte di Carcassonne e di Béziers.

terroga: vuole sapere dell'incontro del re con Trencavel. Pietro II d'Aragona gli riferisce la conversazione avuta con quest'ultimo e perora la causa dello sfortunato visconte di Carcassonne. Ha però un bel dire, il severo Arnaldo Amalrico non ne vuole sapere delle proposte di pace avanzate dal visconte e risponde seccamente al re d'Aragona (CC, 29):

> «Per farvi piacere», gli dice, «accettiamo che viva.
> Non chiedeteci di più. Se ne vada dunque al diavolo
> senza armi, senza bagagli, con dieci dei suoi uomini,
> e lasci Carcassonne alla nostra mercé».

Pietro II schiuma di rabbia e borbotta tra i denti che voleranno gli asini prima che lui accetti una simile infamia, poi se ne torna a Carcassonne assediata a riferire a Trencavel la sprezzante risposta ufficiale dell'abate di Cîteaux. Dopo esserne venuto a conoscenza, il visconte ribollente di collera ed emozione risponde al suo signore (CC, 29):

> «Vedrò piuttosto scorticati tutti i miei,
> ne bacerò i cadaveri e morirò per ultimo!
> Mai in vita mia, sire, abbandonerò
> la mia gente che è qui, sappiatelo. Ora, sire,
> tornate alle vostre terre d'Aragona e
> lasciatemi combattere».

Il re d'Aragona si ritira, a testa bassa, scoraggiato: da buon signore qual è, si dispera di non poter far nulla per aiutare il suo vassallo, mentre i crociati si attivano davanti alle mura di Carcassonne, esaminando il terreno, riempiendo fossati, controllando le sorgenti d'acqua potabile, sorvegliando gli accessi al fiume. Poco a poco, come scrive l'autore della *Canzone*, la città assediata deperisce (CC, 30):

> Carcassonne se ne muore. I feriti marciscono
> sdraiati lungo le strade, ebbri di sete, e delirano.
> L'infezione delle loro piaghe si mescola all'olezzo
> del bestiame scorticato nei cortili, sulle piazze.
> Le donne, i vegliardi, i bimbi purulenti
> imputridiscono, stipati nelle case aperte,
> circondati di mosche, spossati, sonnolenti.

Leggendo questi versi, è chiaro che in questa fase dell'assedio, la città è sul punto di cadere nelle mani dei crociati come un fico maturo dall'albero.

Purtroppo, possediamo poche informazioni sulla capitolazione del visconte Raimondo Ruggero di Trencavel e ci dobbiamo limitare a citare la *Canzone*. Secondo questo prezioso testo, Carcassonne era davvero sul punto di passare nelle mani dei crociati, ma sarebbero stati questi, e non gli assediati, a proporre la fine delle ostilità (CC, 30):

Trascorrono così otto giorni [*nella situazione testé descritta*].
Allora, uno dei più grandi
tra i capi crociati propone un incontro,
fuori dalle mura della città, al visconte assediato.
S'abbassa il ponte levatoio.
Appare Trencavel cavalcando fiero.
È accompagnato da un centinaio di cavalieri,
il signore dell'armata crociata non ne ha che trenta.

Il «signore dell'armata» in questione, che non viene nominato, propone al visconte Raimondo Ruggero Trencavel di capitolare dignitosamente, per evitare a Carcassonne la sorte di Béziers (CC, 31):

«Messere», gli dice, «sono vostro parente,
Dio vi protegga e protegga anche me. Ho un gran desiderio
di vedervi uscire sano e salvo da questo vespaio.
Per questo dovete accettare un accordo.
Se poteste contare su un qualche rapido soccorso,
vi approverei per volervi difendere,
ma voi e io sappiamo che è vana ogni speranza.
Accettate dunque il beneplacito del nostro papa
e dei signori crociati. In verità, messere,
se ci obbligate a prendervi con la forza,
il massacro sarà come fu a Béziers.
Su! Accontentatevi di aver salva la vita.
Vi resterà almeno un briciolo di fortuna».

I dettagli relativi alla resa di Carcassonne narrati da Pietro di Vaux-de-Cernay nella sua *Storia albigese* (HA, 98, 99) non sempre concordano con quelli forniti dalla *Canzone*. Le contraddizioni tra queste due fonti sono state studiate con grande perspicacia da Zoé Oldenbourg, in *L'assedio di Montségur*. La studiosa pone a questo proposito diverse questioni che vanno esaminate se si vuole veder chiaro nella nebbia storica che avvolge questa resa.

1. Contrariamente a ciò che era avvenuto durante la presa di Béziers, a Carcassonne non si verificò alcun saccheggio; i capi dell'esercito dei crociati procedettero a una sorta di messa sotto sequestro del bottino, la cui custodia fu affidata a dei cavalieri noti per la loro intransigenza e il loro valore. L'abate di Cîteaux, Arnaldo Amalrico, che era rimasto profondamente scioccato dal sacco di Béziers, arrivò persino a minacciare di scomunica i crociati e i non crociati che si fossero resi colpevoli di saccheggio. E l'avrebbe fatto in questi termini (CC, 33):

«Crociati, ascoltatemi.
Gesù, il re del cielo, è con noi. La prova:
non vi è nulla quaggiù che non possiate vincere.
Perciò vi ordino, nel nome dell'Onnipotente,
di rispettare i beni che sono in questa città.

Chi saccheggerà, chi ruberà, anche un solo filo di paglia
(mi comprendete?), sarà scomunicato all'istante.
In verità bisogna affidare Carcassonne
a qualche gran crociato in grado di badare
al lindore della sua anima. Che mai più
banditi miscredenti possano insozzarla».
Tutti scuotono la testa e tutti, nell'assemblea,
approvano le sue parole.

2. Si decise che tutti gli abitanti di Carcassonne sarebbero dovuti uscire «nudi» dalla città, portando con loro nient'altro che i propri peccati, e che sarebbero stati liberi. Gli abitanti quindi si ritirarono con «la camicia e le brache» nelle seguenti condizioni, descritte dalla *Canzone* (CC, 33):

Si è arreso Trencavel! Si sparge la voce
per Carcassonne. Allora borghesi e cavalieri,
soldati e servitori, storpi e pulzelle
escono dalla città. Non resta neanche un'anima.
La gente spaventata si disperde ai quattro venti.
Non un fagotto sulle schiene curve;
la camicia e le brache, niente più. Chi
se ne va in Aragona, chi a Tolosa.
Tutti si disferanno ben presto in polvere di strada.
Subito l'armata entra nella città deserta,
si acquartiera nelle torri, nel maschio,
nella dimora vicecomitale. Fanti e ribaldi
fanno messe di bottino, trovano mule a iosa
e cavalli focosi, si dividono l'albinaggio,
mentre per le vie si sgolano i banditori:
«Crociati! Tutti al sermone dell'abate di Cîteaux!».

L'ex visconte Trencavel fu imprigionato e tutto il bottino – che, come abbiamo detto, era stato vietato ai saccheggiatori e messo sotto sequestro – venne riservato al nuovo visconte nominato dall'abate di Cîteaux, Arnaldo Amalrico.

3. I crociati vittoriosi avevano pur sempre conquistato le terre della viscontea di Carcassonne a dei signori scomunicati e bisognava attribuirle ad altri baroni. Quindi una commissione composta da due vescovi e quattro cavalieri, nominati anch'essi dall'onnipresente abate di Cîteaux, attribuì la viscontea a un capitano sconosciuto che possedeva un modesto feudo nella valle di Chevreuse, il conte Simone di Montfort, una scelta sulla quale dobbiamo soffermarci.

Sebbene i crociati, prendendo città dell'importanza di Béziers o Carcassonne, siano riusciti a ridurre le località della Linguadoca e della Provenza in cui si sono stabiliti i focolai del catarismo, tuttavia l'eresia non è estirpata da tutte le province del Mezzogiorno francese. Inoltre, nel settembre 1209, quello spietato giustiziere d'eretici che è il nobile conte di Montfort, ormai a capo della crociata, non dispone che di ventisei cavalieri per assicurare la polizia religiosa della Linguadoca. Sarà quindi probabilmente con estrema soddisfazione che egli accoglierà, nel mese di marzo dell'anno seguente, alcuni grandi personaggi giunti dal Nord per sostenerlo nel suo compito di sterminatore di catari, tra cui monsignor Pietro, vescovo di Parigi e Pietro di Courtenay, conte d'Auxerre arrivato dall'Île-de-France con un esercito di crociati e, soprattutto, i rinforzi (alcune centinaia di uomini d'armi) che gli porterà sua moglie, Alice di Montmorency. Le guerre sante avevano infatti le regole stabilite in occasione delle prime crociate contro i turchi, volte a liberare il sepolcro di Cristo: i cavalieri che prendevano la croce erano volontari che s'impegnavano a combattere per la Chiesa almeno quaranta giorni, ma erano liberi di tornare alle loro case una volta compiuta la "quarantena". Di conseguenza, era necessario prevedere un continuo rimpasto degli effettivi e assicurarne la rotazione. L'esercito crociato, che aveva seminato il terrore al suo passaggio, era pertanto un esercito temporaneo, i cui volontari erano tenuti a servire solo quaranta giorni, dopo i quali erano liberi di andarsene.

A Carcassonne, i rappresentati del papa lo sanno e sono preoccupati. Ben presto, tutti questi baroni, questi cavalieri, questi pellegrini civili che hanno preso le armi all'appello dei predicatori se ne torneranno al loro feudo o al loro paese, e l'esercito dei crociati si ridurrà a qualche guarnigione sparpagliata per i borghi dell'Occitania, dove l'eresia rifiorirà più di prima. Per mettere la cristianità al riparo da una tale ricaduta, la Chiesa ha il dovere di offrire la città di Carcassonne, appena conquistata dai cavalieri, a un grande signore, la cui scelta sospettiamo sia delicata, perché nessun nobile barone vuole abbassarsi ad approfittare delle disgrazie di Trencavel. La *Canzone* ci narra come il successore, Simone di Montfort, fu designato dal severo abate di Cîteaux, divenuto incontestata autorità religiosa della Linguadoca (CC, 34, 35):

I cavalieri crociati hanno conquistato Carcassonne.
Ovunque nel paese si ha paura, si fugge.
Senza combattere l'armata prende Montréal e Fanjeaux:
i bastioni sono deserti e le porte sbattono.
Pietro l'Aragonese, un famoso capobanda,
fa man bassa in queste città all'abbandono.
Dopo che l'abate di Cîteaux ebbe fatto il sermone ai suoi uomini
sulla pubblica piazza, celebrò la messa,
fece una predica commovente sul neonato Gesù
poi volle senza indugio che si affidasse la città
a qualche gran signore designato dai suoi pari.
Il primo a essere scelto è il conte di Nevers,
ma declina l'offerta. Allora è designato
il conte di Saint-Pol. Anche lui si sottrae.
«Abbiamo», dicono, «belle terre a sufficienza
nel regno di Francia, dove son nati i nostri padri,
da non aver bisogno di privarne un altro».

I più grandi crociati giudicano disonorevole
accettare un tal feudo.
In questa riunione plenaria vi è un signore
di grande forza e alto valore.
È un buon combattente, tanto abile quanto saggio,
uomo di bell'aspetto e nobile cavaliere,
amabile, schietto, cortese, di acuta intelligenza.
È francese. Il suo nome è Simone di Montfort.
Possiede, credo, la contea di Leicester[8].
Gli viene infine proposto, all'unanimità,
Il miscredente [*cataro*] paese del visconte sconfitto:
Carcassonne e Béziers,
Minerve e l'Albigeois.

Montfort, che per l'estensione dei suoi domini non è per nulla un "gran" nobile, sarebbe stato scelto perché autore della prima azione valorosa in occasione della presa della città, essendosi precipitato, sotto la gragnola di frecce lanciate dalle mura, nel fossato che circonda il luogo per andare a prendere un cavaliere ferito. Pietro di Vaux-de-Cernay coglie l'occasione di questo fatto d'armi per fare il panegirico del conte (HA, 104):

Ricordiamo innanzitutto le sue origini illustri, il suo incrollabile coraggio e la sua approfondita conoscenza dell'uso delle armi. La sua statura era alta, la chioma notevole, il viso elegante, l'aspetto gradevole, le spalle prominenti, le braccia muscolose, il torso aggraziato, tutte le membra agili e sciolte, il portamento vivace e svelto: non prestava il fianco alla critica, per quanto minima potesse essere, neanche agli occhi di un nemico o un invidioso. La sua favella era eloquente, il cameratismo piacevole, la castità assoluta, l'umiltà eccezionale. Era dotato di una tenace saggezza nelle decisioni, accorto nei consigli, equo nei giudizi, di un'assoluta castità e un'umiltà eccezionale, competente nelle questioni militari, prudente nell'agire, difficile da indurre all'azione, ma perseverante fino all'adempimento dei compiti intrapresi, dedicato interamente al servizio di Dio. Come furono previdenti i capi che lo scelsero, quanto giudiziosi i crociati che l'acclamarono designando un uomo così pio per difendere la vera religione, volendo che un uomo così competente per servire gli interessi della cristianità fosse chiamato a condurre contro gli eretici appestati la sacrosanta battaglia di Gesù Cristo! Era giusto che l'armata di Dio fosse comandata da un tal capo.

Ma chi era veramente questo conte di Montfort, che ha lasciato nella storia il ricordo di uno spietato massacratore? Oltre alle due fonti letterarie fin qui citate (la *Canzone della crociata albigese* e la *Storia albigese*), su questo personaggio disponiamo della *Cronaca della guerra degli albigesi* di Guglielmo di Puylaurens e delle *Carte inedite dei conti Raimondo VI e Raimondo VII* conservate nelle *Memorie dell'Università di Tolosa*. Tuttavia, pur conoscendo alcuni aspetti della genealogia

[8] In Inghilterra. Montfort possedeva anche un importante feudo nella valle di Chevreuse e tra i suoi vassalli contava numerosi castellani dell'Île-de-France.

e della biografia, ignoriamo quasi tutto del suo carattere, dei motivi del suo arruolamento. Era sinceramente impegnato nella lotta all'eresia? O era, al contrario, spinto dal desiderio di estendere le sue terre e di conquistare nuovi feudi a spese degli eretici? La guerra era la sua passione predominante?

Secondo le ipotesi più probabili, la famiglia dei Montfort discendeva da Baldovino, conte di Fiandra, e Giuditta, figlia di Carlo il Calvo. Il primo Montfort noto agli storici è Amalrico II, che visse nella prima metà dell'XI secolo[9] e pare fosse un favorito del re di Francia Enrico I (1031-1060). Il figlio, Simone I di Montfort, dopo averla fatta rapire, sposò in seconde o terze nozze Agnese d'Évreux, figlia del conte d'Évreux, che gli diede quattro figli: Amalrico III, Riccardo, Simone II e Amalrico IV, che gli succedettero uno dopo l'altro (l'ultimo ebbe lunghe dispute col re d'Inghilterra Enrico I relative alla contea d'Évreux). Pare che ad Amalrico IV sia succeduto Amalrico V e poi Simone III il Calvo, conte di Montfort e d'Évreux. Questo Simone III sposò un'inglese, Amicia, figlia del conte di Leicester. Ne ebbe due figli, il cui maggiore, Amalrico VI di Montfort, ereditò la contea d'Évreux, che cedette al re di Francia, e il minore fu il conte Simone IV di Montfort, organizzatore della crociata contro i catari.

Dei primi cinquant'anni di vita di questo personaggio, ignoriamo quasi tutto. Sappiamo solo che nel 1198 Simone di Montfort guidò una schiera di cavalieri francesi in Palestina e che, privato dell'ausilio dei cavalieri tedeschi, che se ne tornarono in fretta a casa nonostante le sue preghiere, non poté far nulla contro i saraceni, limitandosi a concludere una tregua di tre anni. Quattro anni dopo, nel 1202, Montfort prende parte alla quarta crociata, finanziata dai ricchi veneziani, e si distingue nell'assedio di Zara, che ne fu l'evento principale. Quando papa Innocenzo III proibisce ai crociati di proseguire nell'impresa, egli dichiara apertamente di volersi ritirare, imitato da altri signori, con grande esasperazione dei veneziani, sponsorizzatori interessati di questa spedizione. Quando poi i crociati decidono di restaurare l'imperatore bizantino Isacco Angelo, Simone, col fratello Guido, si separa dagli altri e passa al servizio del re d'Ungheria.

Poco tempo dopo, Simone di Montfort riparte per la Palestina, dove per cinque anni si distingue per le sue brillantissime imprese. Ed è nella primavera dell'anno 1208, in risposta all'appello di papa Innocenzo III, che si è deciso a impiegare la forza per ristabilire la religione cattolica in Linguadoca, che Simone fa voto di unirsi ai numerosi cavalieri francesi che, esaltati dalla predicazione di alcuni, si apprestano a sottomettere il Sud della Francia all'autorità della Chiesa; e ben presto ne diverrà il braccio armato terribile e spietato. L'anno successivo, il 1209, Simone intima al conte Raimondo VI di Tolosa di prendere ferme misu-

[9] Vedi tavola genealogica nell'Appendice XIII, p. 239.

re contro l'eresia catara che imperversa impunemente nella sua contea e di consegnare nelle mani del legato pontificio Milone sette luoghi, in pegno della sincerità dei suoi sforzi per combatterla.

All'inizio dell'estate, venuto a conoscenza dei preparativi di Montfort contro di lui, il conte Raimondo VI di Tolosa finisce per cedere e nel giugno 1209 consegna al legato i sette luoghi reclamati in garanzia da papa Innocenzo III. Ma, come abbiamo visto, scorrerà il sangue. Poche settimane dopo (22-24 luglio 1209), l'armata cattolica prende Béziers e poi il primo agosto arriva davanti a Carcassonne, che cade dopo un assedio di quindici giorni nel corso del quale Montfort si distingue per la prima volta in modo spettacolare. Il re Pietro II viene a implorare la pietà dei crociati per il visconte Trencavel, ma la durezza delle condizioni proposte dal legato fa fallire la mediazione. E, il 15 agosto 1209, l'estrema siccità estiva costringe la città ad arrendersi. Per quel rigoroso cistercense che è Amalrico, a Carcassonne non si debbono in alcun modo ripetere gli orrori subiti dalla popolazione di Béziers il 22 luglio. L'abate di Cîteaux, che a quanto pare ha il controllo assoluto di questa fase della crociata albigese, fa procedere alla designazione dell'erede della viscontea; questa, come abbiamo detto, finisce nella scarsella di Simone di Montfort. Trencavel, tenuto prigioniero, morirà qualche mese dopo e Montfort verrà accusato, piuttosto verosimilmente, di averlo fatto avvelenare.

Ignoriamo quali fossero le precise motivazioni dell'abate di Cîteaux nel proporre la viscontea di Carcassonne a Simone di Montfort; forse pensava che gli sarebbe stato più facile controllare e dominare questo conte, privo di legami in Occitania, che un signore locale più o meno implicato nelle vicende dei catari, come era il caso del potentissimo conte Raimondo VI di Tolosa. Questi, presso cui il catarismo prosperava alla luce del giorno, si dedicherà a un complesso gioco d'alleanze e controalleanze con Montfort, di cui tenteremo di sbrogliare i nodi fondamentali citando le principali peripezie in ordine cronologico (precisiamo che nel 1209, nel momento in cui la situazione si fa più tesa, Raimondo VI ha cinquantatre anni, il figlio – il futuro Raimondo VII, soprannominato "Raimondino" – dodici e Simone di Montfort, cinquantanove[10]).

1) Il visconte di Carcassonne (Trencavel) muore nel suo castello alcuni mesi dopo la sconfitta. Montfort, ormai padrone indiscusso della viscontea, innanzitutto stabilisce un tributo in favore della corte pontificia e promulga leggi severissime contro gli eretici. 2) Essendo trascorsi i quaranta giorni durante cui i crociati hanno combattuto al suo fianco, a Montfort non restano che pochissimi cavalieri e poco più di quattromila fanti, borgognoni e tedeschi, che è riuscito a trattenere con la promessa di una grossa paga (d'altronde ha i mezzi per farlo). Con que-

[10] Raimondo VI (1156-1222); Raimondo VII (1197-1249); Simone di Montfort (1150 ca.-1218).

ste forze, relativamente modeste, Montfort espugna qualche luogo, in particolare Castres, Pamiers e Albi. 3) Montfort moltiplica quindi le iniziative per essere ammesso a prestare omaggio al re d'Aragona per la viscontea di Carcassonne, da lui conquistata con le armi, e di cui è signore Pietro II, ma quest'ultimo rifiuta l'omaggio. Come conseguenza di questo stato di cose, Montfort occupa militarmente ed economicamente la viscontea di Carcassonne, ma non ne è ancora il legittimo proprietario e qualora gli nascesse un figlio non potrebbe trasmettergliela. 4) Il papa si decide finalmente a inviare una lettera a Montfort, confermandogli la signoria sulla regione di Carcassonne e allo stesso tempo informandolo degli sforzi intrapresi presso i principi locali perché acconsentano a prestargli soccorso. Avendo ricevuto dei rinforzi, il nuovo visconte riprende coraggio ed espugna i due castelli, estremamente ben difesi, di Minerve e Termes. 5) Nel frattempo, il conte Raimondo VI, che cerca di rappacificarsi con Simone, gli chiede la mano della figlia per il proprio figlio ("Raimondino", il futuro conte Raimondo VII di Tolosa), ma Montfort respinge la richiesta e anzi arriva addirittura a causare alcuni danni nei domini di Raimondo VI, che si lamenta presso papa Innocenzo III di questo iniquo modo di procedere. Il conte di Tolosa viene ricevuto con grandi onori dal papa, tuttavia, questo non si pronuncia sulla controversia e lo rinvia al concilio che si aprirà ben presto, nel settembre 1210, a Saint-Gilles[11]. 6) A questo concilio, non si pronuncia neppure il legato pontificio con la scusa che una delle condizioni sottoscritte dal conte di Tolosa al momento dell'assoluzione, ossia di scacciare dai suoi Stati *tutti* gli eretici, non è ancora stata ottemperata e di conseguenza Raimondo VI non può essere ammesso a rispondere alle accuse formulate contro di lui. 7) Si tiene quindi un nuovo concilio a Montpellier[12] nel gennaio 1211: la Chiesa offre infine al conte una riconciliazione, ma a condizioni talmente dure che si scatenerà una vera e propria guerra santa, una guerra a oltranza tra la Chiesa e Raimondo VI, che, dopo la sua morte nel 1222, verrà continuata da suo figlio e successore Raimondo VII. Una guerra che si concluderà solo nel 1229, con la firma solenne del trattato di Parigi, sul sagrato di Notre-Dame.

Prima di arrivare a questi episodi, ricordiamo che quella del 1209 fu un'estate sanguinosa ovunque Simone di Montfort condusse le sue armate. Egli ha ormai di fronte un solo avversario, ma della levatura di Raimondo VI di Tolosa (nato nel 1156), la cui contea è quella in cui la setta eretica dei catari ha fatto i progressi più rapidi. Questo dipende sicuramente dal fatto che, sin dalla seconda metà del secolo precedente, la civiltà vi ha raggiunto un livello unico in Europa: i costumi cavallereschi sviluppatisi nella capitale della Linguadoca hanno dato vita a uno spirito leggero che si adatta meglio alle fantasticherie catare che ai

[11] Vicino a Nîmes, nell'odierno dipartimento del Gard.
[12] Questo concilio è chiamato per sbaglio nella *Canzone* "concilio di Arles".

severi precetti della Chiesa, e la borghesia tolosana, emancipata dal potere feudale grazie alla sua ricchezza, condivide le idee individualistiche dei cavalieri e come questi odia il dominio dei prelati. Ne consegue un clima di libertà e tolleranza religiosa, anche nei confronti degli ebrei (fatto estremamente raro all'epoca), non riscontrabile in nessun altro paese cristiano e di cui danno l'esempio gli stessi signori. Si possono manifestare senza impedimenti tutte le opinioni e chi beneficia maggiormente di questa libertà di pensiero – cinque secoli prima di Voltaire – sono chiaramente i catari, i cui predicatori dichiarano l'intenzione di riportare la Chiesa romana traviata alla sua originaria semplicità.

5
Da Castres a Pamiers, la cavalcata di Simone di Montfort (1209-1212)

Carcassonne è caduta. Simone di Montfort si riposa delle sue fatiche dietro le mura della città conquistata e assapora la vittoria. Alla fine del mese di agosto 1209, il legato pontificio gli assegna la viscontea dello sconfitto Raimondo Ruggero Trencavel, con tutte le sue piazzeforti, nelle condizioni che abbiamo descritto. Nel mese di settembre, il «nobile conte» esce dalla città, ora sua, seguito dai ventisei cavalieri che gli restano e da gran parte del suo esercito, in compagnia del duca di Borgogna e delle sue forze, «per avanzar più oltre», scrive l'autore della *Storia albigese*. I crociati che l'hanno aiutato a prendere Carcassonne, invece, se ne ritornano a casa, in Francia, come anche il conte di Nevers e il suo esercito.

Il piano del conte è semplice e si riassume in due punti: 1) sottomettere tutte le piazzeforti della viscontea prima che il suo avversario riesca a radunare un esercito; 2) far sì che i vassalli di Trencavel rendano omaggio a lui, loro nuovo signore, e di conseguenza, secondo il codice feudale, siano obbligati ad assisterlo militarmente nella conquista delle diverse località dell'Occitania che danno ancora rifugio ai catari e, in particolare, a fornirgli truppe, visto che le sue non sono più molto numerose e quelle del duca di Borgogna, che l'accompagna, sono quasi inesistenti.

Uscito da Carcassonne, Montfort si dirige quindi a sud-ovest. Ma dopo il primo giorno di marcia, non ha ancora deciso quale fortezza o città attaccherà per prima. Ordina di piantare le tende nei dintorni di un piccolo borgo di nome Alzonne. Il mattino seguente, il duca di Borgogna, che sicuramente conosce la regione meglio di Montfort, gli consiglia di fermarsi a Fanjeaux[1] e di stabilirvi una guarnigione in attesa dell'arrivo di cospicui rinforzi. Questi rinforzi arrivano nel mese di marzo 1210, guidati dalla moglie di Montfort in persona, Alice di Montmorency, che reca alcune centinaia di soldati; questa iniziativa femminile non stupisce per nulla Pietro di Vaux-de-Cernay, che, nella sua *Storia albigese*, scrive (HA, 141):

[1] Modesto capoluogo di cantone nell'arrondissement di Castelnaudary (Aude), il villaggio esiste ancora. È nelle vicinanze di Fanjeaux che san Domenico creò, nel 1206, il primo monastero di religiose (vedi p. 40).

All'inizio della quaresima, venne annunciato al conte l'arrivo della contessa sua moglie, accompagnata da diversi cavalieri. Egli l'aveva infatti fatta venire dalla Francia del Nord. A questa notizia, il conte le andò incontro a Pézenas, nel territorio di Agde, dove la trovò e ritornò per la strada di Carcassonne con estrema felicità.

Il cronista non precisa se la felicità di Montfort fosse dovuta alla presenza della sposa, da cui era separato da diversi mesi, oppure a quella dei cavalieri e uomini d'arme che l'accompagnano e con i quali egli sottometterà, una ad una, le piazzeforti della regione.

Le prime a cadere – senza alcuna resistenza – alla fine della primavera o nell'estate del 1210 sono quelle di Montréal e di Fanjeaux, abbandonate dai loro signori e dalle truppe. Montfort non indugia, vi insedia in ognuna una guarnigione poi, prima di affrettarsi alla volta di Tolosa, considerata dai rappresentanti del papa il principale focolaio dell'eresia, decide di purgare le signorie della regione dagli eretici e di far impiccare quei signori che tradiscono il papa o, se questi gli sono fedeli, i borghesi delle città in rivolta contro di loro che si sono più o meno schierati dalla parte dei catari. Uno dopo l'altro cadono così nelle mani del «nobile conte» Simone di Montfort castelli, piazzeforti e città della regione, mentre in Linguadoca cominciano a innalzarsi forche, roghi e patiboli con la benedizione dell'intransigente frate Arnaldo Amalrico, abate di Cîteaux, l'onnipotente capo spirituale di questa crociata detta "degli albigesi" e caratterizzata non già da due secoli di grandiosi trasferimenti di truppe da Parigi a Gerusalemme, come per le crociate contro i turchi, bensì ridotta, in definitiva, a una quindicina d'anni di "guerricciola", senza alcuna grandezza, tra la piccola armata del papa e dei suoi alleati e quella non dei catari, che sono stati solo un pretesto, ma dei conti di Tolosa Raimondo VI e Raimondo VII.

Ne riferiremo gli episodi in dettaglio, a partire dal momento in cui Simone di Montfort lascia Carcassonne, con l'intenzione di conquistare i principali feudi e signorie dell'Occitania, a vantaggio suo e dei suoi compagni, col pretesto di sradicare il catarismo. Poiché le uniche strade che può percorrere il suo grande esercito seguono i corsi d'acqua che solcano la Linguadoca (in particolare la Garonna e la sua decina d'affluenti), la maggior parte dei luoghi espugnati da Montfort è situata sulle rive della Garonna, dell'Aigue, dell'Aude, dell'Ariège, del Tarn, dell'Aveyron, della Save e del Gers (per inciso segnaliamo che Albi si trova sul Tarn, ossia a nord della regione dove si è svolta la crociata degli albigesi).

Dopo la caduta di Carcassonne, tutti i signori occitani hanno capito che la crociata predicata dall'abate di Cîteaux si è trasformata in una guerra di conquista a vantaggio del «nobile conte» di Montfort e aumentano quindi i loro mezzi di difesa e gli effettivi. L'importanza strategica della valle dell'Aude, dove si trovano Limoux, ancora nelle loro mani, e Carcassonne, ormai perduta, spinge i signori locali a consolidare le fortificazioni delle località al nord (Puisseguier, Minerve, Cabaret, Montréal) e al sud (Termes) di questa valle. Per la legge del contrappasso, questo incita Montfort a impadronirsi, sia a maggior gloria della Chiesa che l'ha incaricato di combattere gli eretici sia per arrotondare il proprio patrimonio feudale, di alcune terre che l'abate di Cîteaux vorrebbe ben volentieri concedergli, prima di aggiungere, perché no, alle viscontee di Béziers e di Carcassonne, il più bello e ricco dei feudi occitani: la contea di Tolosa.

Questa crociata contro gli "albigesi", trasformatasi dunque di fatto in guerra di conquista a vantaggio di Simone di Montfort e dei baroni suoi alleati, senza alcun particolare progetto politico, si svolge a spese dei feudatari, grandi e piccoli, che non hanno mai costituito un "blocco" di avversari. Proprio per questo non assomiglia in nulla alle crociate che ebbero luogo nello stesso periodo in Oriente, dotate invece di un progetto politico ed economico. Questa è anche la ragione per cui se ne può solo descrivere lo svolgersi degli eventi, unico nel suo genere nella nostra storia, che si riassume in una serie di "colpi di mano" guidati da Simone di Montfort contro i principali feudatari dell'Occitania nel nome della Chiesa, certo, ma a unico vantaggio territoriale del «nobile conte».

Castres (primavera 1210)

In aprile o maggio del 1210, partendo da Fanjeaux accompagnato solo da una piccola scorta, Montfort marcia innanzitutto verso nord e raggiunge Castres sull'Agout, nell'Albigeois, una località importante dove all'epoca esistono già dei *burgenses*, dei "borghesi" che gli rendono omaggio e gli consegnano la città. Gli vengono condotti due eretici: uno è un perfetto, l'altro un suo discepolo; il conte tiene consiglio e li condanna entrambi al rogo. Il discepolo supplica, promette di abiurare l'eresia e di obbedire a tutto ciò che gli verrà ordinato, e il consiglio delibera:

«Se si pente», dicono gli uni, «poiché è disposto a obbedire, non bisogna condannarlo a morte».

«Non è che un eretico», dicono gli altri, «ed è probabile che le sue promesse siano dettate dalla paura del supplizio imminente più che dal desiderio di aderire sinceramente alla fede cristiana».

Montfort taglia corto con autorità e acume:

«Sincero o no», dice, «lo si bruci! Se il pentimento è sincero, espierà i suoi peccati nel fuoco; se mente, il rogo sarà la giusta punizione alla sua perfidia».

I due condannati vengono saldamente legati e condotti al rogo; viene domandato al discepolo in quale fede vuole morire, e questo risponde:

«Abiuro l'eresia, voglio morire nella fede della santa Chiesa cristiana e prego affinché questa fiamma mi purifichi dai miei peccati».

Dopo queste parole, il boia accende un gran fuoco ai piedi dei pali a cui sono legati il perfetto e il discepolo. Le fiamme consumano il primo all'istante, ma i lacci del secondo si spezzano seduta stante e questo esce sano e salvo dal rogo, senza alcuna traccia di scottature tranne che sulla punta delle dita (HA, 113).

Minerve (giugno-luglio 1210)

Guglielmo di Tudela, autore della prima parte della *Canzone della crociata*, affronta con tono lieve il racconto dell'assedio e della presa della roccaforte di Minerve (CC, 48):

> Monsignori, quando il clima si fa dolce, quando
> declina l'inverno e torna sui rami la tenera verzura,
> il conte di Montfort se ne va per la gariga
> al castello di Minerve con la sua truppa armata.

Questo castello, situato nel piccolo villaggio di Minerve, che conta oggi un centinaio di abitanti, nell'attuale dipartimento dell'Hérault, a pari distanza in linea d'aria da Narbona e Carcassonne, era appollaiato in cima a una collina (di 227 metri d'altezza) che costeggiava la valle della Cesse, un affluente dell'Aude; protetta da due burroni assai profondi tagliati nella roccia viva, la sua posizione appariva inespugnabile. Dietro le sue mura si erano rifugiati circa centoquaranta perfetti e perfette. Pare che l'esiguo numero di abitanti del villaggio potesse sopportarne la presenza e forse ne traesse addirittura profitto, ma i narbonesi e il loro signore, il visconte Aimerico, non possono tollerare la vicinanza di questi eretici e sono proprio loro a spingere Simone di Montfort a toglierli di mezzo. Il conte accetta, ma a condizione che Aimerico di Narbona e i suoi sudditi lo assistano fino in fondo, vale a dire fino alla caduta di Minerve. Nella sua *Storia albigese* (HA, 151-162), Pietro di Vaux-de-Cernay ci descrive minuziosamente l'operazione, come fa anche Guglielmo di Tudela nella *Canzone*. Ecco come si svolsero i fatti.

Una volta davanti al luogo fortificato – che, non dimentichiamolo, è solo un piccolo villaggio di due o trecento anime – Montfort pianta le tende dalla parte di levante, mentre uno dei suoi cavalieri, un crociato di nome Guido di Lucy, sistema le sue dalla parte di ponente, con dei crociati guasconi; a nord si posiziona Aimerico III, visconte di Narbona, accompagnato dai propri sudditi e, a sud, altri crociati. Si approntano le macchine da guerra: una petriera[2], scale e altro. Si decide di dare agli uomini che le manovrano un salario di ventuno lire al giorno. Per alcuni giorni, la fortezza di Minerve è sottoposta a continui bombardamen-

[2] Congegno in grado di lanciare pesanti palle di pietra sulle mura.

ti: le palle fendono l'aria e riducono a mal partito i suoi bastioni, nonostante siano di dura pietra, fatto che fa dire al poeta che canta la crociata (CC, 48):

> Se il re del Marocco e i suoi neri saraceni
> (per santa Caterina!) l'avessero assediata,
> non sarebbero riusciti a scalfire neppure un merlo.
> Ma è l'armata di Cristo che colpisce, non un'altra.
> Dinanzi a essa non vi è né roccia che non si riduca in polvere,
> né bastione che tenga!

Tuttavia, gli assediati hanno risorse e immaginazione. Una domenica, quando nel campo dei crociati tutti dormono, i difensori tentano una sortita notturna, arrivano fino al punto in cui gli assedianti hanno piazzato la loro terribile petriera, che è incustodita, e fissano sulla parte posteriore della macchina dei cesti pieni di stoppa, di legnetti molto secchi e di pezzi di grasso, cui danno fuoco. Immediatamente si leva al cielo un'enorme fiamma e avvampa tutta la vegetazione, alberi e cespugli, che circonda la fortezza, tanto più rapidamente a causa del clima molto caldo di piena estate; si era infatti «verso il giorno di san Giovanni Battista», scrive l'autore della *Storia albigese*. Uno degli addetti alla petriera, che si era ritirato per soddisfare una necessità corporale, scorge la macchina in fiamme e trova il tempo di dare l'allarme, prima di cadere gravemente ferito da un colpo di lancia sferrato da uno degli incendiari. Ben presto, nel campo dei crociati tutti si attivano: in men che non si dica, la petriera è riparata e può riprendere il bombardamento delle mura di Minerve, che durerà ancora diversi giorni. Infine, nella cittadella assediata, cominciano a scarseggiare i viveri e si affievolisce il coraggio dei difensori. Che altro dire? Gli assediati supplicano il loro signore, Guglielmo di Minerve, di chiedere la pace, e questo esce dalla città per parlamentare con il conte di Montfort.

Le trattative sono appena cominciate che i due capi vedono comparire come per miracolo alle prime luci dell'alba la sagoma di frate Arnaldo, abate di Cîteaux e legato del papa, che arriva da Tolosa, dove si è intrattenuto con il conte Raimondo VI; accompagnato da un altro legato pontificio, mastro Tedisio, è chiaramente a conoscenza di tutto ciò che accade nella regione di Carcassonne. Il conte Guglielmo di Minerve, astuto come tutti i guasconi, interrompe le trattative con Montfort dichiarando che per quanto riguarda le condizioni della resa di Minerve si rimette totalmente all'arbitrato di frate Arnaldo, capo supremo delle questioni di Cristo in Occitania. L'abate non può fare altro che aderire alla proposta di compromesso di Guglielmo, ma lo fa di malavoglia perché in fondo al cuore, si augurerebbe vivamente la morte di tutti i «nemici di Cristo», come chiama i catari, e dei loro protettori laici, ma, poiché é un monaco e un prete, non osa condannarli a morte: Gesù non ha forse detto nei Vangeli di non uccidere? Per sottrarsi a questo dilemma, gli viene in mente la perfida idea di ordinare ai due avversari, Guglielmo di Minerve e Montfort, di redigere per iscritto le loro proposte di compromesso, sulle quali egli promette di pronunciarsi, sperando che il progetto scritto dell'uno sia inaccettabile per l'altro, in modo da annullare *ipso facto* il ricorso al suo arbitrato.

I due avversari ubbidiscono. Vengono quindi lette a Montfort le proposte del signore di Minerve e, come previsto dall'abate, il conte le respinge. Va anche oltre: invita Guglielmo a tornare dietro le mura della città e a difenderla come potrà. Guglielmo rifiuta e propone, al contrario, di obbedire a tutto ciò che ordinerà il «nobile conte», il quale chiede che tutto sia regolato secondo le decisioni che prenderà l'abate di Cîteaux, in quanto legato pontificio. E frate Amalrico redige le condizioni del trattato: la città di Minerve resterà di proprietà del suo signore, e tutti i suoi abitanti, compresi i semplici credenti eretici, se accetteranno di obbedire alla Chiesa avranno salva la vita; quanto agli eretici "perfetti", saranno anch'essi risparmiati a patto che si convertano alla fede cattolica romana. Quest'ultima disposizione preoccupa uno dei capi cattolici, Roberto di Mauvoisin, uno dei più fedeli compagni di Simone di Montfort:

«Lo scopo della nostra crociata è la distruzione di tutti gli eretici», obietta all'abate di Cîteaux, «e quelli tra loro che si convertiranno oggi per salvarsi la vita, torneranno domani ai loro errori passati: questa indulgenza che proponete, i nostri non la tollereranno mai».

«Non temete», gli risponde frate Amalrico, «credo che pochissimi tra loro si convertiranno».

Scambiate queste parole, i crociati entrano a Minerve, preceduti da un'enorme croce e seguiti dai vessilli del conte di Montfort, intonando il cantico *Te Deum laudeaumus* e dirigendosi verso la chiesa.

L'assedio della città era durato sette settimane. Tuttavia, il compito del vincitore non era ancora concluso: se era Cristo ad aver preso Minerve, spettava al conte e ai suoi soldati, i crociati, riportare gli abitanti del luogo alla fede cattolica; ma i loro tentativi saranno vani.

Montfort invia agli eretici un prete, l'abate Pietro di Vaux-de-Cernay[3], che ne trova un gran numero riunito in una casa della città. Egli li esorta, con parole di pace, a ritornare alla fede cattolica. Gli rispondono unanimi i catari (HA, 155):

> «A che pro venir qui a predicare? Non vogliamo la vostra fede: noi rinneghiamo la Chiesa romana. Vi date daffare invano. Né la morte, né la vita potranno separarci dalla fede a cui siamo legati».

Disperato, il venerabile abate si affretta a lasciare la casa e si dirige verso un'altra in cui sono riunite delle donne, anch'esse eretiche. Le

[3] L'autore della *Storia albigese* entra personalmente in scena.

trova ancor più incallite e ostinate nella fede catara degli uomini. Poco tempo dopo, Montfort, che ha terminato l'ispezione militare dei dintorni di Minerve, entra a sua volta nella città e per prima cosa si dirige verso la casa dove sono riuniti tutti gli eretici della città per tentare un'ultima volta di riconvertirli alla fede cattolica e di salvarli non già dal rogo, dove comunque finiranno, ma dalla dannazione eterna che li attende se non si pentiranno. Non ha più fortuna dell'abate e, con meno animosità che a Béziers, perché dopo il suo terribile appello all'assassinio ha imparato a conoscere questi fanatici che ora commisera più che odiare, li fa condurre fuori della città.

Là, si prepara un gran rogo, il primo grande rogo ufficiale della crociata, destinato ai centoquaranta perfetti di Minerve. Secondo Pietro di Vaux-de-Cernay, la loro empia fede era così grande che (HA, 156):

> I nostri non ebbero neanche bisogno di gettarveli: tutti, tanto erano caparbi nel male, si precipitarono nel fuoco. Sfuggirono solo tre donne, che la nobile dama, madre del cavaliere Burcardo di Marly, salvò dal rogo e fece riconciliare con la Santa Chiesa. Dopo che gli eretici furono bruciati, gli altri abitanti della città rinnegarono l'eresia e furono riconciliati.

Il poeta della *Canzone*, Guglielmo di Tudela, è più insolente e offensivo nei confronti di questi eretici, per i quali non prova alcuna compassione (CC, 49):

> La piazzaforte è presa alla fine della primavera.
> Si gettano subito nel fuoco centoquaranta eretici.
> Tra questi pazzi c'è anche qualche bella puttana.
> Non appena consumati, si sotterrano i cadaveri
> in una gran buca melmosa, perché queste carogne puzzano
> in modo insopportabile.

Montréal e Termes (agosto-novembre 1210)

Poco tempo dopo la presa di Minerve, gli abitanti della vicina città di Montréal e il loro signore Aimerico, «spinti dal timore», scrive Pietro di Vaux-de-Cernay, inviarono al conte di Montfort un messaggio chiedendogli di risparmiare la loro città alle seguenti condizioni: Aimerico di Montréal gli avrebbe consegnato le chiavi della città[4] in cambio di un'altra terra equivalente, in pianura e priva di fortificazioni, promettendogli il suo aiuto per combattere gli avversari. L'accordo venne concluso perché la cittadina di Montréal si trovava, come Fanjeaux, sulla via per la contea di Tolosa, oggetto, lo sappiamo, delle brame del «nobile conte» fin dal suo arrivo in Occitania.

Tuttavia, per il momento, a Montfort interessava innanzitutto conqui-

[4] Nella Montagna nera (dipartimento dell'Aude, arrondissement di Carcassonne).

stare l'ultima grande piazzaforte strategica situata tra Carcassonne e Narbona non ancora in suo possesso, la cittadella di Termes[5], a sud della valle dell'Aude, per avere mano libera e progettare una marcia progressiva su Tolosa. Ecco come si decise la questione.

Da Minerve, dove ha lasciato alcune forze per rimettere in sesto la città e stabilirvi una guarnigione, Montfort torna nella regione di Carcassonne. Lungo il tragitto, sosta a Pennautier, all'ingresso di Carcassonne, dove è ricevuto dal locale castellano. Da qui, invia senza indugio un cavaliere nella città dove ha lasciato la moglie, Alice di Montmorency, con un breve messaggio a lei destinato: «Venite, vi aspetto!». Due ore dopo, Alice si presenta alle porte del castello: «Che Dio mi assista!», scrive Guglielmo di Tudela, «mai vi fu al mondo sposa più amabile».

La moglie del grande capitano, che non è più giovanissima (è sicuramente sulla cinquantina, che per l'epoca vuol dire già vecchia), trascorre tre giorni al campo tra le truppe di Montfort. Questi riunisce seduta stante i baroni e i diversi principi crociati; due suoi vassalli, Guido il Maniscalco e Guglielmo di Contres, da lui insediati su terre prese a Trencavel dopo la conquista di Carcassonne due anni prima, e il crociato Roberto Mauvoisin sono del parere che sia necessario assediare senza indugio quel celebre nido d'aquile che è il castello di Termes; gli altri cavalieri presenti approvano e tutti si trasferiscono a tavola, poiché è ormai ora di cena.

Dopo aver ben mangiato e ben bevuto, i cavalieri si riuniscono nuovamente. Montfort è preoccupato: a chi affidare Carcassonne durante l'assedio di Termes? Si accavallano i nomi:

«Lamberto di Crécy...».

«Raniero di Chauderon...».

I due crociati rifiutano; temono che gli ex sudditi di Trencavel approfittino della situazione per ribellarsi e lo dicono chiaramente:

«Troppi rischi, monsignori, troppi rischi... Questo paese è marcio. Solo il signor Guglielmo di Castres è in grado di controllarlo».

Ci si accorda su quest'ultimo cavaliere, signore locale. Guglielmo di Tudela, autore della prima parte della *Canzone della crociata*, descrive la fine di questo consiglio (lasse 51, 52) in termini che vale la pena di riportare. Anche se frutto della fantasia del poeta, permettono di farci un'idea, per quanto abbellita e parziale, del clima di questa serata militare vista da un contemporaneo. Da notare il carattere "democratico" della discussione (CC, 52):

> Quindi Guglielmo di Contres scuote la massiccia testa
> e risponde ai baroni che l'hanno sollecitato:
> «Nel nome di Gesù Cristo e di santa Maria

[5] Nelle Corbières (dipartimento dell'Aude, arrondissement di Carcassonne).

custodirò il feudo, poiché tutti me lo chiedono».
Il conte di Montfort si rammarica amaramente
di lasciar lì quell'uomo. Ma deve cedere:
unanimi i crociati e la contessa Alice
giudicano che non vi sia scelta migliore. D'altra parte,
nessun altro vuole questo dono esplosivo.
Montfort designa dunque, per assistere Guglielmo,
Crispino di Rochefort (un gran cavaliere!),
Simone, detto il Sassone (che Gesù lo protegga e lo guidi!),
Guido, suo fratello minore dal volto ardito
e altri bravi baroni, guerrieri di bella schiatta,
francesi di Parigi, borgognoni e normanni.
Ecco giunto il momento della separazione:
il cugino di Montfort e Guglielmo di Contres
si salutano semplicemente in un gran prato fiorito.
L'uno fa rotta per Termes con l'armata crociata,
l'altro per Carcassonne. Vi giunge all'ora
in cui sorge la luna.

L'assedio di Termes così deciso non fu una questione da nulla, se non altro per il numero di combattenti coinvolti. Vi partecipò infatti un certo numero di baroni della Francia del Nord, tra cui Guglielmo di Cayeux, e una truppa di bretoni che Montfort non si aspettava, ma il cui arrivo lo riempì di contentezza poiché avevano fama di vigorosi combattenti.

Mentre egli si mette in marcia per Termes, i crociati che si trovano a Carcassonne si premurano di tirar fuori dai massicci bastioni tutte le macchine da guerra presenti in città per metterle a sua disposizione. Ma quando lo vengono a sapere, i cavalieri nemici[6], appostati a Cabaret, s'infuriano e mandano, in piena notte, una truppa numerosa e ben armata perchè le demolisca a colpi d'ascia.

Mal gliene incoglie, perché i crociati di Carcassonne, che sorvegliano le macchine, escono dalla città, attaccano e mettono in fuga gli uomini di Cabaret, la cui rabbia non fa che aumentare. Essi ritornano verso la fine della notte, poco prima dell'alba, per attaccare nuovamente le macchine, ma stavolta i crociati si arrabbiano, fanno una sortita ancor più vigorosa della prima e li disperdono nuovamente. Manca poco che facciano addirittura prigioniero il signore di Cabaret. Questo, colto da timore e per ingannare i soldati di Montfort, grida disperatamente: «Montfort! Montfort!», come se fosse uno dei loro; riesce così a scappare, ma si perde nelle montagne della regione e tornerà a Cabaret solo due o tre ore dopo.

Quanto ai bretoni, che dovevano raggiungere Montfort a Carcassonne per portargli altre macchine da guerra, sbagliarono strada e passarono per Castelnaudary, in terra tolosana, per non dire nemica, o almeno

[6] I cavalieri della Linguadoca che non si erano uniti ai crociati contro gli eretici e che cercavano soprattutto di proteggere le proprie terre contro l'invasione dei baroni del Nord.

ostile[7]; i borghesi di Castelnaudary rifiutarono di farli entrare in città e i crociati dovettero passare la notte nei campi circostanti. Ma dormire all'aperto non li turbò più di tanto e riuscirono ad arrivare a buon porto, vale a dire davanti a Carcassonne, con le loro macchine che dovevano servire a Simone di Montfort per l'assedio di Termes.

Questa fortezza, situata a due giorni di cammino da Carcassonne, in pieno territorio narbonese, appariva umanamente inespugnabile, scrive Pietro di Vaux-de-Cernay nella sua *Storia albigese* (HA, 171). Essa si elevava sulla cima di un'alta montagna, era edificata su un'enorme roccia naturale circondata da burroni in cui scorrevano torrenti impetuosi, come possono esserlo i corsi d'acqua pirenaici, fiancheggiati a loro volta da una vera e propria muraglia di alte rocce praticamente inaccessibili. Gli eventuali assalitori, per penetrare nel castello, tanto per cominciare avrebbero dovuto scalare queste rocce da un lato, poi farsi scivolare sull'altro lato fino in fondo ai burroni e risalire come potevano verso la piattaforma rocciosa su cui si elevava il castello, e tutto questo sotto una pioggia di frecce e pietre che non avrebbero mancato di tirare gli occupanti della fortezza.

Il signore del luogo, il cavaliere Raimondo di Termes, era un arzillo vegliardo che, riferisce Guglielmo di Tudela, protetto da mura che riteneva e dichiarava inespugnabili, non temeva né Dio né l'uomo (CC, 56). Pietro di Vaux-de-Cernay ci informa inoltre che egli era «in balia di reprobi sensi» (ossia era omosessuale), che era «un eretico accertato», che non temeva neppure il diavolo e che, all'occorrenza, non avrebbe esitato a battersi contro il proprio signore, il conte di Tolosa. Apprese le intenzioni di Montfort di assediare Termes, Raimondo recluta il maggior numero possibile di cavalieri, fa riempire di viveri e di armi le cantine e i granai del castello e si prepara ad accogliere come meritano questi miserabili crociati che si permettono d'invadere le sue terre.

I primi a presentarsi davanti Termes sono Montfort e i suoi crociati, che dispongono senza indugio l'accampamento e le macchine. I difensori del luogo sono numerosi, ben armati e per nulla intimiditi dalle tende ricamate di questi cavalieri tutti vestiti di broccato e con in mano ben dritte le alte lance di frassino e le insegne; Raimondo confida nella resistenza delle sue inespugnabili mura e i suoi soldati entrano ed escono dal castello per andare a prendere l'acqua sotto il naso dei crociati, ancora poco numerosi, e dai loro bastioni se ne fanno beffe gridando:

«Che aspettate a scappare prima che vi sterminiamo tutti?».

Poco tempo dopo il suo arrivo, Montfort vede arrivare, uno dopo l'altro, i primi rinforzi: si tratta di crociati della Francia del Nord e delle regioni tedesche. Alla loro vista, sostiene Pietro di Vaux-de-Cernay – che è, non dimentichiamolo, nell'esercito dei crociati –, gli assediati si spa-

[7] Vedi p. 45 a proposito dell'ambigua scelta politica del conte Raimondo VI di Tolosa.

ventano, cessano gli scherzi e si fanno meno audaci. Questo per qualche tempo, perché ecco che in soccorso di Termes, attraversata l'Aude, giungono i difensori di Cabaret che, scrive Pietro di Vaux-de-Cernay, «erano i principali e più crudeli nemici della religione cristiana» (HA, 173). Percorrono giorno e notte le principali strade attorno alla fortezza, catturano tutti i soldati di Montfort che incontrano e li mettono a morte o li rinviano al loro campo dopo aver loro tagliato il naso, cavato gli occhi o inflitto qualche altra mutilazione.

Dall'alto delle sue mura, Raimondo, signore di Termes, plaude e sghignazza, e le cose restano così fino all'arrivo davanti alla fortezza di potenti personaggi provenienti dalla Francia del Nord: i vescovi Bernardo di Chartres e Filippo di Beauvais, i conti di Dreux e di Ponthieu, l'arcidiacono di Parigi, Guglielmo, oltre a una moltitudine di nuovi crociati. Montfort sente avvicinarsi la vittoria e, mentre i suoi cavalieri sono impegnati a completare i lavori d'assedio, fa sistemare le petriere e sottopone a un bombardamento costante il primo bastione del castello (quello davanti ai burroni); tutti si danno da fare e, fatto eccezionale per un uomo di Chiesa, l'arcidiacono Guglielmo, partecipa attivamente alle operazioni. Non solo tutti i giorni dice messa e predica, come è logico, ma accompagna anche i crociati nella foresta circostante e fa loro raccogliere rami in quantità per le petriere, fa riempire i burroni che circondano il castello perché i crociati possano avervi più facile accesso, dà consigli ai fabbri, dirige i lavori dei carpentieri e supera qualsiasi specialista in assedi per la sua vigilanza e immaginazione.

Le petriere bombardano incessantemente le mura del castello per diversi giorni di fila. Poi, quando i crociati si accorgono che il primo bastione sta per crollare si armano per varcarlo e prendere il primo borgo cinto dalla fortezza. A quel punto, i nemici gli danno fuoco e ripiegano verso un secondo borgo, più vicino al castello e situato a fianco della montagna, al di sopra del primo, dove si riversano i crociati, nonostante le fiamme che l'invadono. Ma, con un violento contrattacco, i difensori di Termes riescono a scacciarli. I combattimenti proseguono per diversi giorni, addirittura settimane, e la vittoria va ora all'uno ora all'altro; regna insomma la più totale confusione.

Sono infine non i guerrieri, ma i batteri che si moltiplicano nell'acqua delle grandi cisterne a espugnare il castello, come ci riferiscono le nostre due fonti, in termini diversi e più o meno lambiccati. Ecco la più semplice, quella dovuta a Guglielmo di Tudela, uno dei due autori della *Canzone della crociata*, favorevole ai crociati (CC, 57):

> Sapete, monsignori, come fu presa Termes
> e come manifestò la sua gloria Gesù Cristo?
> Nove mesi son trascorsi[8], Termes pare più

[8] Il poeta esagera o si sbaglia: in realtà, l'assedio durò quattro mesi e il luogo fu preso dai crociati il 25 novembre 1210.

inespugnabile che mai. Ora, viene a mancare l'acqua.
Certo, gli assediati hanno vino per tre mesi,
ma nessuno può sopravvivere, credo, senz'acqua pura.
Un diluvio improvviso si abbatte sul castello.
Vasche, barili debordano. Sono salvi, credono!
Da quest'acquazzone bevono, riempiono le brocche,
impastano pane nuovo, fanno zuppe novelle.
Allora li coglie una terribile diarrea.
Sono perduti. Che fare? Decidono di fuggire
piuttosto che morire senza Dio, come topi
in trappola. A notte fonda, radunano le donne
al riparo del macchio, poi per un sotterraneo,
senz'armi né fagotti lasciano la cittadella.
Abbandonano tutto, tranne le borse sonanti.
Raimondo di Termes se ne va per ultimo, ci ripensa.
«Aspettatemi», dice. Torna sui suoi passi.
Grave errore: i francesi frugano già le sale.
È preso, incatenato, condotto davanti a Montfort.
Allora i suoi catalani e i suoi aragonesi
fuggono come lupi, col terrore nelle viscere.
Il conte di Montfort con le dame prese
fu del tutto cortese: proibì che si toccasse
anche il più piccolo dei loro beni.

Invece, l'autore della *Storia albigese*, che era nel campo dei crociati, non parla della provvidenziale epidemia di dissenteria che avrebbe provocato la disfatta degli "eretici", ma attribuisce la vittoria dei suoi all'efficacia del bombardamento della fortezza con un *mangano* (una catapulta) particolarmente potente, installato vicino ai bastioni al riparo della roccia, in un luogo quasi inaccessibile, particolarmente ben manovrato dagli artiglieri (trecento sergenti e cinque cavalieri) e valorosamente difeso dai cavalieri (HA, 183):

La notte seguente, come se il cielo avesse rotto tutte le sue cateratte, cadde improvvisa una pioggia così abbondante che gli assediati, dopo esser stati a lungo privi di acqua e aver offerto la resa per questo motivo, ne furono saturi [...]. Divenuti all'istante arroganti, ripresero la forza e la volontà di resistere [...].

Arrivati a questo punto, il vescovo di Beauvais e i conti di Dreux e di Poitiers lasciarono il campo per tornare a casa in preda al pessimismo, mentre Montfort moltiplicava gli sforzi per ottenere la capitolazione del conte Raimondo di Termes a qualsiasi condizione, purché consegnasse il castello. Per tentare di piegarlo, gli invia anche il vescovo di Carcassonne, suo compatriota occitano la cui madre e il cui fratello, ben noti eretici, sono tra gli assediati, ma non c'è niente da fare, né parole, né preghiere, né minacce: Raimondo di Termes è inflessibile.

Il «nobile conte» di Montfort, preoccupato e agitato, non sa più che fare. Togliere l'assedio? È fuori questione, vorrebbe dire ammettere la sconfitta del partito del papa. Prolungarlo? Tenuto conto dei mezzi di difesa del castello e dello scarso numero di soldati a disposizione di Montfort, significherebbe la rovina, tanto più che le gelide piogge di novembre e le tempeste di neve sempre precoci in montagna renderebbero ben presto insopportabili le condizioni nell'accampamento. Tuttavia, l'arrivo imprevisto di rinforzi (dei crociati venuti a piedi da Colonia e dalla Lorena) ridà coraggio al «nobile conte» e alle sue truppe. I nuovi arrivati si attivano, avvicinano il mangano ai bastioni e i loro lanci, molto più precisi di quelli degli artiglieri di Montfort, «come se ogni palla di pietra fosse guidata da Dio in persona», indeboliscono notevolmente i bastioni e il maschio di Termes. Dopo diversi giorni di bombardamento incessante, «il giorno di Santa Cecilia» (HA, 188, 189), cioè il 22 novembre 1210, Montfort ordina di scavare un fosso e di coprirlo di graticci in modo che i suoi genieri possano raggiungere le mura dei bastioni e scalzarne la base senza essere esposti alle frecce e ai dardi dei nemici; poi si ritira sotto la tenda e digiuna per prepararsi ai combattimenti previsti per l'indomani.

È allora che – «per volontà della clemenza divina» secondo l'autore della *Storia albigese* – gli assediati, colti da timore, tentano una sortita disperata. Immediatamente risuona l'allarme nel campo dei crociati, che cominciano a correre in tutte le direzioni per circondare i fuggitivi, di cui alcuni riescono a scappare, ma la maggior parte viene uccisa o fatta prigioniera. Raimondo di Termes, signore del castello, è preso da un crociato di Chartres, povero e non nobile, che lo conduce dal conte di Montfort. Questi lo accoglie come un prezioso dono della Provvidenza, ma non lo condanna a morte, bensì lo fa chiudere in fondo a una torre del suo castello di Carcassonne, dove l'anziano signore morirà diversi anni dopo.

Dopo questa grande vittoria, che metteva nelle mani dei crociati un'importante piazzaforte degli eretici, Montfort decise di ritornare nella diocesi di Albi per assicurarsi definitivamente le città eretiche; si recò a Castres[9], i cui borghesi gli consegnarono la città e si sottomisero alla sua volontà, poi passò a Mombers e in qualche altra piccola località abbandonata dai propri notabili, fuggiti al suo avvicinarsi, e vi insediò delle guarnigioni.

Concilio di Saint-Gilles (dicembre 1210)[10] e conferenza di Narbona (gennaio 1211)

Questo inizio di riconquista dell'Occitania da parte della Chiesa preoccupava, a buon diritto, i grandi feudatari, e in particolare il più potente dei signori della Linguadoca, il conte Raimondo VI di Tolosa, il

[9] Vedi p. 70.

[10] Seguiamo qui la cronologia della *Canzone della crociata*, più logica di quella della *Storia albigese*.

cui conflitto col papa, a partire dal 1207, aveva scatenato la guerra – feudale più che religiosa – che insanguinava da tre anni la regione. Per porvi fine, pareva quindi indispensabile che una conferenza "al vertice" riunisse i principali protagonisti del conflitto. Così, appresa la notizia della caduta di Termes, il conte di Tolosa raduna la corte e si reca a Saint-Gilles (vicino ad Arles, nell'attuale dipartimento del Gard), accompagnato da un dotto giurista. L'onnipresente abate di Cîteaux afferma che il conte si è comportato da buon cristiano, gli ha consegnato le sue terre e merita quindi indulgenza e bontà. Tuttavia, i membri dell'assemblea sono perplessi di fronte alla severità delle lettere inviate loro da papa Innocenzo III e il conte si abbandona alla collera.

«Mi devo dissanguare per far piacere al papa?», grida, «Anche se vendessi Tolosa, non potrei mai pagare quello che mi chiede!».

E lascia il concilio, prostrato «come un servo sotto un fascio di spine», scrive il poeta (CC, 58), per recarsi a Narbona, dove i baroni hanno deciso di tenere una conferenza per regolare tra loro, alla presenza dell'abate di Cîteaux, del vescovo di Uzès e del re d'Aragona, le controversie feudali legate alla caduta di Termes. Risultato: «Uno sputo in un banco di nebbia», scrive l'autore della *Canzone*, nonostante la presenza di un nugolo di chierici e di quel dotto giurista che è mastro Tedisio, «l'uomo più saggio e amabile del mondo». E quando, a Narbona, mastro Tedisio porge la pergamena su cui è scritta la sentenza al lettore, che la legge ad alta voce, il conte di Tolosa «diventa rosso dalla rabbia» e grida all'indirizzo di Pietro II d'Aragona: «Avete sentito, messer re (e sghignazza con aria cupa), la strana punizione che pretendono d'infliggermi questi fottuti legati?». Il re legge in silenzio la pergamena che gli è stata consegnata, riflette qualche istante e dichiara a sua volta: «Dio non può tollerare una tale stramberia» (CC, 59).

Il conte Raimondo VI se ne va senza dire una parola, rosso di collera, senza salutare nessuno, brandendo il rotolo su cui è scritta la sentenza, e ritorna nel suo bel paese di Guascogna a grandi colpi di sprone. In tutte le città dove si reca, a Moissac, Agen, Montauban, mostra col braccio teso, furibondo, la sentenza del papa che fa leggere a tutti ad alta voce dal suo araldo (CC, 60):

> Il conte e i suoi vassalli devono, per piacere a Dio,
> vivere in pace, congedare i soldati di ventura che proteggono,
> rendere ai monaci i loro diritti, donar loro di cuore
> ogni dominio, ogni bene che a loro gradirà avere,
> smettere di proteggere la sporca genia ebraica
> e i cattivi credenti. Questi, fino all'ultimo,
> dovranno essere consegnati al clero cattolico,
> la cui legge prevarrà su qualsiasi altra.
> Il conte e la sua gente mangeranno di magro
> sei giorni a settimana. Inoltre si vestiranno
> di mantelli e camicie di stoffa rugosa e scura.
> Bastioni, maschi, e castelli saranno smantellati,

proibito ai cavalieri di soggiornare in città.
Vivranno nei villaggi, da umili contadini.
Non più diritto di pedaggio, per il conte e i suoi vassalli.
[...]
Unico signore per tutti sarà il re di Francia.
Si dà infine ordine al conte di Tolosa
di andare in Terra Santa.
[...]
Se si sottomette a tutto, gli verranno resi i suoi beni.
Altrimenti, guai a lui! Sarà spogliato
fino all'osso, come un servo.

La lettura di questo documento è ascoltata ovunque con sbigottimento: «Ci prendono per degli schiavi?», si dice nel paese. «Meglio piuttosto morire di fame in fondo a una segreta!». I bravi borghesi di Moissac e dell'Agenais giurano che, se si vuole loro imporre un principe francese di lingua d'oïl, prenderanno la via del fiume e scapperanno a Bordeaux: «Se volete portarci», dicono al buon conte Raimondo, «verremo in esilio con voi».

Cabaret e Lavaur (marzo-maggio 1211)

Quando si placa la galaverna e la profumata brezza di Pasqua si spande per i campi di Guascogna, nel mese di marzo 1211, gli animi si agitano nuovamente e i chierici riprendono la predicazione contro i catari e cercano di riportare la «giusta fede» della Chiesa in Linguadoca. I baroni lucidano un'altra volta le armi e a Carcassonne entra un grande esercito di crociati, venuto dall'Île-de-France e guidato da Roberto di Courtenay, da Guglielmo di Nemours (cantore a Parigi), dal conte d'Auxerre e da altri grandi signori del Nord della Francia, ma anche, fatto inaspettato, di Guascogna che hanno lasciato da tempo i loro castelli per paura dei crociati, tra cui Pietro di Mire e Pietro di Saint-Michel. Montfort li accoglie con gioia perché, dopo il difficile assedio di Termes, ha bisogno di truppe fresche per prendere Cabaret, castello dove si sono rifugiati numerosi cavalieri della regione di Carcassonne, che hanno abbandonato i propri per paura di questi crociati del Nord apparentemente imbattibili. Anche i due signori appena menzionati, prima di partire per il Nord, si erano rifugiati per qualche settimana a Cabaret.

Il «nobile conte» tiene quindi consiglio con questi nuovi arrivati e gli ufficiali che li accompagnano, organizzando rapidamente una spedizione contro Pietro Ruggero, signore di Cabaret. Venutone a conoscenza, quest'ultimo si spaventa, tanto più che lo preoccupa la presenza accanto a Montfort dei suoi due ex cavalieri che conoscono tutti i passaggi segreti che conducono al castello, il numero dei suoi effettivi (relativamente pochi) e diverse altre cose ancora che lo pongono in una situazione d'inferiorità. Conclude quindi un accordo col conte, secondo i cui termini gli consegna Cabaret senza resistere e libera un cavaliere di Montfort, da lui preso prigioniero alcuni mesi prima nel corso di uno scontro, di nome Burcardo di Marly, in cambio di un'altra terra, degna di lui, che Montfort promette di concedergli. Questa liberazione avviene con uno spirito tutto guascone che vale la pena di raccontare, poiché è uno dei numerosi esempi dei costumi cavallereschi dell'epoca.

Pietro Ruggero va a trovare Burcardo di Marly nella stanza in cui questi è incatenato:

«Voi siete un prode, un giusto e un saggio», gli dice, «e so che siete un uomo d'onore e voglio comportarmi con voi come mi sento. Che importa ciò che si dirà? Siete libero, cavaliere».

Burcardo fraintende il senso di queste parole; crede che Pietro Ruggero voglia comprarlo, carpirgli qualche segreto militare e rifiuta la libertà che gli viene proposta:

«Nella mia vita di cavaliere, non ho mai tradito nessuno», risponde al signore di Cabaret.

«Non mi avete compreso, cavaliere: vi offro il mio castello e, se volete, sarò vostro vassallo».

Al che chiama un fabbro, fa spezzare i ceppi che lo incatenano al muro della stanza, lo conduce al maschio, gli fa fare un bagno caldo, gli offre una veste nuova da cavaliere, il più bel palafreno delle sue terre, gli mette al servizio tre scattanti paggi, lo conduce personalmente sulla soglia del castello e prende congedo ripetendogli ancora una volta che si considera d'ora in poi suo vassallo. Il giovane guerriero, prima d'inforcare il brillante palafreno di cui gli vengono tese le redini, gli rivolge un'ultima parola:

«Sappiate, Pietro Ruggero, che in qualsiasi circostanza potrete contare sulla mia piena e totale amicizia. In mia presenza, nessuno potrà dir male di voi, ve lo giuro».

E Pietro Ruggero sorride, perché sa che Burcardo di Marly è un uomo leale. Poi, questo parte al gran galoppo alla volta dei suoi, vale a dire Montfort e i baroni francesi che avanzano su Cabaret. Tutti gli corrono rumorosamente incontro, lo abbracciano, lo baciano; Simone, sempre pratico e realistico, gli chiede quale prezzo vuole Pietro Ruggero per la sua liberazione:

«Niente, messere, niente», risponde Burcardo di Marly, «mi ha donato la sua terra e la cittadella, si è dichiarato mio vassallo e io gli ho promesso aiuto e assistenza ovunque si trovi. Nobile conte, bisogna dargli un nuovo dominio, che sia alla sua altezza».

«Provvederemo a suo tempo: intanto stasera festeggiamo la tua liberazione».

Quella sera, stando all'autore della *Canzone della crociata*, a Carcassonne tra i crociati si fa bisboccia e il vino scorre allegramente; poi, appena si fa giorno, senza aver dormito neanche un'ora, a bandiere spiegate, i crociati salgono festosi a Cabaret, Montfort in testa, dove Pietro Ruggero fa spalancare loro le porte della cittadella. Sono ora tutti riuniti nella sala più grande del castello; Burcardo di Marly recita davanti a cavalieri e uomini d'arme i termini dell'accordo stretto tra il «nobile conte» e il signore di Cabaret. Infine si issa sulle torri della cittadella lo stendardo di Montfort per far sapere a tutti che la fortezza si è arresa e, senza por tempo in mezzo, il conte e i suoi crociati si dirigono a Lavaur, una città fortificata assai estesa, situata sulla riva sinistra dell'Agout, più o meno a metà strada tra Castres e Montauban, e a qualche lega da Tolosa. Essa appartiene a una vedova di nome Guiraude di Lavaur – qualificata come «eretica matricolata» dall'autore della *Storia albigese* – che per difenderla ha fatto appello al fratello, Aimerico di Lavaur, già membro dell'armata dei crociati, che non ha esitato a tradire Montfort per correre in soccorso della sorella.

Non appena arrivati, i crociati tentato di porre l'assedio alla città, ma essa è talmente grande che non possono circondarla tutta e devono limitarsi ad attaccarla da un solo lato. In capo a tre o quattro giorni, vengono sistemate davanti al bastione le petriere e altre macchine e inizia il bombardamento delle mura. Gli assediati, più numerosi degli assedianti, poiché Lavaur è una città molto popolosa, tentano quindi una sortita in massa e riescono a catturare un cavaliere nemico che mettono immediatamente a morte. Trascorrono due o tre giorni senza alcun cambiamento della situazione, poi, in soccorso ai crociati, arrivano truppe fresche provenienti dalla Francia del Nord, alla cui testa si trovano i vescovi di Bayeux e di Lisieux e il conte d'Auxerre. A questo punto gli assedianti sono abbastanza numerosi da poter lanciare un ponte di legno sull'Agout e circondare Lavaur da tutti i lati. Tuttavia, non possono sperare di prendere la città per fame, perché la riforniscono gli abitanti del grande centro vicino di Tolosa, che, con discrezione, si sono schierati dalla parte degli eretici, e il conte di Tolosa che, come spiega Pietro di Vaux-de-Cernay, fa il doppio gioco e chiude un occhio. Ecco come questo autore contemporaneo degli avvenimenti – un contemporaneo molto parziale, però – descrive quella che definisce «l'ipocrisia del conte di Tolosa» (HA, 221, 222):

> Nella città di Lavaur, che non apparteneva al conte di Tolosa e anzi aveva un tempo fatto guerra ai tolosani, il conte di Tolosa, implacabile nemico e crudelissimo persecutore di Cristo, spinto dall'odio per la religione cristiana [*è l'opinione assai discutibile di Pietro di Vaux-de-Cernay; il conte di Tolosa non aveva aderito al catarismo*], inviò in segreto il suo siniscalco[11] e numerosi cavalieri per partecipare alla difesa della città contro i nostri [*i crociati*]. Il nostro conte [*Montfort*] li scoprì dopo la presa della città e li tenne lungamente in ceppi. Oh sistema inedito di tradimento! All'interno dei bastioni, il conte di Tolosa aveva introdotto i suoi

[11] Si chiamava Raimondo di Ricaud; suo genero era "cosignore" di Lavaur con madonna Guiraude.

> cavalieri per aiutare gli assediati, mentre all'esterno, facendo finta di aiutare gli assedianti, ne autorizzava il vettovagliamento da Tolosa. Tuttavia, pur lasciando arrivare i viveri destinati ai crociati, vietava formalmente di portare macchine da guerra. In aiuto ai crociati erano giunti all'assedio circa cinquemila tolosani per iniziativa del loro venerabile vescovo Folco, il quale, essendo stato bandito dalla propria città dal conte di Tolosa, era venuto a unirsi al nostro conte nell'assedio di Lavaur.

Dopo diversi episodi, descritti da Pietro di Vaux-de-Cernay, la bella città di Lavaur viene presa il 3 maggio 1211. I crociati fanno uscire Aimerico, venuto a difendere la città della sorella, insieme agli ottanta cavalieri che l'avevano accompagnato e decidono di impiccarli tutti.

Aimerico di Montréal fu il primo essere condotto alla forca, gli venne messa la corda al collo e fu impiccato, ma siccome era alto di statura, la forca, montata malamente, crollò insieme al condannato ormai morto; gli altri cavalieri furono sgozzati sul posto «in men che non si dica», scrive Pietro di Vaux-de-Cernay (HA, 227). Dal canto suo, madonna Guiraude di Lavaur fu gettata in un pozzo e Montfort ordinò che il corpo fosse coperto di pietre; per gli eretici, invece, fu montato un enorme rogo e, aggiunge trionfalmente il nostro autore: «I nostri crociati bruciarono con estrema gioia una gran moltitudine di eretici». Difatti, quello di Lavaur fu il rogo più grande di tutta la crociata: vi vennero arse, per la gran gioia di crociati e pellegrini, quattrocento persone, uomini e donne. Questi diedero prova di grande coraggio, attribuito dai loro carnefici al fatto che erano, sicuramente, posseduti dal demonio.

Dopo aver eliminato col ferro e col fuoco gli eretici di Béziers, Carcassonne, Lavaur e della mezza dozzina di città o cittadelle della regione di Carcassonne e dell'Albigeois, i cui signori avevano accolto, se non addirittura protetto, i catari, e dopo aver diviso le terre delle loro signorie tra i baroni che l'avevano assistito in questa crociata (riservandosi la parte del leone), il conte di Montfort va a combattere i catari insediati nei territori appartenenti al conte Raimondo VI di Tolosa, il più potente e più ricco dei grandi feudatari del Sud della Francia, che li protegge come ha il dovere di proteggere tutti i suoi sudditi. La crociata si va ora rapidamente trasformando in una guerra di conquista condotta, a suo unico vantaggio, dal «nobile conte» Simone di Montfort, che nel corso degli eventi si dimostra sempre meno «nobile». Egli, infatti, ha accettato la missione di cui l'ha investito il legato Arnaldo Amalrico, abate di Cîteaux, per la sola e unica ragione che ambisce ai territori del conte di Tolosa. Costui diventerà a poco a poco il personaggio centrale del conflitto, il cui carattere religioso va scomparendo di fronte all'orgoglio, la cupidigia e, per dirla tutta, la stupidità e la cocciutaggine dei suoi protagonisti principali.

In questa "crociata", le parti contendenti non costituiscono masse paragonabili. Che contano alcune migliaia o decine di migliaia di catari di fronte ai milioni di cattolici francesi? Ugualmente, il prestigio dei loro due capi è ben lungi dall'equivalersi: uno è un oscuro barone a cui il papa offre l'occasione, imprevista ed eccezionale, di uscire dall'anonimato, mentre l'altro, il signore – cattolico, come si conviene – spogliato da questo «nobile conte», è uno dei più grandi feudatari francesi, il conte Raimondo VI di Tolosa, primo signore di Linguadoca, che ha il sacro dovere di difendere i propri vassalli e che si è solennemente riconciliato con il papa e la Chiesa nel concilio di Saint-Gilles, nel giugno del 1209[12].

La Chiesa si trova ormai in una situazione assolutamente inestricabile: in nome della fede, essa ha il dovere di eliminare col ferro i signori cristiani che difendono i sudditi eretici insediati nelle loro terre. Ma nella misura in cui vi riesce, perde il proprio prestigio – in particolare mandando al rogo o al patibolo questi nobili insieme ai loro sudditi – e ogni vittoria ottenuta sul campo, come a Minerve, a Termes o a Lavaur, è al tempo stesso una sconfitta morale di fronte all'opinione pubblica locale a causa, in primo luogo, dei roghi che le concludono e, secondariamente, dell'occupazione dei centri della Linguadoca da parte di militari stranieri (francesi o tedeschi). Con la caduta di Lavaur, la situazione si fa ancora più tesa perché i crociati, dopo aver preso la città, vi trovano il siniscalco del conte di Tolosa e diversi cavalieri tolosani inviati in segreto da Raimondo VI alla signora di Lavaur per aiutarla a difendere il castello, mentre, allo stesso tempo, all'esterno di quello stesso luogo, egli aiutava gli assalitori ad approvvigionarsi.

Les Cassès: il conte di Tolosa getta la maschera (maggio 1211)

Dopo la presa di Lavaur, è ormai definitivamente chiaro che la posta della crociata è la ricca contea di Tolosa, che il suo proprietario è pronto a difendere con le unghie e con i denti.

Quando entrano a Lavaur, i crociati scoprono, tra l'altro, petriere e altre macchine inviate da Raimondo VI alla signora di questi luoghi per difendere la fortezza e le terre, a dispetto dell'interdizione fatta da Montfort ai tolosani di prestare tali congegni ai signori della regione. Da quel momento, il «nobile conte» si sente in diritto di trattare il conte di Tolosa come un dichiarato nemico di Cristo, del papa e della religione e di combatterlo apertamente. Così, dopo aver presieduto al terribile rogo di Lavaur, si dirige al castello di Les Cassès, proprietà privata del conte di Tolosa, per porlo sotto assedio. Contemporaneamente, Raimondo VI parte per Castelnaudary (che gli appartiene) e incendia lui stesso il luogo affinché non cada nelle mani dei crociati.

Giunto davanti a Les Cassès, Montfort dà ordine ai suoi ufficiali di da-

[12] Vedi p. 45.

re l'avvio ai preparativi dell'assedio e di collocare davanti al castello tende e petriere, ma gli uomini del conte di Tolosa, constatando di non poter resistere a lungo ai crociati, capitolano in due o tre giorni e ottengono di uscire liberi dal luogo in cambio della consegna di tutti gli eretici che vi si sono rifugiati.

I fatti si svolgono così: i tolosani abbandonano Les Cassès, vi entrano i vescovi dell'esercito dei crociati e si mettono a predicare agli eretici allo scopo di riconvertirli alla religione di Cristo, ma sempre invano. Questi sono quindi condotti fuori dalla città, dove i crociati erigono un grande rogo su cui bruciano, «con gioia», scrive Pietro di Vaux-de-Cernay (HA, 223), una sessantina di catari[13].

Montferrand (maggio-giugno 1211)

Dopo aver preso la piazzaforte di Les Cassès, noncurante del fatto di trovarsi ora sulle terre del conte di Tolosa, Montfort prosegue inesorabile la sua marcia. Due giorni dopo, pone l'assedio a Montferrand, castello la cui difesa è stata affidata da Raimondo VI al fratello minore, il conte Baldovino. Un luogo le cui mura, dice con grazia Guglielmo di Tudela, «non sono punto arzille» (CC, 73). Ma lo sono, al contrario, i suoi difensori, determinati a difendere il castello fino alla morte contro i «diecimila uomini» che l'assalgono, sostiene esagerato il poeta[14], certo un po' spaccone. Ha inizio il combattimento: da tutte le parti volano frecce e palle di pietra, Baldovino si batte da prode e il suo valore commuove i crociati, che lo invitano a venire a trattare con il conte. L'accordo è presto concluso: il luogo e tutte le riserve di viveri in esso contenute vengono consegnati ai crociati; in cambio, i difensori hanno salva la vita e il diritto di lasciare Montferrand dopo che Baldovino ha giurato sui Vangeli di non far mai più guerra all'esercito dei crociati. Dopo che viene prestato il giuramento, Montfort, attraversato il Tarn, conduce la sua armata verso nuovi castelli, tutti vicini gli uni agli altri, per la maggior parte situati tra il Tarn e l'Aveyron. Li espugna senza nemmeno dover combattere, tale è il timore che il suo esercito incute ai signori locali; Gaillac, Montégut, Rabastens, Saint-Marcel, Laguépie, Saint-Antonin: è conquistato tutto l'Albigeois. Pochi giorni dopo, Montfort vede tornare il giovane conte Baldovino, partito per informare della sconfitta il fratello, il conte di Tolosa: viene a riconciliarsi con la Chiesa e chiede al nobile conte di accettarlo come vassallo; così scrive Pietro di Vaux-de-Cernay (HA, 236):

> Da servitore del diavolo, diventa cavaliere di Cristo per intraprendere una nuova carriera di valore e pietà.

[13] *Canzone*, a sua volta, parla di un centinaio di catari giustiziati.
[14] Basta andare sul posto, come abbiamo fatto noi, per constatare *de visu* le loro scarse dimensioni: si sarebbero potuti far manovrare a malapena cinquecento cavalieri.

Come si capisce da questi ultimi avvenimenti, la crociata sta cambiando aspetto. A partire dalla presa di Montferrand, non sono più tanto i centri e i castelli appartenenti a signori eretici o che proteggono gli eretici quello che vuole Simone di Montfort, bensì le terre del conte Raimondo VI di Tolosa, contro cui egli s'impegna con la sua vasta armata (CC, 75):

Ovunque, sul suo cammino, spaventa la crociata.
Non appena essa è in vista, la gente fugge dalle città.
Così cadono Gaillac, La Garde, Puycelci,
Montégut, Rabastens. Senza armi, senza scudi,
quelli di Saint-Antonin vengono a inginocchiarsi
sulla strada battuta, dinanzi a Montfort.
Laguépie, Saint-Marcel ugualmente si arrendono.
Nessuno resiste. Conquistato è l'Albigeois.

L'assedio "fallito" di Tolosa (seconda metà di giugno 1211)

Tolosa non era una città eretica. I cattolici erano numerosi e desideravano vivere in pace con il loro vescovo, Folco; quest'ultimo, però, era inflessibile. Poiché il conte era stato scomunicato, egli ordina ai suoi fedeli di negargli l'obbedienza e di cacciarlo dalla città. I tolosani, indignati, rifiutano di essere infedeli a Raimondo VI e respingono l'ordine. Su queste basi Folco dichiara Tolosa "città eretica" e fa appello ai crociati di Montfort, per il quale è un'occasione unica di fare man bassa nella città e nella contea, proprio come si è già impadronito degli altri centri della Linguadoca.

D'altro canto, il «nobile conte» sa che a Tolosa esistono due partiti militanti: i *Bianchi*, che angariano gli "usurai" (gli ebrei) e gli eretici distruggendone e saccheggiandone le case, e i *Neri*, che non osano prendersela direttamente con i religiosi, ma che combattono in ugual maniera i laici cattolici. I primi hanno a mo' d'insegna una croce bianca cucita sul petto, i secondi una croce nera.

Tra l'intransigente vescovo Folco e l'indulgente conte Raimondo VI, inizia dunque a regnare la discordia. Finisce per avvenire un grave episodio, analizzato con acutezza da Pietro di Vaux-de-Cernay nella sua *Storia albigese* (HA, 221, 222):

Il vescovo Folco si trovava a Tolosa il sabato dopo la mezza quaresima e voleva fare le ordinazioni quel giorno, come è d'uso nelle cattedrali; ma nella città si trovava il conte di Tolosa, che i legati della Sede Apostolica avevano personalmente scomunicato a causa dei suoi numerosi eccessi, in guisa che nessuno potesse ufficiare in una città in cui egli soggiornava. Il vescovo pregò rispettosamente il conte di andare a passeggiare fuori della città, come per svagarsi, giusto il tempo necessario alle ordinazioni. Il tiranno, colto da ira, inviò al vescovo un cavaliere per notificargli sotto pena di morte di lasciare al più presto Tolosa e tutta la contea. A queste parole, il venerabile vescovo rispose, pare, al cavaliere con fervidi e fermi accenti accompagnati da un viso sorridente: «Non è il conte che mi ha fatto vescovo, non è né da lui, né per lui che sono stato ordinato. È la disciplina ecclesiastica che mi ha eletto, non è la violenza del principe che mi ha intronizzato. Non me ne andrò per ordine suo. Venga pure, se osa. Sono pronto ad affrontare la spada per raggiungere la gloria bevendo al calice della Passione. Venga pure, questo tiranno, scortato da soldati ben armati, mi troverà solo e senz'armi. Attendo la ricompensa divina. Non temo ciò che l'uomo potrà farmi».

Il «tiranno» – nella fattispecie il conte Raimondo VI di Tolosa, che è considerato un «tiranno» solo dai suoi nemici, perché il suo popolo, al contrario, lo adora – è abbastanza intelligente da non spingere oltre il conflitto. È troppo accorto per prendere Folco in parola e arrischiarsi a uccidere un vescovo; considera il discorso del prelato come un gesto teatrale e non gli risponde, né per lettera, né a parole e ancor meno con un atto di violenza. I tolosani, a loro volta, sono piuttosto in imbarazzo: da buoni cattolici, tengono a che la pace regni tra il conte e il vescovo, ma essendo il primo stato scomunicato dal secondo, non sanno più a chi votarsi. Vanno quindi a supplicare Folco di riconciliarsi con Raimondo VI. Ma il prelato rimane inflessibile:

«Ho scomunicato il vostro signore, dovete rifiutargli obbedienza e scacciarlo dalla città, altrimenti metterò Tolosa al bando della Chiesa», grida.

I tolosani, indignati, rifiutano; il vescovo ordina a preti e monaci di lasciare la città, a piedi nudi, portando via il Santissimo Sacramento, e questi obbediscono immediatamente: la città di Tolosa, dichiarata "città eretica" dal suo vescovo, è, in quanto tale, abbandonata alla spada dei crociati di Simone di Montfort. Quest'ultimo, oltretutto, riceve rinforzi per un caso fortunatissimo: il conte Teobaldo di Bar, di cui si dice un gran bene, è arrivato a Carcassonne dalla Lorena con un esercito di soldati germanici. Immediatamente, il «nobile conte» affida lui e le sue truppe a delle guide incaricate di condurlo a Tolosa seguendo la valle dell'Ariège. Alcuni giorni dopo, sotto i bastioni di questa città, la cui «popolazione, in queste mura, è pur innumerevole e che è, di questi tempi, il fiore delle città», non può fare a meno di scrivere Guglielmo di Tudela (CC, 79) – e a ragion veduta, visto che è originario di Montauban – la grande armata dei crociati sta per avviare l'opera: si prepara a prendere d'assalto Tolosa.

Fin dal suo arrivo, senza perdere nemmeno un istante, il conte di Bar trascina i suoi crociati all'attacco. Si sistemano ai piedi delle mura di quest'immensa città degli scudi di cuoio, per proteggere gli assedianti dalle frecce scagliate incessantemente dagli assediati; si portano carrettate di terra, ciottoli e legni per riempire i fossati che circondano le mura; si dispongono assi e scale per scalare le mura, e barelle per portare via i feriti. Dall'alto dei merli, con la rabbia in cuore, i tolosani osservano gli assalitori, poi tentano una sortita, a spada alta, per ostacolare questi preparativi, e per un'ora o due ci si batte davanti alla città senza grandi risultati, ma il combattimento fa nondimeno un centinaio di morti e cinquecento feriti.

Infine cala la notte. I crociati del Nord si ritirano, lontano dalla portata delle frecce tolosane. Tuttavia, per dormire non tolgono l'armatura: non si fidano di questi «maledetti tolosani», che gli hanno rubato tre grandi scudi di cuoio, e vegliano «l'occhio vigile e l'orecchio drizzato» (CC, 80, 81). Non se ne pentiranno: verso la fine della notte, questi diavoli attaccano, e la loro audacia spaventa persino il loro capo, il conte di Tolosa, che li tratta da folli: «Volete dunque la mia rovina? O la mia morte?», grida loro. Ma i suoi cavalieri non l'ascoltano e si riversano sui crociati. Per una quindicina di giorni, si alternano le sortite dei tolosani e gli assalti dei crociati, senza che venga intrapresa alcuna azione decisiva, e il vettovagliamento diventa difficile per entrambe le parti: «Si paga il pane raffermo al prezzo di un ortolano», si lagna l'autore della *Canzone*.

Finalmente, all'alba del 29 giugno 1211, stanchi di questo assedio che non porta a nulla, di nutrirsi di fave secche – quando se ne trovano! – e di subire gli insulti lanciati dai tolosani dall'alto dei bastioni, Montfort e i suoi baroni piegano tende e padiglioni e sgombrano il campo, cupi e senza gloria, dopo dodici giorni di assedio: se ne vanno verso Auterive, attraversando il ponte sull'Ariège, con l'intenzione di muovere guerra al conte di Foix e di fargli passare la boria.

L'assedio di Castelnaudary (inizio di luglio 1211)

I crociati cavalcano ora lungo le rive dell'Ariège, verso le terre del conte Raimondo Ruggero di Foix, seguiti da frate Arnaldo Amalrico, abate di Cîteaux, che ovunque passa chiede ai nobili locali di accettare per signore il conte di Montfort. Tuttavia, in questi guerrieri delusi, né vincitori né vinti, si è estinto il fuoco sacro che bruciava all'inizio della crociata, mentre nel campo avverso rinasce la speranza e Raimondo VI di Tolosa ridesta gli ardori dei suoi vassalli e alleati (CC, 87):

> «Armiamoci», dice loro, «è giunto il momento»,
> e baroni, signori e cavalieri rispondono al suo appello:
> il conte di Comminges e il signore di Foix,
> messer Ugo d'Alfaro, il siniscalco d'Agen,
> gente d'alto lignaggio mista a guerrieri d'umile schiatta,
> mercenari, soldati da poco, borghesi di Montauban
> e di Castelsarrasin, tutti rispondono all'appello.
> [...]
> Si vide mai al mondo più sfavillante armata,
> più ornata d'arme di quella di Tolosa [...]
> che se ne viene per la pianura?

Dopo l'assedio fallito di Tolosa, in Occitania è sul punto di cambiare il vento della storia. Raimondo VI ha radunato sulle sue terre un grande esercito e ci sono ora «duecentomila» guerrieri, sostiene l'autore della *Canzone* (CC, 88), accorsi da Moissac, Tolosa, Montauban, Castelsarrasin, dall'Agenais, dal Comminges e da tutta la Linguadoca, che marciano «infuriati, sbraitando contro il conte di Montfort, dandogli a gran voce del figlio di puttana»[15], fermamente decisi a liberare il loro paese dagli eserciti dei crociati, mentre il conte Raimondo VI di Tolosa chiama a raccolta i signori che gli sono rimasti fedeli. «Terribile, Dio del cielo, è l'armata di Tolosa», scrive allora Guglielmo di Tudela: migliaia di cavalieri, fanti di Guascogna, del Quercy, dell'Agenais, mercenari di Navarra e della valle d'Aspe, tutti s'avanzano, a bandiere spiegate, e marciano dritti su Carcassonne, dove Montfort, ritornato coi suoi crociati dalla contea di Foix e poi dal Quercy dov'era a guerreggiare, ha convocato i baroni francesi del Nord rimasti in Linguadoca. Il «nobile conte» tiene quindi consiglio con chi è accorso al suo appello: ci sono due o trecento fedelissimi che combattono al suo fianco da quasi tre anni e tutti gli suggeriscono di cambiare strategia, di uscire improvvisamente da Carcassonne, città inespugnabile, certo, ma dove il nemico lo intrappolerà e l'immobilizzerà a suo piacimento, e gli consigliano di andare a rifugiarsi in una città dalle deboli difese, come ad esempio Castelnaudary, allo scopo di attirarvi Raimondo VI di Tolosa: questo, dicono, verrà ad assediarla con assoluta fiducia, fatto che permetterà al grosso delle truppe francesi di accorrere, prendere alle spalle le forze occitane e annientarle. Montfort aderisce al suggerimento del suo stato maggiore e l'indomani, all'alba, l'armata dei crociati al gran completo, le lance puntate al cielo, si mette in moto alla volta di Castelnaudary, dove entra nei giorni seguenti, si barrica e attende a piè fermo l'arrivo dei tolosani.

Questi cadono nella trappola. Si presentano davanti alle mura di Castelnaudary un martedì, dopo pranzo, e piantano gli stendardi e le insegne a circa mezza lega dalle mura, tra l'erba e le pratoline; poi gli artiglieri del conte di Tolosa trascinano una catapulta a portata di tiro dei bastioni e iniziano il bombardamento della piazzaforte. Ma le mura di Castelnaudary sono solide e gli uomini che vi sono rinchiusi, per quanto pochi in confronto agli effettivi degli assedianti tentano ogni giorno diverse sortite e disturbano le attività dei tolosani in attesa dei rinforzi che non mancheranno di arrivare. E infatti, eccoli qui.

I primi a presentarsi sono gli uomini di un cavaliere del «nobile conte», Burcardo di Marly[16]. Vengono da Lavaur, con un centinaio di altri cavalieri, il vescovo di Cahors e un certo Martino, di mestiere soldato di ventura, a sua volta accompagnato da una ventina di compagni pronti a tutto; li segue un convoglio di carri provenienti dalla regione di Carcassonne, carichi di pane, vino, frumento e avena. A circa sei chilometri da Ca-

[15] Da notare che quest'ingiuria medievale è diffusa ancora oggi.
[16] Per questo personaggio, vedi pp. 83.

stelnaudary, in località Saint-Martin-de-Lalande, questo primo contingente di guerrieri – «un pugno di valorosi impolverati», dice il poeta autore della *Canzone* – s'imbatte per caso, pare, negli uomini del conte di Foix, che si è arrischiato ad andare a «battere la campagna» lontano dal campo tolosano e il cui esercito sembra terribile (CC, 93):

> Son là duemila uomini, armati di buoni spiedi,
> di mazze fracassanti e di lance di frassino,
> vestiti di cuoio, di ferro, o spesse casacche,
> con in testa duri caschi o elmi lucenti.

Inizia la battaglia tra questa impressionante armata, radunata dal più grande signore feudale della Linguadoca, dopo il conte di Tolosa, e quella dei crociati del Nord «in un grande campo erboso», riferisce la *Canzone*; una battaglia impari, uno contro trenta, in cui gli uomini di Montfort lottano, fianco a fianco, contro duemila cavalieri tolosani e mercenari spagnoli. Quelli del conte di Foix urlano:«Tolosa!» e i guasconi: «Comminges!», mentre quelli di Francia (la Francia del Nord) rispondono loro: «Forza! Soissons!». Alla fine, nel corso di questa giornata, nonostante la sproporzione delle forze, più di cento tolosani morderanno la polvere, laddove le perdite dei crociati non supereranno i trenta uomini. Montfort è miracolosamente vincitore e, al momento di entrare a Castelnaudary, scende da cavallo e si reca, a piedi nudi, alla locale chiesa per rendere grazie a Dio per avergli donato la città. Mentre il conte di Tolosa e i suoi baroni levano il campo, il conte di Foix fa correre, di castello in castello, la falsa notizia della sconfitta del conte di Montfort: secondo alcuni, sarebbe stato «scorticato e impiccato» (HA, 277), secondo altri baroni tolosani, sarebbe fuggito al chiaro di luna e nessuno conoscerebbe la sua destinazione. Questa modernissima strategia d'intossicazione dell'opinione pubblica dà i suoi frutti: numerose città e piazzeforti passano dalla parte del conte di Tolosa, in realtà il vero sconfitto in questa faccenda, che fa annunciare ovunque che Simone di Montfort ha perduto la battaglia di Castelnaudary, ed è ritornato al suo paese natale, che ovunque i francesi chiedono grazia, che la loro crociata è bell'e defunta e non rinascerà dalle sue ceneri. Viene creduto, si festeggia: tutti i castelli della regione, Gaillac, Rabastens, La Garde, Laguépie e un'altra sessantina gli aprono le porte abbassando il ponte levatoio: alla vigilia dell'inverno dell'anno 1211, egli controlla ben presto tutta la Guascogna.

Presa di Cahuzac (primavera 1212)

Tornano le belle giornate, ma per il conte di Tolosa si fanno aspre, dice la *Canzone*. All'inizio del mese di marzo, Montfort riceve truppe fresche dalla Francia, con le quali si dirige verso un piccolo borgo del Tarn, situato vicino a Lavaur, di nome Les Touelles. Vi fa una carneficina sicuramente perché i circa cento abitanti del luogo erano quasi tutti eretici. Poi, attraversa il Tarn sul grande ponte di Albi e marcia su Cahuzac, che prende in due giorni e dove trascorre la fine dell'inverno. Nel mese di aprile 1212, uno dopo l'altro, ritornano a battagliare in Guascogna, dove è davvero un bel vivere, i crociati tedeschi e frisoni, i cavalieri di Alvernia e i baroni lombardi attesi da Montfort. Prendono Gaillac, Rabastens e altre città dell'Albigeois. Senza conoscere la sconfitta, vanno di città deserte in castelli riconquistati; invano chiedono pietà i pochi abitanti che non sono fuggiti: non c'è nulla da fare, la soldatesca e i ribaldi che li seguono saccheggiano case, fattorie, castelletti e, dice la *Canzone* (lassa 113): «Quando se ne vanno, a Cristo e al suo popolo non restano che gli occhi per piangere».

La conquista dell'Agenais, da Saint-Antonin a Moissac (maggio-settembre 1212)

L'armata dei crociati fa terra bruciata al suo passaggio. Neanche il tempo di annunciarne l'arrivo che città e villaggi si spopolano; gli abitanti delle campagne e delle città fuggono nei boschi e sulle montagne. Essa giunge così, una sera di maggio, al borgo di Saint-Antonin, sull'Aveyron, all'ingresso dell'Agenais, che devasterà per quasi quattro mesi.

Questo borgo, preso il 21 maggio, «in meno tempo che ci vuole a cuocere un uovo», è la prima vittima dei crociati: una trentina di abitanti che cerca di difendersi viene uccisa o annegata nel corso di un breve scontro, un'altra dozzina fugge al chiaror della luna e, quando i crociati ripartono dopo questo colpo di mano, portando con loro i due signori locali per imprigionarli a Carcassonne, gli abitanti non hanno più nulla. Durante tutto il combattimento, i chierici che accompagnano i crociati percorrono le strade del borgo intonando il *Veni Creator*[17].

Una volta conclusi gli scontri a Saint-Antonin, Montfort consulta i vescovi di Carcassonne, Uzès e Tolosa, che accompagnano l'esercito; dopo averne ascoltato l'opinione, d'accordo con i suoi cavalieri, decide di intraprendere l'eliminazione degli "eretici" dell'Agenais, dove pare occupino diversi luoghi, vale a dire tutta la regione compresa tra i due affluenti della Garonna, l'Aveyron e il Lot, le cui principali città sono all'epoca Moissac (sul Tarn), Cahors (sul Lot) e Agen (sulla Garonna).

Guidati dal racconto minuzioso di Pietro di Vaux-de-Cernay, seguiremo passo dopo passo la marcia dei crociati di Montfort nell'Agenais e nell'Albigeois, i cui signori sono quasi tutti vassalli del conte Raimondo VI di Tolosa, dal momento in cui il piccolo esercito di Montfort lascia Saint-Antonin, all'inizio del mese di giugno 1212, fino alla presa di Agen, nel settembre successivo.

[17] "Sono venuto, Signore" (inno).

Penne-d'Agenais (giugno-luglio 1212)

Lasciando dunque Saint-Antonin all'alba di un giorno di questo caldo mese di giugno, l'armata del «nobile conte» si mette in marcia verso la bella città di Agen, appartenuta un tempo al re Riccardo[18] d'Inghilterra, che, nel 1196, l'aveva offerta in dote, insieme a tutto l'Agenais, alla sorella Giovanna in occasione delle sue nozze con il conte di Tolosa. Ora, poiché il papa aveva ordinato a Montfort di combattere gli eretici ovunque si trovassero, come anche i loro "complici" cattolici, era dovere dei crociati, nonostante la mancata presa di Tolosa, prendere Agen e, naturalmente, i centri della regione proprietà di Raimondo VI.

I primi agglomerati a cadere nelle mani dei crociati sono i piccoli centri di Caylus e Montcuq, vicini a Saint-Antonin, che i loro abitanti, spinti dal terrore, abbandonano senza opporre alcuna resistenza. Invece, quando le truppe di Montfort arrivano a due leghe da Penne-d'Agenais[19], Ugo d'Alfaro, il cavaliere navarrese a cui il conte di Tolosa ne ha affidato la protezione, non si lascia intimidire: recluta nella regione quattrocento mercenari – soldati di ventura che vendevano i propri muscoli e servigi al miglior offerente – si ritira con loro nel maschio, dove stipa viveri e tutto ciò che può servire alla difesa della città, e attende a piè fermo i crociati.

Tuttavia, questi non si presentano immediatamente davanti a Penne, perché Montfort ha deciso di recarsi prima ad Agen, per ricevere la sottomissione della città; una volta sistemata questa faccenda, il conte ritorna dai suoi per assediare Penne. Domenica 3 giugno 1212, di primo mattino, arriva col suo esercito sotto i bastioni. I crociati sono a stento scesi da cavallo e hanno cominciato a piantare le tende attorno alla città, che si vedono piovere addosso una valanga di frecce; tuttavia, in capo a tre giorni, riescono a penetrare a poco a poco nei borghi di Penne e a disporre le petriere per bombardare il maschio. A quel punto, anche gli assediati preparano macchine per bombardare i crociati. Questo bombardamento reciproco dura diversi giorni di fila, sotto il terribile sole di giugno; ma la situazione non evolve, perché le truppe di Montfort sono poco numerose e non possono resistere alle frequenti sortite dei cavalieri assediati. A poco a poco, l'assedio si trasforma in una vera e propria guerra di logoramento, dall'esito incerto, e i crociati, che hanno terminato la loro "quarantena"[20], non ne propongono il rinnovo. Montfort, a cui è stato annunciato l'arrivo di rinforzi provenienti dalla Francia, prega e supplica i combattenti e i vescovi che li accompagnano di restare al suo fianco: invano. Il primo a ritirarsi è il vescovo di Laon che, col pretesto di una salute malferma, esce dalla città

[18] Si tratta di Riccardo I, detto Cuor di Leone, re d'Inghilterra dal 1189 al 1199.
[19] Località oggi annessa a Villeneuve-sur-Lot, da cui dista 11 chilometri.
[20] Come abbiamo detto in precedenza, p. 62, i crociati si impegnavano per un periodo di quaranta giorni, eventualmente rinnovabile.

con le truppe che aveva assoldato e se ne torna a Moissac. Ben presto lo seguono gli altri vescovi.

È allora che prende la direzione delle operazioni l'arcidiacono Guglielmo di Parigi. Fa portare una grande petriera, in grado di lanciare grossissime palle di pietra, con cui gli artiglieri riescono a far vacillare i bastioni di Penne; poi, nei giorni seguenti, giungono gli attesi rinforzi dalla Francia del Nord, guidati dall'abate di Saint-Rémi di Reims, da un altro abate proveniente da Soissons, dal decano della cattedrale di Auxerre e dall'arcidiacono di Châlons: tutti s'impegnano energicamente nell'attacco della città e del suo maschio.

Gli assediati, dal canto loro, iniziano a mostrare inequivocabili segni di stanchezza: scarseggiano di viveri ed espellono dalla città le donne, i bambini e gli anziani rimasti, per avere meno bocche da sfamare. È allora che il «nobile conte» si dimostra davvero nobile: rifiuta di uccidere queste brave persone che non sono state catturate dai suoi uomini e che gli sono state vigliaccamente consegnate dagli avversari. Passano ancora diversi giorni e, infine, dopo che il bombardamento intensivo della città ha sfondato le mura e raggiunto addirittura le stanze e i sotterranei del maschio, gli assediati si rendono conto di non poter resistere ancora a lungo. I loro ufficiali conoscono le leggi della guerra: se Penne-d'Agenais è presa d'assalto, saranno tutti, civili e militari, passati a fil di spada. Constatando infine che non si può più contare su un aiuto del conte di Tolosa, i capi negoziano con Montfort le condizioni di una resa onorevole, proponendo di consegnare ai crociati la città e il suo maschio a condizione che possano allontanarsi sani e salvi con le loro armi.

Montfort consulta i suoi consiglieri. Questi gli fanno notare che quasi tutti i crociati presenti sono sul punto di abbandonare la missione, visto che la "quarantena" si sta esaurendo, che gli assediati hanno ancora delle risorse, che possono sicuramente resistere fino all'inverno imminente e che allora non si potrà più proseguire l'assedio: di conseguenza, consigliano al conte di accettare le condizioni della resa proposte dal nemico. Ed è così che, nel mese di luglio 1212, il giorno di san Giacomo, il «nobile conte» prese possesso della città di Penne-d'Agenais, abbandonata dai suoi abitanti, che si dispersero, fagotto in spalla, per le vie della regione.

Biron e Moissac (fine luglio-8 settembre 1212)

Dopo questo difficile assedio, Montfort, con tutte le bandiere spiegate, si dirige con i suoi crociati a una piazzaforte di cui un tempo aveva fatto dono a un soldato di ventura di nome Martino Algai. Questo, dopo aver combattuto per lui, l'aveva tradito in occasione del combattimento di Saint-Martin-de-Lalande[21] e si era rifugiato in un castello a Biron, una località situata a una trentina di chilometri da Penne.

[21] Vedi p. 92.

Ed ecco quindi, due giorni dopo, i soldati di Montfort davanti ai bastioni di questo luogo: scalano le mura, occupano in forze il borgo[22] e assediano il maschio, dove si sono rinchiusi i difensori. Questi, rendendosi ben presto conto di non avere i mezzi per resistere ai crociati, più numerosi e meglio armati, offrono la resa a patto di aver salva la vita. Il conte accetta, ma pone come condizione la consegna di Martino, il soldato di ventura che l'aveva tradito; a questa notizia, gli assediati si gettano «con avidità», scrive Pietro di Vaux-de-Cernay, su questo mercenario e lo consegnano a Montfort, che gli propone, da buon cattolico, di confessarsi; espletata questa formalità, lo fa attaccare alla coda di un cavallo che lo trascina per il campo e poi ordina d'impiccarlo.

Soddisfatta la propria vendetta secondo le feroci regole della guerra, Montfort convoca il consiglio per deliberare sul prosieguo della campagna: si decide di andare ad assediare Moissac, una città appartenente al conte di Tolosa, dove i crociati arrivano il 14 agosto 1212, la vigilia dell'Assunzione.

La città si erge ai piedi di una collina, in una fertilissima pianura; le sue mura si specchiano nelle acque del Tarn. All'avvicinarsi dell'esercito di Montfort, gli abitanti di Moissac, spaventati, fanno appello ai numerosi soldati di ventura che vagabondano per le strade della Linguadoca e vendono le loro abilità belliche a tutti coloro, signori, borghesi o vescovi, che possono aver bisogno dei loro servigi in questi tempi difficili e turbolenti. In questo caso, la popolazione di Moissac dovrà difendersi dagli assalti dei crociati e prestare manforte alle milizie del conte di Tolosa.

Ben presto, gli uomini di Montfort avviano, come è ormai loro abitudine, l'assedio della città. Il conte è di buonumore: tra Biron e Moissac, l'armata dei crociati ha fatto sosta in un castello[23] dove Simone ha ritrovato la sposa Alice, che gli ha portato cospicui rinforzi (la *Canzone* parla di «diecimila crociati», cifra del tutto improbabile). I soldati di ventura assoldati per difendere Moissac sfidano gli assalitori, che piantano il campo, facendo suonare a distesa le campane della chiesa a ogni ora del giorno, nonostante l'interdizione del papa[24]. I religiosi che accompagnano la schiera dei crociati si fanno il segno della croce e partecipano ai preparativi dell'assedio. Il vescovo di Carcassonne, l'arcidiacono di Parigi e l'arcivescovo di Reims si danno energicamente da fare e incoraggiano gli assedianti. Nella sua *Storia albigese*, Pietro di Vaux-de-Cernay segnala due incidenti che avrebbero avuto luogo in questa fase dell'assedio, e di cui furono vittime dei crociati (ma viene da pensare che, se avessero avuto nelle loro file un cronista, gli assediati ce ne avrebbero raccontati di analoghi) (HA, 343):

[22] Lo spazio che si estende tra le mura esterne e i muri del castello o del maschio.
[23] Il «castello di Catus», dice la *Canzone*, che non è stato localizzato dagli studiosi.
[24] Quando una località era colpita da interdetto dal pontefice, era severamente vietato qualsiasi suono di campane.

Un giorno, gli assediati fecero una sortita e si diressero verso le nostre macchine per demolirle. Ma il conte di Montfort accorse con alcuni dei nostri [*i crociati*] che si erano armati e respinse i nemici nel maschio. In questo scontro, uno degli assediati tirò una freccia al nostro conte e lo ferì al piede. Inoltre, un giovane crociato, nipote dell'arcivescovo di Reims, fu fatto prigioniero, trascinato nella città, vergognosamente mutilato e il suo corpo lanciatoci a pezzi.

Secondo la *Canzone della crociata*, l'assedio di Moissac durò tre settimane buone (dal 14 agosto all'8 settembre 1212). In principio, i crociati, in numero insufficiente, non poterono circondare tutta la città; pare vi riuscirono solo dopo una decina di giorni. Allo stesso tempo, protetti dalle frecce e dalle armi da getto da una macchina da guerra in legno ricoperta di cuoio chiamata *gatta*, i combattenti manovravano, giorno e notte, l'indispensabile ariete per sfondare le mura. A quel punto, gli abitanti di Moissac, dopo essersi consultati, tentarono una sortita disperata, e infine le due parti si abbandonarono a una vera e propria battaglia organizzata (CC, 121):

Quelli di Moissac, furibondi, si consultano:
«Attacchiamo questi delinquenti», si dicono. Si armano,
escono in campo aperto, corrono addosso ai crociati.
Dei tizzoni fendono l'aria intorno alla gatta,
francesi, borgognoni, gridano: «Tutti alle armi! All'erta!».
Subito, nel campo, assetto di combattimento:
si levano fiamminghi, lorenesi, normanni, bretoni, guasconi,
vestiti di spessi farsetti e di cotte di maglia,
di panciotti imbottiti, di begli usberghi sonanti.
Accorre il conte di Montfort, cavalcando sulla riva [*del Tarn*],
brandendo alto il suo leone sullo scudo.
Il suo cavallo è ucciso al limitare di un boschetto.
Cade. Poco ci manca, in questo terribile momento,
che sia fatto prigioniero.

Il combattimento si prolunga fino al tramonto. I soldati di ventura che difendono Moissac tentano di dar fuoco alla gatta, che i crociati salvano dalle fiamme. Poi, dopo qualche altro tentativo dall'una e dall'altra parte, cade la notte sulla città e gli assediati si ritirano entro la cinta muraria. Nel frattempo, Castelsarrasin, che apparteneva al conte di Tolosa, fa atto di sottomissione a Montfort; le città dei dintorni fanno altrettanto, con l'eccezione di Montauban, e, dopo che la notte ha portato consiglio, i borghesi di Moissac capitolano all'alba. Montfort accetta la resa della città alle due seguenti condizioni: che gli vengano consegnati tutti i soldati di ventura venuti a difenderla e che tutti gli abitanti giurino, collettivamente, sui Vangeli che d'ora in avanti non combatteranno più i cristiani. Compiute queste formalità, l'8 settembre 1212 i crociati si ritirano dirigendosi alla volta di Montauban.

La conquista della Guascogna e l'assemblea di Pamiers

Montfort recupera la città di Saverdun (autunno 1212)

Partendo da Moissac, il conte decide di assediare Saverdun, una città di sua appartenenza e dipendente dalla diocesi di Tolosa, ma che aveva di recente disconosciuto la sua sovranità per consegnarsi al conte di Foix. Per recuperarla, vi spedisce l'esercito col quale ha appena preso Moissac e che staziona ora a Pamiers, cittadina sull'Ariège, a una ventina di chilometri da Foix.

Montfort aveva almeno tre buone ragioni per intraprendere questa spedizione: 1) consegnandosi al conte di Foix, Saverdun aveva rotto illegalmente il legame feudale di vassallaggio che aveva con lui; 2) questo stesso conte di Foix, che ora possedeva Saverdun, ne approfittava per minacciare Pamiers, anch'essa sull'Ariège e situata a metà strada tra Foix e Saverdun; 3) infine, Montfort era stato informato che a Carcassonne gli erano appena arrivati dei rinforzi consistenti (uno squadrone di nobili crociati germanici): aveva quindi i mezzi per riconquistare il suo feudo con le armi. In altri termini, se il conte di Foix si era assunto la responsabilità di aprire un *casus belli* tra sé e il «nobile conte», questi disponeva di truppe fresche per risolverlo con la forza. Per Montfort era l'occasione ideale per affermare la propria potenza e per ampliare i domini con la legittima conquista di nuove terre in Guascogna, a spese del conte di Foix, conquista sulla quale nemmeno il papa poteva avere da ridire. E il «nobile conte», dimenticando che Innocenzo III l'aveva inviato in Occitania non per battersi con un rivale, ma per sterminare gli eretici, agisce ora per conto suo... e di sua moglie, l'ambiziosa Alice, che si vede già contessa di Montfort, di Foix e di Tolosa.

Pietro di Vaux-de-Cernay ci descrive minuziosamente l'incrociarsi dei tre conti e delle loro truppe pronte ad affrontarsi (non dimentichiamo che i luoghi che citeremo più avanti sono vicini gli uni agli altri e che le informazioni vi circolano rapidamente):

– durante l'assedio di Pamiers, arrivano a Carcassonne alcuni nobili crociati germanici, guidati da un vassallo di Montfort, di nome Enguerrando di Boves;
– dopo aver perso Moissac, i conti di Foix e di Tolosa hanno ripiegato su Saverdun, da essi occupata;
– i cavalieri e i crociati germanici arrivati a Pamiers lasciano la cittadina per dirigersi in gran fretta a Saverdun (sicuramente chiamati da Montfort, ai quali sono destinati);
– informati dell'arrivo di questi rinforzi, i conti di Foix e di Tolosa fuggono da Saverdun, ripresa senza difficoltà e senza combattere da Enguerrando di Boves e i suoi cavalieri, che vi si insediano (sempre per ordine di Montfort);

– nel frattempo, da Moissac arriva il conte con le proprie truppe, si avvicina a Saverdun, constata che il luogo è (illegalmente) occupato e va a prendere, da solo, a Pamiers, gli attesi rinforzi germanici, mentre il suo esercito continua la marcia verso Auterive, vicina a Saverdun, tra Tolosa e Foix: in tal modo può intralciare le comunicazioni tra i suoi nemici (Foix e Tolosa).

Compiuti questi preliminari strategici, il «nobile conte» decide di invadere le terre del conte di Comminges, alleato degli altri due conti occitani, e di prendere Muret, una «città incantevole», scrive l'autore della *Canzone*, sulle rive della Garonna.
I suoi abitanti vanno a rifugiarsi a Tolosa, non senza aver prima dato fuoco al ponte di legno sul fiume, per impedire all'armata dei crociati di raggiungere la città. Cionondostante questa vi arriva, a nuoto, con Montfort in testa, impresa celebrata liricamente da Pietro di Vaux-de-Cernay («Oh impresa degna di un capo, oh coraggio invincibile, ecc.»; HA, 357).
Durante la permanenza a Muret, Montfort riceve la visita dei prelati locali, i vescovi di Comminges e di Couserans, che gli consigliano di proseguire la sua marcia per ricondurre in seno alla Chiesa cattolica e romana le pecorelle smarrite. In cambio dei suoi servigi, gli offrono, senza colpo ferire, la maggior parte delle terre guascone. Il conte non ha bisogno di farsi pregare per liberare le città e i territori appartenenti a signori (guasconi) eretici o favorevoli agli eretici e appropriarsene con la benedizione dei vescovi locali. Su questo punto, Pietro di Vaux-de-Cernay è chiarissimo (HA, 358):

> Durante la permanenza del nostro conte a Muret, egli ricevette la visita dei vescovi di Comminges e di Couserans, uomini venerabili e pieni di Dio [...]. Era stato su loro consiglio e per loro intercessione che il conte era entrato in questa regione: gli consigliarono dunque di continuare la sua marcia e di ricevere la maggior parte della Guascogna senza colpo ferire.

L'assemblea generale di Pamiers (novembre 1212)

Mentre la Francia del Nord si era progressivamente organizzata in maniera unitaria grazie a quella che George Duby chiama con efficacia «la sintesi capetingia», i cui iniziatori sono stati Luigi il Santo (1226-1270) e Filippo II Augusto (1180-1223), in questo campo in Occitania, a causa della forza dei particolarismi locali, era ancora tutto da fare ed è assai notevole che il «nobile conte» abbia preso l'iniziativa di convocare a Pamiers, nel mese di novembre 1212, i vescovi e i signori delle sue terre e di quelle dei suoi vassalli per assicurare l'ordine e la pace in ambito temporale, come la religione cristiana l'aveva instaurato in ambito morale. A questo proposito, particolarmente istruttiva è la presentazione di questa iniziativa da parte di Pietro di Vaux-de-Cernay nella *Storia albigese* (HA, 362):

L'anno 1212 dell'Incarnazione [*la nascita di Gesù Cristo*], nel mese di novembre, il nobile conte di Montfort convocò a Pamiers i vescovi e i signori della sua terra per tenervi parlamento. Ecco quale ne era il motivo: nel paese che il conte aveva acquisito e aveva sottomesso alla Santa Chiesa romana, far regnare i buoni costumi, spazzar via la lordura eretica che aveva corrotto tutta la regione, impiantare buone consuetudini per assicurare il culto della religione cristiana, come in ambito temporale l'ordine e la pace. Poiché da tempi antichissimi, questo paese era stato soggetto al saccheggio e al brigantaggio, il potente vi opprimeva colui che era privo di difesa, il più forte colui che era meno forte di lui. È per questo che il conte voleva imporre ai suoi vassalli consuetudini precise e limiti stabiliti che non fosse loro permesso di violare, affinché i cavalieri potessero vivere onestamente di entrate determinate e legittime, e anche il popolino potesse vivere sotto l'ala del signore senza essere onerato da esazioni arbitrarie.

Per stabilire queste consuetudini, vennero eletti dodici personaggi: essi giurarono sui Vangeli che, secondo la propria scienza e il proprio potere, avrebbero redatto norme che garantissero la libertà della Chiesa e il miglioramento e il consolidamento della situazione del paese. Su dodici eletti, vi erano quattro ecclesiastici (due vescovi, quelli di Tolosa e di Couserans, un templare e un ospedaliere di San Giovanni), quattro cavalieri della Francia del Nord, e infine quattro meridionali (due cavalieri e due borghesi), che redassero e promulgarono consuetudini appropriate alla situazione allo scopo di offrire garanzie alla Chiesa, ai ricchi e ai poveri. E, per redigere tali consuetudini, fu intenzionale la scelta di eleggere uomini del Nord e del Sud.

Che significato ha quest'inattesa iniziativa, non prevista dalla missione affidata a Montfort? Il conte era stato inviato in Occitania per farvi regnare *manu militari* l'ordine e le regole della Chiesa, ma pare che egli, disponendo a quel punto praticamente di tutti i poteri, abbia tentato di oltrepassare i limiti della sua missione: pur proclamandosi il braccio secolare del papa, ora, molto semplicemente, si costituisce un principato tutto per sé. Ovunque passa per castigare gli eretici, esige che gli venga prestato giuramento di fedeltà come a un signore; in nove anni di presenza nella Francia del Sud, dalla Guascogna alla Provenza, non ha subito alcun fallimento e l'odio che ispira ovunque, pur non trasparendo nella *Storia albigese*, è ben percepito dagli autori della *Canzone della crociata* e dal re di Francia, Filippo Augusto. Infatti, di fronte al figlio Luigi[25] che, rientrando dall'Occitania, gli vantava le conquiste e i fatti d'arme di Montfort e del fratello, il re di Francia pronuncia queste parole (CC, 142):

«[...] Volete la mia opinione?
I due fratelli Montfort, per quanto accorti,
presto si saranno conquistati solo la tomba nella nostra terra!».

[25] Si tratta del futuro Luigi VIII il Leone (1187-1226), che succederà a Filippo II Augusto nel 1223.

Senza saperlo, sul «nobile conte» il re di Francia condivide l'opinione di papa Innocenzo III che, dal settembre 1212, aveva incaricato i suoi legati di costituire un "dossier" sul conte e che, il 15 gennaio 1212, in una delle sue lettere a mezze tinte, scriveva a frate Arnaldo Amalrico:

> Delle volpi [*gli eretici catari*] distruggevano [*notare l'imperfetto*] in Linguadoca la vigna del Signore. Allora erano stati catturati, ma oggi, si tratta di fronteggiare un pericolo assai più considerevole[26].

Il pericolo al quale allude Innocenzo III non sono né gli eretici catari, né l'erede di Raimondo Ruggero Trencavel (la cui viscontea è ora proprietà di Montfort), e neppure il potente conte Raimondo VI di Tolosa: è, come spiegheremo, il re Pietro II d'Aragona, un sovrano cattolico, diretto signore dei grandi feudatari d'Occitania che sono il conte Raimondo Ruggero di Foix, il conte Raimondo VI di Tolosa e il conte Ruggero di Comminges.

[26] Brano citato da Oldenbourg in *L'assedio di Montségur*, cit.

6
L'intervento del re Pietro II d'Aragona
(inizio di gennaio 1213-12 settembre 1213)

All'inizio del XIII secolo, il regno d'Aragona si presenta come una sorta di confederazione di Stati che raggruppa sotto una stessa corona il piccolo territorio aragonese propriamente detto, ai piedi dei Pirenei, sul quale ha regnato il primo sovrano d'Aragona, il re Ramiro I (1035-1063), e le terre che si è incorporato con l'andar del tempo: la Catalogna, la valle dell'Ebro, la Navarra e i regni di Valencia, Maiorca, Sardegna, Provenza, Sicilia e Napoli. Per superficie, popolazione e posizione geografica è all'epoca il principato più ricco e potente del Mediterraneo; i suoi porti (Alicante, Valencia, Barcellona, Maiorca, Marsiglia, Napoli, Messina) e l'isola di Malta praticamente controllano tutte le relazioni, commerciali o militari, dell'Europa cristiana con l'Oriente musulmano. Su questo regno hanno governato i re di una prima dinastia, la dinastia navarrese fondata da Ramiro I, e governano ora quelli di una seconda dinastia, detta "catalana", instaurata da Alfonso II il Casto (1162-1196), cui è succeduto il figlio Pietro II d'Aragona[1].

Questo sovrano, pur avversando l'eresia albigese, come tutti i principi cristiani d'altra parte, osserva non senza preoccupazione estendersi le conquiste di Simone di Montfort sull'altro versante dei Pirenei e si sforza di affermare la propria autorità nel suo regno appropriandosi dei grandi feudi di alcuni suoi baroni, che in Aragona vengono chiamati gli "uomini ricchi" (*ricas homes*).

Nel giugno 1204 (ha all'epoca trent'anni), Pietro II d'Aragona sposa la figlia del signore di Montpellier, ma se ne stanca ben presto, tanto da sollecitare al papa l'autorizzazione per il divorzio; nel corso dello stesso anno, col pretesto di andare a concludere un trattato con la Repubblica di Pisa, Pietro II si reca a Roma per farsi incoronare re d'Aragona da Innocenzo III e s'impegna, a nome suo e dei successori, a pagare alla Santa Sede un tributo annuale di cinquecento monete d'oro; poi, rientra nei suoi Stati.

Tuttavia, la liberalità del re verso il papa e il clero aragonese, il suo gusto per il lusso e le feste esauriscono ben presto il tesoro. Nel 1205,

[1] Nato nel 1174, figlio maggiore di Alfonso II il Casto e di Sancia di Castiglia, succedette al padre il 16 maggio 1196. Vedi la cartina dello Stato occitano-catalano nell'Appendice VII, p. 220.

per crearsi nuove risorse, Pietro II fa ricorso ai due mezzi preferiti dai principi dell'epoca in questi casi: coniare monete false, che non dà noia ad alcuno dei suoi sudditi, e creare nuove imposte, che dà noia a tutti, in particolare ai nobili e alle città, che si sollevano. Cambia allora sistema e, per salvare il budget e mantenere il suo standard di vita, accetta di fare pace con don Sancio VII, re di Navarra, per la modica somma di ventimila maravedì d'oro.

Quando iniziano a estendersi le conquiste territoriali di Simone di Montfort, nell'animo del re d'Aragona cresce l'inquietudine. Pur essendo favorevole alla scomparsa degli eretici catari, comincia a pensare che, per il suo regno, la "cura Montfort" è forse peggio del "male cataro". Perché se il «nobile conte» trionferà rapidamente sull'eresia, come ha tutta l'aria di voler e di poter fare, gli sarà permesso tutto: diventerà il padrone politico, militare e religioso della Linguadoca e della Provenza; dominerà questi territori sia dal punto di vista militare con la forza delle sue armate sia da quello religioso facendo scomunicare tutti i signori entrati in contatto con l'eresia, compresi i due più ricchi feudatari, il conte di Tolosa e il conte di Foix. Per di più, con gli statuti di Pamiers, Montfort possiede un notevole strumento politico e finanziario per mandare avanti un regno della Francia del Sud, di cui si vede forse già principe, che potrebbe far concorrenza a quello della Francia del Nord, e rispetto al quale l'Aragona avrebbe scarso peso. È quindi nell'interesse di Pietro II imporsi fin da subito al «nobile conte», prima che questo non diventi, un domani, troppo potente e in grado di fare un boccone dei suoi Stati.

Perciò, poiché governare vuol dire prevedere, e prevedere vuol dire prevenire, all'inizio dell'anno 1213, Pietro II d'Aragona decide di recarsi a Tolosa, dove si tratterrà per più di un mese. Ma perché Tolosa, e non Pamiers o Carcassonne, dove Pietro II potrebbe tentare direttamente un abboccamento con Montfort, il vero "uomo forte" della Francia del Sud-ovest? Per due motivi principali che tenteremo di comprendere e giustificare.

Il primo – e il più evidente – è, se così si può dire, un motivo di famiglia, perché il conte Raimondo VI è il cognato del re d'Aragona: Raimondo VI ha infatti sposato, in quinte nozze[2], Aliénor (o Eleonora), sorella di Pietro II; è quindi dovere di questo re difenderlo contro le manovre aggressive di Montfort. Il secondo, molto più prosaico, ma fondamentale per un capo di Stato ambizioso e volitivo come il re d'Aragona, è l'estensione e la ricchezza dei territori su cui regna Raimondo VI in Aquitania: la contea di Tolosa costituisce, con i feudi dei suoi vassalli, l'insieme territoriale più vasto e più ricco della Linguadoca. Ora,

[2] La prima moglie di Raimondo VI fu Ermessenda di Pelet, la seconda Beatrice di Béziers, ripudiata per sposare Bourguigne di Lusignano, che il conte ripudiò ugualmente per sposare, nel 1195, Giovanna, sorella del re d'Inghilterra Riccardo Cuor di Leone, che fu la sua quarta moglie e ricevette in dote Agen e l'Agenais. Vedi Appendice XIII, p. 238.

è chiaro che Montfort cercherà d'impadronirsene, col falso pretesto che Raimondo VI, pur essendo un buon cristiano riconciliato col papa, tollera la presenza degli eretici, spingendo la propria insolenza fino addirittura a proteggerli.

Ecco dunque il cattolicissimo Pietro II, re d'Aragona, che fa il suo ingresso a Tolosa i primi di gennaio 1213 («verso l'Epifania», scrive Pietro di Vaux-de-Cernay), tutto ammantato della recente vittoria di Las Navas de Tolosa contro gli invasori musulmani, dei berberi venuti dall'Africa settentrionale, dove regnava la dinastia degli Almoadi[3]. Il re si trattiene nella città di Tolosa un mese buono, nel corso del quale frequenterà principalmente eretici catari e scomunicati. Una volta terminata la sua "inchiesta", fa sapere all'arcivescovo di Narbona messer Arnaldo, legato pontificio per la regione, e al «nobile conte» di Montfort che vorrebbe incontrarli per negoziare una sorta di trattato di pace tra i crociati e i «nemici della fede» (HA, 367). Nessuno dei due si sottrae e, di comune accordo, si stabilisce un incontro in una località situata tra Tolosa e Lavaur, equidistante dalle due città[4]. Dal canto suo, l'arcivescovo di Narbona convoca una ventina di vescovi e arcivescovi a Lavaur, allo scopo di tenervi allo stesso tempo un concilio. Pare si siano svolte due assemblee più o meno simultanee: una, laica (ma alla quale assisterono anche dei vescovi), nel luogo d'incontro previsto tra Tolosa e Lavaur, e l'altra, il concilio propriamente detto, a Lavaur, riservata esclusivamente a vescovi e arcivescovi.

Il re d'Aragona apre la riunione laica con un breve discorso, in cui prega l'arcivescovo di Narbona e i vescovi presenti di far restituire le terre sottratte dai crociati ai tre conti di Tolosa, di Comminges e di Foix e al visconte Gastone di Béarn.

Poi, l'arcivescovo di Narbona, portavoce dei vescovi e, in un certo senso, dell'armata dei crociati, dopo aver saggiamente ascoltato le richieste del re, lo prega rispettosamente di mettere le sue proposte per iscritto su una pergamena e di inviarle, in un rotolo chiuso col suo sigillo, ai vescovi che siedono in concilio a Lavaur. Pietro II, deluso da questa manovra di temporeggiamento, si rivolge quindi direttamente al conte di Montfort, al figlio di questi, Amalrico, e al fratello Guido di Montfort pregandoli di accordare una tregua ai loro nemici nonché di cessare di far loro del male durante gli otto giorni dell'assemblea e del concilio, richiesta alla quale risponde abilmente Montfort:

[3] La dinastia degli Almoadi (1130-1237) è una dinastia musulmana, nata tra le montagne dell'Atlante marocchino e fondata dal mistico berbero Ibn Tumart, che si assicurerà, per più di un secolo, il controllo dell'Africa settentrionale (con capitale a Fès), dall'Atlantico a Tunisi. Essa arriverà a dominare per qualche tempo l'Andalusia, fin quando le sue forze non saranno schiacciate da una coalizione europea, guidata da Pietro II d'Aragona, nella penisola iberica, a Las Navas de Tolosa, il 16 luglio 1212.

[4] Queste due città distano tra loro 45 chilometri; si ignora il nome della località in cui ebbe luogo l'incontro.

«Per riguardo a voi, sire, prometto che, durante questi otto giorni, cesserò, non di fare del male ai nostri nemici, ma di far loro del bene, poiché ritengo che combattendo i nemici di Cristo, faccio del bene e non del male».

Il re Pietro II promette a sua volta, a nome dei «nemici» (gli eretici e i loro alleati), come li definisce Montfort, che questi non attaccheranno i crociati durante tutta la durata dei negoziati, poi si ritira, tornando a Tolosa. Passano tre giorni, durante i quali l'Aragonese redige una lunga lettera[5], indirizzata ai vescovi e agli arcivescovi che tengono concilio a Lavaur, in cui perora molto rispettosamente la causa del conte di Tolosa: Raimondo VI, espone loro, essendosi pentito dei passati errori, desidera ritornare in seno alla Chiesa, alla quale chiede misericordia per gli eccessi commessi; s'impegna a riparare i danni e le offese causate alle diverse chiese e ad alcuni prelati, secondo ciò che deciderà «nostra santa madre Chiesa». Lui stesso, re d'Aragona, si fa personalmente garante di queste riparazioni, prega i membri del concilio di restituire al conte i suoi feudi e gli altri beni perduti, o altrimenti, di rimetterli al figlio, il futuro Raimondo VII, e promette di andare con i suoi cavalieri in soccorso della cristianità, recandosi a combattere o i saraceni in Oriente, o gli Almoadi in Africa. Nella stessa lettera, il re Pietro II perora anche la causa del conte di Comminges che, afferma egli, non è mai stato eretico, ma ha nondimeno perduto la sua terra per aver voluto prestare aiuto e soccorso al proprio cugino e signore, il conte di Tolosa, e quella del conte di Foix, mai stato eretico neanche lui, biasimato per aver ugualmente prestato assistenza al proprio signore, come lo obbliga la sua condizione di vassallo del conte Raimondo VI.

Il re d'Aragona conclude la missiva ai vescovi e agli arcivescovi che devono partecipare al concilio con alcune righe in cui dichiara che, riguardo a ciò che la Chiesa rimprovera ai tre conti, preferisce far più appello alla sua misericordia che alla sua giustizia. Scrive infatti ai prelati (HA, 375):

> Raccomando alla vostra clemenza i miei vescovi e i miei baroni: accetterò tutto ciò che verrà deciso tra loro e voi sulle questioni che precedono e vi supplico di voler testimoniare loro una diligente comprensione della situazione affinché possa avere l'aiuto di questi signori e del conte di Montfort nella crociata di Spagna contro gli Almoadi per l'onore di Dio e il bene grandissimo della santa Chiesa.

La generosa corrispondenza non approdò a nulla. I prelati, che parteciparono al concilio di Lavaur, in una lunga lettera (citata da Pietro di Vaux-de-Cernay nella sua *Storia albigese*) gli risposero, con tutta l'untuosità di cui erano capaci, che non potevano più far nulla per lui[6]. Essa inizia con questo rifiuto secco (HA, 379):

[5] Vedi Appendice VIII, pp. 221 sgg.
[6] Vedi il testo integrale nell'Appendice VIII, p. 221.

> All'illustre e benamato in Cristo, Pietro, per grazia di Dio re d'Aragona e conte di Barcellona, il concilio di Lavaur, salute e sincero amore nel Signore. Abbiamo preso atto delle richieste e preghiere che vostra reale serenità ci ha rivolto in favore del conte di Tolosa (e di suo figlio), dei conti di Foix e di Comminges e del nobile signore Gastone di Béarn. In queste lettere, tra l'altro vi dite devoto figlio della Chiesa [...].
>
> Per le vostre preghiere e richieste in favore del conte di Tolosa, e di suo figlio, ecco cosa riteniamo di dover rispondere a vostra reale serenità. Per autorità superiore, siamo stati privati della causa del conte di Tolosa, e di quella del figlio, poiché il conte di Tolosa ha ottenuto dal papa che la sua questione fosse affidata al nostro venerabile fratello il vescovo di Riez e a mastro Tedisio[7] a determinate condizioni [...].

Di che si trattava, e perché questa marcia indietro dei prelati, nel momento in cui si erano trovati con le spalle al muro?

La lettera del re d'Aragona ai padri conciliari non conteneva nessun argomento nuovo: da mesi i suoi ambasciatori si sforzavano di dimostrare al papa che in terra occitana l'eresia catara era ormai, se non sradicata, almeno vinta, e che Simone di Montfort utilizzava ora a scopi personali, per ampliare i suo domini, un mandato affidatogli esclusivamente per far valere gli interessi della Chiesa. Tuttavia, se fino a quel momento Pietro II ha difeso i suoi "tre conti" solo con la penna, ormai, di fronte alla minaccia che Montfort rappresenta per i suoi vassalli cattolici, i cui feudi non sono contaminati dall'eresia catara e non danno rifugio ad alcun eretico, il re d'Aragona pone i vescovi che siedono in concilio davanti a un dilemma che nessuno di loro si sente in grado di risolvere. Dà loro, infatti, implicitamente due possibili strategie: punire i tre conti, come chiedono Montfort e il papa, e rischiare di vedere il re d'Aragona lasciar invadere agli Almoadi la Provenza e la Linguadoca, oppure assolverli, col rischio di veder rifiorire nelle loro terre l'eresia catara e far riprendere il suo corso all'abominevole crociata.

A quel punto, terrorizzato dalle conseguenze della decisione richiesta da Pietro II, il concilio si trincera dietro la sovrana autorità del pontefice, mentre il re d'Aragona agita come uno spauracchio la potenza del suo esercito – cinquantamila uomini, sostiene l'autore della *Crociata albigese* – con cui minaccia di marciare su Tolosa, dove, d'altronde, entrerà trionfalmente qualche giorno dopo.

Alla luce dei documenti in nostro possesso (in particolare le *Ordinanze* dei concili di Béziers e di Narbona e il *Sommario [della] storia della guerra fatta contro gli eretici albigesi*, pubblicato nel 1590), è difficile stabilire le cause e le motivazioni della ripresa della lotta contro gli eretici. Dobbiamo per questo affidarci alla testimonianza, parziale e favorevole ai crociati, di Pietro di Vaux-de-Cernay, anche a rischio di doverne evidenziare i punti discutibili.

[7] Guglielmo Tedisio, vescovo di Agde, legato pontificio.

Secondo il cronista, il re d'Aragona non si ravvide in alcun modo; al contrario, dichiarò di prendere sotto la propria protezione non solo i tre conti e Gastone di Béarn, ma anche tutti i cavalieri della regione di Tolosa e Carcassonne che erano stato spossessati dei loro beni per motivi d'eresia, tutti i cittadini di Tolosa senza alcuna eccezione, la città stessa di Tolosa, pur essendo, in quanto "città", appartenente al re di Francia Filippo Augusto, nonché tutte le terre da essa dipendenti. Queste dichiarazioni non erano spacconate, per quanto creassero una situazione leggermente paradossale: il cattolicissimo re d'Aragona diventava in tal modo, almeno agli occhi dell'opinione pubblica, il grande protettore dell'eresia catara, un'eresia di cui, di fatto, nessuno si preoccupava più, nemmeno Montfort, la cui "guerra santa" si stava trasformando in una vera e propria ladreria per impadronirsi di terre appartenenti a dei signori presunti eretici con la benedizione di una manica di prelati avidi o ambiziosi.

Esistevano tuttavia religiosi abbastanza accorti da rendersene conto. I vescovi che sedevano in concilio a Lavaur, testimoni più che protagonisti degli avvenimenti che si svolgevano tra la Garonna e i Pirenei, indirizzarono al «signor papa» Innocenzo III una lettera che dipinge benissimo l'inestricabile situazione creatasi allora in Linguadoca. Ecco i brani essenziali, riferiti da Pietro di Vaux-de-Cernay, (HA, 392-97):

Lettera dei prelati al papa prima di lasciare Lavaur

Al nostro Santissimo Padre in Gesù Cristo e beato Innocenzo, per grazia di Dio sommo pontefice, i suoi servitori umili e devoti; gli arcivescovi, i vescovi e altri prelati riuniti nel concilio di Lavaur per la questione della santa fede, con ogni affetto, lunga vita e salute.

[...]

Nelle nostri regioni, la peste eretica fu seminata in tempi molto antichi ed essa prosperò talmente bene fino ai giorni nostri che il culto divino vi era caduto in obbrobrio e derisione. Uno dopo l'altro, eretici e soldati di ventura si scatenavano contro il clero e contro i beni della Chiesa, e la popolazione, come il suo capo in balia di reprobi sensi, aveva deviato dal cammino della fede.

Grazie alla sante truppe dei crociati che avete così saggiamente delegato a spazzar via questa peste immonda, grazie al loro cristianissimo capo, il conte di Montfort, intrepido campione di Cristo e guerriero invincibile delle battaglie del Signore, la Chiesa che era caduta in uno stato di miserabile decadenza ha cominciato a rialzare la testa. E questo paese, da lungo tempo calpestato dagli adepti di falsi dogmi, ora che sono in gran parte distrutti gli ostacoli e gli errori di ogni sorta, si riabitua al culto divino in maniera degna di lode.

Rimangono tuttavia focolai di questa peste: Tolosa e qualche altra località dove, come le immondizie gettate in una fogna, si concentrano gli ultimi strascichi dell'eresia. Il loro capo, il conte di Tolosa, che è da lungo tempo, come vi abbiamo molto spesso ripetuto, il fomentatore e il difensore degli eretici, si serve delle forze rimastegli per combattere la Chiesa e aiutare, per quanto gli è possibile, i fedeli contro i nemici della fede. Da quando è ritornato da Vostra Santità, latore di bolle in cui gli testimoniate un'indulgenza superiore a quanto mai potesse meritare, è evidente che il demonio gli è entrato nel cuore. [...] Ha radunato delle truppe per combattere direttamente la Chiesa [...], si è schierato con tutti quelli che ha riconosciuto come nemici vostri e della Chiesa di Dio. [...] Quanto agli eretici e ai soldati di ventura, che aveva più volte promesso di abbandonare, ha messo ancor più ardore nel prodigare loro i suoi favori e nel legarli alla propria persona. [...] Contro l'armata di Dio, ha fatto venire Savary di Mauléon, siniscalco dell'esercito d'Inghilterra, e con lui ha avuto l'audacia di assediare a Castelnaudary il conte di Montfort, questo campione di Cristo [...]. Ha inviato dei messaggeri al re del Marocco per sollecitare la sua collaborazione, per rovinare non solo il nostro paese, ma tutta la cristianità. [...] Tanta scelleratezza non ha punto sviato il suo furore, e la sua potenza è ancora estesa; ogni giorno egli diventa peggio di quanto fosse il giorno prima, infligge alla Chiesa di Dio tutto il male possibile sia di persona, sia tramite il figlio, sia tramite i suoi complici, i conti di Foix e di Comminges nonché Gastone di Béarn, uomini rovinati dai vizi e perversi; ed essi, di recente, hanno fatto ricorso al re d'Aragona, grazie al quale progettano sicuramente di abusare della vostra clemenza e di oltraggiare la Chiesa: l'hanno fatto venire a Tolosa per negoziare con noi che eravamo riuniti a Lavaur per ordine del vostro legato e dei vostri inviati. Ciò che ci ha esposto e che abbiamo ritenuto opportuno rispondergli, lo vedrete interamente nelle copie sigillate che vi sono inviate. [*La lettera si conclude con un lungo paragrafo in cui i prelati supplicano il papa di* «portare la scure alla radice dell'albero dell'eresia abbattendolo per sempre»].

Nel frattempo, dal canto suo, il re d'Aragona scriveva due lettere, una al papa, per esporgli abilmente il suo punto di vista, e l'altra a Simone di Montfort, per proporgli, da suo signore, un incontro nei dintorni di Narbona. Il «nobile conte», pur essendo vassallo del re Pietro II, gli risponde in modo piuttosto sfrontato[8] che si recherebbe volentieri all'incontro proposto, ma che, temendo (giustamente!) di cadere in un agguato, si astiene dal fare il viaggio personalmente e invia uno dei suoi cavalieri: e gli andò bene, perché ad attendere Montfort vicino Narbona, non c'era il suo signore, il re d'Aragona, bensì «una folla di eretici e di soldati di ventura, sia aragonesi che tolosani» (HA, 412) che avrebbero facilmente avuto ragione di una piccola scorta se il «nobile conte» si fosse recato a questa convocazione. Nel braccio di ferro che si era instaurato tra il re d'Aragona e Montfort, quest'ultimo segnava dunque il primo punto.

Nei giorni successivi, la situazione si fa tesa. Il re d'Aragona ritorna alla carica e fa portare al conte di Montfort delle lettere in cui gli lancia apertamente una sfida, minacciandolo di portare la guerra sulle sue terre. Montfort sul momento non la raccoglie: nonostante la costante violazione dei suoi confini da parte di bande di catalani provenienti dal regno d'Aragona e le devastazioni causate dai soldati di ventura che tornano a rifugiarvisi impunemente tra una spedizione e l'altra, il conte non cerca d'inseguirli nelle terre aragonesi. Tuttavia, replica al re d'Aragona indirizzandogli a sua volta una lettera di sfida, che affida a un inviato particolarmente pugnace, il cavaliere Lamberto di Limoux.

Costui si presenta quindi a Pietro II nel febbraio 1212 e gli recita «in

[8] Senza utilizzare le formule di cortesia previste dall'etichetta.

ordine e con la più gran cura», scrive Pietro di Vaux-de-Cernay, il testo di questa missiva che è in qualche modo la risposta del pastore alla pastora. Il conte di Montfort faceva sapere al re d'Aragona: 1) che non aveva mai mancato ai suoi doveri verso di lui; 2) che, se il re aveva qualche critica da fare riguardo a terre e castelli degli eretici confiscati per ordine del papa dai crociati, Montfort era pronto a portare la questione davanti alla curia del papa a Roma o a quella del suo legato, l'arcivescovo di Narbona, per giustificarsene; 3) che da quel momento in poi si considerava sciolto da qualsiasi obbligo di vassallaggio nei suoi confronti e che era pronto a difendersi da lui come si difendeva dagli altri nemici della Chiesa.

Era in un certo senso una dichiarazione di guerra condizionale che con questa lettera il «nobile conte» rivolgeva al re Pietro II d'Aragona. Dopo averne ascoltato la lettura, il sovrano, fremente, è colto da un'ira furibonda, condivisa dai suoi: Lamberto di Limoux viene condotto fuori dalla sala delle udienze regie, messo sotto stretta sorveglianza e l'Aragonese delibera coi suoi consiglieri sulla condotta da tenere.

Che fare? Alcuni dei signori presenti sono dell'opinione d'invitare Montfort a venire a spiegare personalmente a Narbona le sue intenzioni e, nel caso in cui il «nobile conte» rifiutasse di rispondere a quest'invito, di condannare a morte il suo inviato. L'indomani, Lamberto di Limoux è nuovamente condotto alla presenza del re d'Aragona e ripete esattamente ciò che ha detto il giorno precedente, proponendo addirittura di battersi in duello, sul posto, se alla corte del re Pietro II si trova qualche cavaliere che sostiene che il conte di Montfort ha ingiustamente offeso quel sovrano. Queste parole di sfida provocano immediatamente un bel bailamme nella sale delle udienze regie: tutti s'infuriano con lo sfortunato cavaliere, ma su richiesta di alcuni signori aragonesi, che lo conoscono bene e hanno con lui rapporti d'amicizia, lo si lascia ritornare, sano e salvo, dal conte di Montfort.

A partire da quel momento, Pietro II d'Aragona abbandona il suo riserbo e inizia a dichiararsi apertamente nemico del «nobile conte». D'altro canto, questo, prudente, non aveva mai avuto alcuna intenzione di andare a Narbona. Mettendo in atto le sue minacce, si dichiara ora sciolto da ogni obbligo verso il re e pronto a combatterlo nello stesso modo in cui combatte tutti i nemici della Chiesa, conformemente alla missione che gli è stata affidata da papa Innocenzo III quattro anni prima, nel 1208, e nella quale non ha ancora conosciuto alcun fallimento.

In quest'anno, 1213, è quindi chiaro che la crociata è in cerca di una sua "identità" e che i capi dei crociati non hanno tutti gli stessi obiettivi. Alcuni mirano a confermare la propria potenza e ad approfittare delle circostanze per ampliare i loro feudi: è il caso, in particolare, di Simone di Montfort che prima di prendere Béziers, nel modo che sappiamo[9],

[9] Vedi pp. 48 sgg.

nella Francia del Sud non possedeva nemmeno un palmo di terra e i cui territori coprono ora una gran parte della regione compresa tra l'Aude, l'Agout e la Garonna. Altri, i principi "indigeni" della Linguadoca, come i tre conti di Tolosa, di Comminges e di Foix, cercano di recuperare i territori perduti o di difendere quelli che gli restano; inoltre, quasi tutti diffidano del re d'Aragona, che è ambiziosissimo e si vedrebbe assai volentieri re di questa Francia del Sud, come Filippo Augusto lo è della Francia del Nord.

Nel frattempo, si ingrossano le file dei crociati del Nord. Nel mese di febbraio 1213, Luigi[10], figlio maggiore del re di Francia Filippo Augusto, decide anch'egli di prendere la croce, imitato da una folla di cavalieri francesi. L'evento era importante, perché fino a quel momento Filippo Augusto aveva costantemente rifiutato la propria collaborazione a papa Innocenzo III[11].

Tuttavia, l'arruolamento dei cavalieri francesi in Occitania non durò a lungo e questa defezione convenne agli affari del re d'Aragona. Costui, lo sappiamo, aveva preso sotto la propria tutela la città di Tolosa e gli eretici che vi si erano stabiliti; doveva difenderla dall'esercito di Montfort e non voleva che se ne immischiassero i baroni francesi. Poco a poco, il conflitto si allargava e diventava inestricabile. Tuttavia, all'inizio dell'anno 1213, non aveva ancora raggiunto il punto di non ritorno e tutti si attestavano ancora sulle proprie posizioni, di cui è necessario ora riassumere l'evoluzione per comprendere il seguito degli avvenimenti.

1. Sin dall'inverno del 1212, il re Pietro II d'Aragona aveva inviato dei messaggeri a Roma con false informazioni, destinate a far credere a papa Innocenzo III che Montfort si era impadronito delle terre appartenenti ai conti di Foix e di Comminges e al duca di Béarn, accusati di eresia; ora, affermava il re, i tre signori in questione, pur avendo protetto gli eretici nei loro feudi, non erano mai stati essi stessi eretici e nell'Albigeois di eretico non ne era rimasto nemmeno uno. Era quindi d'uopo, concludeva, che il papa annullasse l'indulgenza accordata a coloro che prendevano la croce contro questi eretici ormai scomparsi e che la trasferisse ai baroni che si preparavano a partire per la Terra Santa o per la crociata contro gli infedeli della regione iberica. E aggiungeva il re Pietro II in onore al papa: «Oh empietà sotto le apparenze della pietà!», non certo perché temesse sinceramente che la Chiesa fosse in pericolo, ma perché voleva soffocare una crociata in realtà ben lungi dall'essere conclusa.

[10] Si tratta del futuro Luigi VIII, che regnerà sulla Francia dal 1223 al 1226. Dalla sua unione con Bianca di Castiglia (1200) nel 1214 nascerà il futuro Luigi IX, detto Luigi il Santo.

[11] In linea di massima, Filippo Augusto sarebbe stato l'uomo più idoneo ad assumere il comando della crociata, ma egli non desiderava recarsi personalmente nella Francia del Sud, la cui quasi metà del territorio "apparteneva" al re d'Inghilterra.

2. Il 23 maggio 1213, senza verificare la veridicità delle affermazioni del re d'Aragona, il papa fa spedire una bolla a Montfort, ordinandogli espressamente di restituire i feudi ai conti, che il re d'Aragona gli aveva presentato come accusati ingiustamente, e inoltre revocando l'indulgenza plenaria accordata ai crociati. Inoltre Innocenzo III non si limita a sospendere le indulgenze in Linguadoca, ma estende la portata della sua decisione alla Francia del Nord, dove invia un legato, Roberto di Courçon, di nazionalità inglese, con l'incarico di predicare e far predicare la ripresa della crociata in Terra Santa. Quando queste bolle giungono nelle mani dei vescovi dell'Albigeois incaricati di renderle esecutive, i prelati reagiscono inviando a Roma dei giuristi (il vescovo di Comminges, l'arcidiacono di Parigi, l'abate di Clairac e due chierici) per chiarire la situazione. Essi sono ricevuti con grande freddezza dalla curia romana, influenzata dai messaggeri che, dal canto suo, il re d'Aragona ha inviato al papa. È solo dopo molteplici udienze e numerose inchieste sollecitate in Linguadoca che infine, con un tono agrodolce, si aprono i negoziati.

3. Quello stesso giorno, il 21 maggio 1213, «il signor papa», come lo definisce l'autore della *Storia albigese*, convenientemente edotto, indirizza al re d'Aragona una bolla in cui lo rimprovera severamente per aver accordato la propria protezione ai tolosani e ad altri eretici e gli ingiunge di rompere con questi seduta stante; in caso di rifiuto, lo informa che inviterà le popolazioni a marciare contro questi eretici e contro i loro difensori (sottintendendo Pietro II).

4. La situazione di Montfort e dei suoi compagni inizia a farsi critica, perché ora essi sono soli e quasi abbandonati; da qualche settimana non ricevono più né rinforzi né aiuti dalla Francia del Nord, dove ora, quando si parla di "crociata", tanto in ambiente religioso quanto tra i cavalieri, non si pensa che a ripartire alla conquista di nuove terre e nuovi feudi in Palestina. La questione della fede cristiana minacciata dall'eresia catara è quasi caduta nell'oblio: «Nel Nord della Francia, non si vedeva quasi più nessuno prendere la croce contro gli eretici appestati», scrive Pietro di Vaux-de-Cernay (HA, 442). E, cosa ancor più grave, corre ovunque voce, nelle città e nelle campagne, che il re d'Aragona raduna e concentra le truppe per invadere la Guascogna e l'Albigeois allo scopo di eliminare definitivamente quelli che il cronista definisce ora i «cavalieri di Cristo», i crociati, di cui anche lui fa parte. La situazione in Linguadoca diviene estremamente confusa e pericolosa perché quelli che il nostro autore chiama «i nemici della fede» (ossia i catari, che hanno subito perdite considerevoli, e i loro pericolosi alleati aragonesi, che si trovano in gran parte a Tolosa) si aggirano sotto le mura delle piazzeforti locali tenute dai crociati, invitando gli occupanti a consegnarle, sotto la garanzia del re d'Aragona. Per gli abitanti di queste città, che erano brave persone, la reputazione di questo sovrano era ineccepibile e molti in effetti gli si consegnarono, senza rendersi conto che Pietro II non agiva

né per i catari né per i tolosani, che li proteggevano, né ancor meno per la Chiesa, ma per se stesso allo scopo di recuperare a scapito di Montfort i feudi presi da quest'ultimo ai suoi vassalli.

Il re d'Aragona era infatti il signore diretto dei conti di Foix e di Comminges, nonché del defunto visconte di Trencavel che, come gli altri due, si era visto sottrarre il feudo di Carcassonne da Montfort. Egli si era prefissato, tra gli altri, lo scopo di riprenderli al «nobile conte», fatto che spiega la sua presenza all'assemblea di Lavaur.

Prendendo la penna, l'anonimo poeta, a cui dobbiamo la seconda parte della *Canzone della crociata*, ci avvisa che questa fase della guerra contro gli albigesi che si appresta a cantare è stata molto più sanguinosa di quella precedente. Il potente re d'Aragona, infatti, che ora ha compreso le mire di Montfort sulla Linguadoca, dichiara di avere l'intenzione di parteciparvi e di aiutare il conte Raimondo VI di Tolosa a difendere le sue terre. Pietro II aveva una ragione molto più personale per offrirgli la sua alleanza: il giovane Raimondo VII, nato nel 1197 e all'epoca sedicenne, aveva appena sposato una sorella del re, Sancia d'Aragona, divenendo così suo cognato[12]. È ciò che sottolinea la *Canzone della crociata* (CC, 131):

In questa fase di guerra che s'annuncia,
innumerevoli saranno le belle lance nuove
giacenti, spezzate, tra i vessilli insanguinati,
innumerevoli le anime strappate alla carne
e le dame in lutto, singhiozzanti su rovine!
Il re aragonese ha radunato le sue truppe.
Ci sono tutti i suoi vassalli. Sono d'aspetto splendido.
Il sire Pietro tiene loro, forte e chiaro, questo discorso:
«Andremo ben presto a combattere la crociata
che devasta e distrugge la regione tolosana.
Il conte Raimondo mi chiama in soccorso.
Si devasta la sua terra, la si brucia, la si uccide,
pur non avendo egli fatto torto ad alcuno al mondo.
Ora, il conte e suo figlio sono sposi delle mie sorelle.
Siamo parenti stretti e non posso permettere
che vengano trattati così. Marciamo, dunque, monsignori,
contro i banditi crociati, che rovinano, diseredano!
Contro i ladri di terre!».

Eccoci quindi a Lavaur nel settembre 1213. Per i potenti signori della Linguadoca, la preoccupazione principale, oltre a quella di conservare o recuperare le terre sottratte col pretesto di una loro tolleranza verso gli eretici, è anche quella di salvare la cultura occitana di cui sono fieri: in un certo senso, con le dovute differenze, i baroni della Linguadoca

[12] Il padre, Raimondo VI, aveva anch'egli sposato, nel 1204, una sorella del re Pietro II d'Aragona, Eleonora.

sono dei "nazionalisti" ante litteram, come lo sono ai giorni nostri, ad esempio, gli irlandesi, i baschi o i corsi.

Abbiamo visto precedentemente come il re d'Aragona avesse agito con astuzia e al contempo fermezza. Il suo esercito fa indubbiamente paura a Montfort, le sue vittorie sugli Almoadi conquistano il papa e, con i tre conti e il duca di Béarn, ha costituito un fronte piuttosto impressionante di resistenza ai crociati.

Ora, il re Pietro II non agisce più sottobanco, esce allo scoperto. È entrato a Tolosa alla testa di un esercito di baroni coalizzati che conta duemila cavalieri e una cinquantina di migliaia di fanti e per un anno si è spostato tra Narbona, Pamiers e Lavaur, ovunque acclamato. Nel mese di settembre 1213, dopo aver girato intorno a diversi castelli, ha appena piantato le tende a una ventina di chilometri da Tolosa, sulla riva sinistra della Garonna, davanti a Muret, cittadina in buona posizione, munita di due borghi, ma mal fortificata, ci informa Pietro di Vaux-de-Cernay.

Muret era difesa da una guarnigione di crociati che contava una trentina di cavalieri e una cinquantina di fanti e, fatto di capitale importanza, si trovava al centro delle terre appartenenti a Montfort o da lui controllate. Per quale motivo Pietro II d'Aragona si va a piazzare sotto il naso del «nobile conte»?, si chiederanno forse i lettori. Non è molto difficile da scoprire.

Innanzitutto, in quanto re, Pietro d'Aragona, non deve rendere conto a nessuno, fuorché al papa, e non vuole crociati "montfortani" sulle sue terre: è padrone di andare e venire in Linguadoca e ci tiene a restare tale. Poi, culturalmente e sentimentalmente parlando, è molto più vicino agli abitanti della Linguadoca che ai francesi, di cui Montfort è la punta di diamante nel Sud della Francia; infine, i signori e i borghesi buoni cristiani di Linguadoca sentono molte più affinità con questo allegro occitano che con quel freddo "nordista" e calcolatore che è Montfort. A queste tre ragioni, che possono sembrare futili, se ne può aggiungere una quarta, più seria: i crociati di Montfort, che in Occitania vengono chiamati «i francesi», si sono rivelati occupanti più che alleati.

Gli assediati di Muret, rifugiati in uno dei due borghi della città, inviarono un messaggero al conte di Montfort, che si trovava a Fanjeaux, a otto leghe di distanza, per chiedergli rinforzi. Durante la notte seguente all'arrivo del re d'Aragona, la moglie di Montfort ebbe un sogno spaventoso: sognò che da un braccio del marito scorreva sangue in abbondanza. All'alba, svegliandosi, gli raccontò il sogno confidandogli di esserne turbata; le rispose Montfort:

«Hai parlato come una donna. Credi forse che presti fede a sogni e altre scempiaggini come fanno gli spagnoli? Se avessi sognato io di dover essere ucciso nella battaglia a cui devo partecipare, ci andrei ancor più fiducioso, per meglio ostentare il mio disprezzo per la stupidità degli abitanti di questo paese, che danno importanza a queste idiozie».

L'autore della *Storia albigese* riferisce poi tutta una serie di episodi senza importanza (CC, 140), ma che elencheremo succintamente, perché anche queste quisquilie forniscono una fantastica dimostrazione di quello che fu l'assedio di Muret, che durò solo lo spazio di un giorno e non fu quindi un'operazione paragonabile, ad esempio, all'assedio di Alesia da parte di Cesare. Muret fu solo un piccolo scontro, come lo furono, verosimilmente, tutti i «combattimenti» che seguirono e che riferisce il nostro autore. Ignoriamo la data precisa della presa di Muret (la data tradizionalmente accolta è quella del 12 settembre 1213), ma Pietro di Vaux-de-Cernay ci indica con sufficiente precisione l'ordine relativo degli avvenimenti[13].

La mattina del 10 settembre 1213, il conte di Montfort lascia Fanjeaux e si dirige con i suoi uomini alla volta di Saverdun. Per strada, vede venirgli incontro un messaggero degli assediati di Muret; chiede alla contessa, che lo lascia per recarsi a Carcassonne, di inviargli dei rinforzi.

Il conte fa una sosta per pregare all'abbazia cistercense di Boulbonne; arriva a Saverdun con i suoi, accompagnato da sette vescovi e tre abati; raduna i suoi cavalieri con i quali decide, di comune accordo, di proseguire il viaggio di notte.

All'alba dell'11 settembre, il conte chiama il suo cappellano, si confessa e redige il testamento; a giorno fatto, assiste alla messa celebrata in onore della Vergine Maria. Terminata la messa, Montfort e i suoi uomini indossano l'armatura e si dirigono verso Auterive, a metà strada tra Saverdun e Muret. Il gruppo giunge davanti a Muret alla fine della giornata. Montfort attraversa un ponte (sulla Garonna?) con i suoi uomini e penetra dentro Muret al calar della notte. Arrivano a loro volta a Muret il visconte di Corbeil e alcuni cavalieri; tutti trascorrono la notte nel maschio.

L'indomani, 12 settembre, Montfort ascolta la messa nella cappella del maschio; poi tiene consiglio con i suoi. In quel mentre, diversi cavalieri nemici fanno irruzione nel borgo; il conte chiede quindi al vescovo l'autorizzazione a combattere; vista l'emergenza, essa viene accordata, e tutti vanno a lucidare le proprie armi.

Uno dei cavalieri di Montfort conta gli effettivi: ci sono ottocento cavalieri e sergenti e alcuni fanti. Secondo Pietro di Vaux-de-Cernay, i loro avversari davanti a Muret sarebbero «più di centomila» (cifra assolutamente inverosimile, se non impossibile, vista la limitata estensione dei luoghi).

Il vescovo di Tolosa benedice i guerrieri, promette di essere «loro garante nel giorno del Giudizio» e s'ingaggia battaglia nella pianura, davanti alla città, tra le truppe di Montfort e quelle del re d'Aragona e del conte di Tolosa. Il re d'Aragona viene ucciso già nel primo assalto: «Il sangue gli scorre via dal corpo in rivoletti». I suoi uomini scappano subito, ma il combattimento prosegue fino a sera. Le truppe del conte di

[13] Vedi Appendice IX, pp. 225 sgg.: due racconti della battaglia.

Montfort inseguono i fuggitivi aragonesi, mentre quelle del conte di Tolosa, non ancora intervenute, tentano di penetrare dentro Muret, dove vengono fermate dai crociati di Montfort. Questo, dopo la battaglia, renderà grazie a Dio per la vittoria e offrirà ai poveri il suo cavallo e l'armatura.

Dopo questa vittoria del partito di Montfort, che possiamo definire, in un certo senso, il "partito dell'ordine", e la morte sul campo di battaglia del re d'Aragona, che era la punta di diamante dei tre conti (e soprattutto del conte di Tolosa), i sette vescovi e i tre abati che si trovano ancora a Muret tenteranno di riportare i tolosani in seno alla Chiesa e di sottometterli agli ordini del papa.

Vi riescono in parte: il conte di Tolosa e i suoi vassalli promettono con un giuramento di obbedire al sommo pontefice. I vescovi, diffidenti, chiedono loro in pegno di questa promessa di consegnare duecento ostaggi, in considerazione dell'importanza della città di Tolosa e della sua numerosa popolazione. I tolosani mercanteggiano, proponendone prima sessanta e, infine, dichiarando che non ne consegneranno nessuno. La questione si conclude quindi con un nulla di fatto. Il papa, occupato con la predicazione e l'avvio della quinta crociata (contro i turchi), dimentica per qualche tempo la Linguadoca e si chiede quale cavaliere sarà in grado di sostituire il vincitore degli Almoadi. L'Occitania, dal canto suo, soprattutto Tolosa, non dimenticherà i versi del continuatore anonimo della *Canzone della crociata*, che ha preso la penna alla lassa 131 e saluta così la memoria di questo re cavaliere (CC, 141):

> Che colpo fu, che lutto, che terribile dolore
> quando il re d'Aragona rimase sanguinante sull'erba!
> Che perdita, la morte di tanti cavalieri!
> Onta alla cristianità di aver permesso ciò!

In questa vicenda, i grandi perdenti furono, sul piano umano, la città di Tolosa, e, sul piano politico, il conte Raimondo VI. La carica davvero feroce dei cavalieri francesi contro la fanteria tolosana parve più un massacro dettato dall'odio che una battaglia leale e, all'indomani dello scontro, tra i tolosani ancora vivi non restavano che vecchi e bambini. Quanto a Simone di Montfort, dopo la sua vittoria, non osò marciare sulla città: temeva forse di dover affrontare una popolazione che un esacerbato sentimento di vendetta avrebbe trasformato in una muta di cani rabbiosi? O, più semplicemente, di ricevere nel cuore una freccia vendicatrice, scagliata da un qualche arciere tolosano appostato?

Solo i vescovi, guidati da Folco, avranno il coraggio morale di entrare a Tolosa per negoziare la sottomissione della città e del territorio tolosano. Nondimeno, sarà il papa, per il tramite del cardinale legato di Francia, Roberto di Courçon, a confermare ufficialmente il passaggio di proprietà, causa eresia, dei feudi appartenenti al conte Raimondo VI di Tolosa – l'Agenais, l'Albigeois, il Quercy e il Rouergue – a favore di Simone di Montfort. Costui diventava, indirettamente, vassallo di Filippo Augusto, il quale non fu informato ufficialmente di questo trasferimento, fatto che rappresentava una trasgressione al diritto feudale. Tuttavia, poiché tutto ciò che era relativo a questo diritto doveva essere sancito dal papa, questo spostamento di feudi e di sovranità venne provvisoriamente confermato, nel gennaio 1215, dal concilio di Montpellier presieduto dal cardinale legato Pietro di Benevento, in attesa del concilio ecumenico del Laterano che doveva aprirsi a Roma l'11 novembre 1215.

7
I concili di Montpellier e del Laterano (gennaio 1215-gennaio 1216)

In realtà, per il «nobile conte» di Montfort la vittoria riportata sulle forze occitane era una vittoria avvelenata, che avrebbe reso il suo compito ancor più difficile. Essa ebbe l'unico effetto di aizzargli contro tutta la Linguadoca: invece di far tremare l'Occitania e di sottometterne le città, egli riuscì solo a farsi odiare di più. Le grandi città del Sud della Francia – Narbona, Montpellier, Nîmes – ora gli chiudono le porte e si sollevano i signori vassalli del conte di Tolosa.

Allora, il «nobile conte» s'intestardisce a voler usare le maniere forti: in tutto il Sud-ovest smantella le piazzeforti che gli hanno resistito, a Séverac nel Rouergue, nell'Agenais, a Rodez. Gli omaggi che riceve dai vassalli o dalle città di Raimondo VI sono puramente formali e se, sul momento, la paura che ispira facilita la sottomissione, essa nondimeno alimenta un pericoloso focolaio di odio. Tanto che, sebbene Montfort appaia ormai padrone incontrastato della regione, non lo sarà veramente che: 1) quando sarà riconosciuto tale dal papa, che, in quel campo, è secondo solo a Dio... e sotto la cui protezione i signori spossessati – in particolare il conte Raimondo VI di Tolosa – hanno posto provvisoriamente le proprie terre, in previsione del concilio ecumenico che si terrà a Roma alla fine dell'anno 1215 e che regolerà sovranamente la questione; 2) quando il feudo tolosano, di cui Raimondo VI è stato privato a seguito della scomunica, gli verrà consegnato a titolo di feudo dal suo signore, il re di Francia.

In attesa dell'assemblea plenaria della Chiesa, Innocenzo III affida al cardinale legato Pietro di Benevento il compito di presiedere a un concilio ristretto sin dal mese di gennaio di quello stesso anno 1215 a Montpellier, al fine di decidere misure provvisorie relative alle terre del conte di Tolosa.

Avviene così che cinque arcivescovi meridionali (di Aix, Arles, Narbona, Auch ed Embrun), ventotto vescovi e un numero cospicuo di abati e chierici designano all'unanimità, «per l'onore di Dio e della Santa Chiesa, la pace del paese e la distruzione dell'eresia», il nobile conte Simone di Montfort padrone assoluto di Tolosa e delle terre che appartenevano al conte Raimondo VI. Scrive Pietro di Vaux-de-Cernay (HA, 546):

Oh meraviglia! Quando si tratta di eleggere un vescovo o un abate, un piccolo numero di elettori difficilmente si mette d'accordo su un solo nome. Ed ecco che per scegliere il capo di un paese così grande, tanti grandi personaggi all'unanimità raccolgono i loro suffragi sul predetto campione di Gesù Cristo. Senza alcun dubbio, è grazie al Signore Dio che ciò è avvenuto, ed è mirabile ai nostri occhi.

È però certo che non fosse altrettanto mirabile agli occhi degli abitanti di Tolosa, Montpellier, Béziers, Carcassonne e di altri: Montfort era universalmente detestato, odiato in tutta l'Occitania. Di conseguenza, la prima misura presa dagli abitanti di Montpellier quando il «nobile conte» comparve dinanzi alle mura della loro città per presentarsi al concilio che aveva la missione di offrirgliela, anche se solo provvisoriamente, insieme a tutti i feudi di Raimondo VI fu... di vietargli l'ingresso.

Montfort si salvò solo grazie alla fuga e, durante tutta la durata del concilio di Montpellier, rimase all'esterno della città in una commanderia dei Templari.

Dieci mesi dopo, nel novembre 1215, il papa aprì finalmente a Roma il IV concilio ecumenico lateranense, preparato da due anni da una schiera di vescovi e abati. Vi parteciparono tutti i capi della cristianità, occidentale e orientale – i patriarchi di Gerusalemme e di Costantinopoli, settantuno arcivescovi, quattrocentodieci vescovi e più di ottocento abati – nonché gli ambasciatori di tutti i re cristiani e gli inviati delle principali città d'Europa e Asia. Vi assistettero anche il conte Raimondo VI di Tolosa, il figlio, il futuro Raimondo VII, e il conte di Foix[1]. Prelati e preti vi definirono rigidamente la fede cattolica e le sue regole: furono condannate senza alcuna riserva tutte le eresie, quelle dei valdesi e dei catari di Linguadoca, d'Italia e dei Balcani, e i loro adepti vennero dichiarati scomunicati, furono pronunciate le sanzioni da prendere contro di essi e il «signor papa» decise che Tolosa e le altre terre conquistate dai crociati fossero ormai proprietà del nobile conte di Montfort, che al suo titolo avrebbe quindi aggiunto quello di "conte di Tolosa". Immediatamente dopo il concilio, Montfort deve recarsi nella Francia del Nord per ricevervi i suoi nuovi feudi dal re di Francia, Filippo Augusto, di cui è diventato vassallo al posto del conte di Tolosa, decaduto da tutti i suoi diritti feudali.

Queste decisioni furono prese dopo che ciascun accusato e accusatore ebbe difeso la propria posizione e i propri diritti, come riferisce lo sconosciuto e anonimo autore della seconda parte della *Canzone della crociata*, che indica inoltre che vennero ascoltati dei testimoni. Ecco qualche esempio di "incidente probatorio", sollevato dinanzi a papa Innocenzo III e che ci fa comprendere, meglio di qualsiasi analisi astratta, il clima feudale e psicologico della crociata (CC, 144-48):

[1] Erano venuti a implorare il concilio di avere in restituzione le terre sottratte loro dal concilio di Montpellier.

Perorazione, dinanzi al papa, del conte di Foix per il conte di Tolosa, che ha reso le sue terre al papa:

«Quanto al conte Raimondo, mio padrone e onnipotente signore,
perché ti ha affidato Tolosa, Montauban,
la Provenza? Per la pace. Ora, cosa è avvenuto?
I suoi feudi sono stati consegnati a Simone di Montfort.
Questo barbaro semina ovunque morte e tormento,
dove passa saccheggia, opprime, uccide, devasta,
annienta spietato ogni vita.
Raimondo ha affidato il suo paese alla tua custodia,
ed eccolo invece torturato, spossato, morente».

Risposta del papa al conte di Foix che reclama il suo castello, anch'esso confiscato dal papa:

«Non sei stato tenero con noi, ma non importa,
ti sei ben difeso. Se non sei colpevole
ti renderemo la tua terra e il castello di Foix.
Se sei un grande peccatore che la Chiesa ti accolga,
troverai in noi la compassione di Dio,
poiché chi trascina dietro di sé le catene del peccato,
basta si sottometta alla madre Chiesa
per ricevere asilo e amore caritatevole».

Smentita del vescovo di Tolosa, Folco, al conte di Foix, che afferma di non aver mai frequentato eretici:

«Monsignori, che vi ha detto il conte?
Che in vita sua non ha mai bazzicato miscredenti?
Ma se è nel suo giardino che è nata l'erba cattiva!
L'ha forse falciata? Certo che no: se n'è talmente preso cura
che essa ha proliferato fino a divorare la sua terra.
È col suo consenso che venne fortificato
il picco di Montségur, rifugio d'eretici[2].
Sua sorella è stata eretica. Morto il marito,
andò a Pamiers, dove visse tre anni buoni,
predicandovi senza pudore la sua malvagia dottrina.
E lui poi, che ha fatto dei servitori di Dio,
dei pellegrini crociati che attaccavano i traditori?
Ne ha massacrati così tanti a Montgey
che la terra intorno è rimasta rossa».

Risposta del conte di Foix a chi l'accusa d'intrattenere un focolaio di eretici nella fortezza di Montségur:

«Il picco di Montségur? Su questo castello
non ho alcun diritto né potere: non mi appartiene.
Mia sorella? Il male l'ha colta. È stata peccatrice.

[2] Vedi p. 185.

È sicuramente colpevole. Lei, non io, signore.
Aveva diritto di vivere sulle nostre terre?
Sì. Per il giuramento prestato a mio padre morente,
avevo l'obbligo di accogliere fratelli o sorelle
se si fossero un giorno trovati senza tetto, di dar loro
del cibo e un buon fuoco se fossero stati senza risorse.
[...]
Il vescovo [*Folco*], ora, guardatelo ostinarsi
a sminuire la mia fede! Insulta Dio!
Lo fa d'abitudine, lui che abborraccia così malamente
tante canzoni scadenti, tanti scialbi poemi,
tanti versi più zoppicanti del diavolo!
[*allusione al mestiere di trovatore esercitato dal vescovo prima di farsi prete*].
Credevamo di nutrire un ministro di Dio,
non abbiamo ingrassato, messeri, che un giullare.
Fu prima abate. La sua abbazia si oscurò.
La lasciò, per Dio, tornò la luce!
Fu poi eletto vescovo di Tolosa:
subito il paese avvampò. Fiamme d'inferno!
In questo braciere son già morte cinquecentomila anime».

Opinioni contrastanti su Raimondo VI *di Tolosa:*

Attorno al papa son circa trecento chierici,
vescovi, cardinali, arcivescovi. Dicono tutti:
«Puoi tu sconfessare i tuoi figli, che vanno predicando
che Raimondo di Tolosa è un pagano perverso,
un traviato senza cuore, indegno di regnare?».
Tra i cardinali s'avanza l'arcidiacono
di Lione sul Rodano. Dice loro con durezza:
«Queste parole, signori, sono un insulto a Dio!
Raimondo ha preso la croce, l'avete dimenticato?
Si è comportato in tutto da figlio ubbidiente.
Calunniare un uomo a cui si deve sostegno
e amore paterno, quale peccato! Quale vergogna!
E voi, vescovo Folco, avete pensato per un attimo
agli spaventosi effetti dei vostri sermoni?
Le vostre prediche senza pietà, cattive, taglienti, tignose,
sono quotidiani dolori per cinquecentomila anime.
Avete fatto giuramento sulle sacre reliquie
di aiutare tutti Montfort?».

Come si può constatare leggendo il resoconto di questa fase del concilio nella *Canzone della crociata*, il conte Raimondo VI di Tolosa, presente tra le file dei "grandi" con il figlio Raimondo VII il Giovane, non si degna di perorare personalmente la propria causa, ma ne lascia l'incombenza al suo vassallo, il conte Raimondo Ruggero di Foix. Costui in piedi, ben saldo sulle gambe, si avvicina ora a passo lento a papa Innocenzo III, mentre si placa il «frusciante brusio» di prelati, cardinali, principi di sangue e vescovi: ed è in questo silenzio, sicuramente impressionante, che si leva la voce grave di questo vassallo che si accinge a difendere i diritti del suo signore.

Raimondo Ruggero di Foix apre la sua perorazione con un appello alla pietà per il figlio del conte di Tolosa, che ha solo diciotto anni[3], e che la condanna del padre, Raimondo VI, priva della terra avita a vantaggio di Montfort.

Questo padre non ha forse assolto i suoi impegni e posto nelle mani del papa i feudi di Tolosa, Montauban e Provenza perché regni infine la pace in Linguadoca? E cosa è avvenuto? Le sue terre sono state date a Montfort, «questo barbaro», che «semina ovunque morte e tormento, dove passa saccheggia, opprime, uccide, devasta, annienta spietato ogni vita» (CC, 140). Peggio ancora: lo stesso conte di Foix, essendosi fidato della promessa del papa, ha consegnato il proprio castello al legato del sommo pontefice, il cardinale Pietro di Benevento, facendo al tempo stesso atto di sottomissione alla Chiesa[4], «col suo pane, il suo vino, le sue carni, le sue messi e la sua sorgente d'acqua pura», ma il cardinale non gliel'ha restituito:

«Se non mi verrà reso il castello», conclude il conte, «chi mai potrà più, d'ora in poi, fidarsi della parola data?»

Papa Innocenzo III si volta verso il legato, il cardinale di Benevento, che non ha bisogno di essere interrogato – perché, dice la *Canzone*, ha già la risposta pronta – e pronuncia queste semplici parole:

«Il conte dice il vero, Santo Padre. Mi ha consegnato il suo feudo e io ne ho affidato la custodia a messer l'abate di Saint-Thierry che, sotto i miei occhi, l'ha fatto occupare dai nostri uomini».

Gli «uomini» in questione erano molto semplicemente i cavalieri crociati di Montfort, sui quali il conte di Foix si accinge a sfogare il suo rancore (CC, 145):

> «[...] Questi loschi banditi,
> questi trascinatori di croce che mi hanno voluto prendere tutto,
> ma certo è proprio vero: quelli che ho incontrato
> non lo dimenticheranno mai: zoppi, monchi, ciechi,
> così sono, o morti. E non ho che un rimpianto:
> di aver lasciato fuggire i codardi della loro banda».

Queste parole provocano un certo trambusto tra le file dei conciliari presenti. Poi, a poco a poco, torna la calma nella grande sala del palazzo pontificio e a quel punto, con voce pacata, il papa si rivolge al conte di Foix:

«Non sei stato tenero con noi, conte», gli dice, «ma ti sei ben difeso: se non sei colpevole ti renderemo le terre e il castello e, se hai peccato, la Chiesa ti accoglierà con compassione, come accoglie tutti i peccatori».

[3] Nato nel 1197, a Beaucaire, morto il 27 settembre 1249, Raimondo VII sposò giovanissimo una sorella del re d'Aragona, e fu l'ultimo conte di Tolosa.

[4] Sottomissione che, come vediamo, non aveva nulla di gratuito.

Poi, dopo qualche parola rassicurante da parte degli uni e degli altri, nel momento in cui Innocenzo III s'appresta a chiudere la seduta, il sommo pontefice viene interpellato dal cavaliere di Roquefeuil, che un tempo, nel 1209, aveva combattuto al fianco del suo signore a Carcassonne[5]: «Santo Padre venerato», gli dice, «concedi la tua pietà al figlio del degno visconte di Carcassonne[6], disgraziatamente morto nell'oscura segreta dove l'avevano gettato i crociati: gli è stato ucciso il padre, sarebbe giusto che gli rendessi la sua terra di Carcassonne; se non acconsenti, la tua anima risponderà dei peccati della sua vita».

Tutt'intorno si levano dei mormorii: «Ben detto!», approvano gli uni; «Che sfrontatezza!», dicono gli altri.

«Giustizia sarà fatta», risponde il papa.

E chiude la seduta con queste parole, che ritiene tranquillizzanti. Poiché ha bisogno di pace, si ritira nei suoi appartamenti per riposare e meditare.

La discussione fu ancora lunga e non si volse del tutto a favore dei crociati, fatto che spiega come mai Pietro di Vaux-de-Cernay sorvoli rapidamente su quest'ultimo episodio del concilio. Fortunatamente per gli storici, invece, l'anonimo autore della seconda parte della *Canzone* lo descrive minuziosamente (lasse 147-50). Riassumiamo ora i principali momenti della conclusione di questo concilio, numerandoli per maggiore chiarezza:

1. I prelati inseguono il papa nel giardino, sparlano in termini crudi dei conti di Linguadoca e gli consigliano di propendere per Montfort: «Se rendi i beni a questi conti del Mezzogiorno, saremo perduti; affidali a Simone di Montfort, ed eccoci salvati», gli dicono. Al che Innocenzo III risponde, senza commentare: «Silenzio, devo riflettere».

2. Il papa apre un libro sacro, lo sfoglia e s'imbatte per caso in una frase che lo ispira e dichiara ai padri conciliari di aver preso la sua decisione (CC, 147):

> «Signori, ecco il mio parere: il conte di Tolosa è un buon cattolico, sarebbe quindi ingiusto e disonorevole prendergli le terre. In compenso, ritengo giusto concedere a Montfort i beni degli eretici, dal Rodano fino ai Pirenei e dal Puy a Niort».

I cardinali e gli altri prelati approvano con zelo questa decisione che non lede nessuno se non gli eretici.

3. Il vescovo Folco di Tolosa, «a schiena china e voce melliflua» (CC, 148) fa però un'obiezione:

«Papa, mio dolce signore», dice, «la tua sentenza è ingiusta, perché distinguendo le terre della Linguadoca in terre eretiche e terre apparentemente cristiane, defraudi il conte Simone di Montfort delle sue vittorie: in particolare, gli riprendi Montauban e Tolosa, cosa insensata, tan-

[5] Vedi pp. 54 sgg.

[6] Che era decaduto dal suo titolo dopo la presa di Carcassonne da parte di Montfort; vedi p. 61.

to più che la tua decisione avvantaggia il conte di Tolosa, col pretesto che lo giudichi un cattolico buono e fedele, e decidi altrettanto per il conte di Foix e quello di Comminges, da te ritenuti anch'essi "buoni cristiani"! Suvvia, mio dolce signor papa», termina Folco, «niente calcoli meschini, affida tutte queste terre, senza divisioni, a Simone, che se le è guadagnate. Perché, tra questa gente del Mezzogiorno che consideri cristiana, non ce n'è uno che si sia degnato di combattere l'eresia e, per farlo, sei dovuto andare a cercare un cavaliere nella Francia del Nord: il nobile conte di Montfort».

E conclude Folco:

«Preferire questi banditi a Montfort, vuol dire perdere senno e sentimento, è un balbettare dell'anima!».

4. L'arcivescovo di Auch approva la proposta del vescovo di Tolosa:

«Confiscare la regione di Tolosa a Montfort», dice al papa, «sarebbe un vero disastro che ti screditerebbe, come screditerebbe noi, tuoi figli spirituali, che predichiamo ovunque che Raimondo è un pagano perverso, un traviato, indegno di regnare».

5. È in quel momento che, dal gruppo dei cardinali, si stacca l'arcidiacono di Lione, che si schiera dalla parte del papa e interpella severamente il concilio:

«Queste parole, fratelli miei, sono un insulto a Dio», li apostrofa, «non dimenticate che il conte Raimondo ha preso la croce e si è comportato, in tutto, come un ubbidiente figlio della Chiesa: calunniare un uomo come lui, al quale si deve sostegno e rispetto, che vergogna!».

6. Davanti a una tale alzata di scudi, il Santo Padre si rende conto che, se non trova gravi mancanze da rimproverare al conte Raimondo VI, non può confiscargli il feudo senza destare scandalo, e tenta di placare il concilio:

«Amici», dice, «se sofferenza e odio sono state ingiustamente seminati nelle nostre terre, è avvenuto contro la mia volontà. Vi prego ora di mettere a tacere le passioni e i rancori e di ascoltarmi: non ho mai detto, Dio Onnipotente, che messer Raimondo meritasse la rovina. Noi dobbiamo accoglierlo come un peccatore pentito: sia che il conte Raimondo abbia mal agito dinanzi a Dio, sia che dei pazzi ignoranti e calunniatori gli abbiano fatto torto, resta il fatto che egli si è dato a me, sofferente e contrito, come un figlio sollecito agli ordini del padre, e che è giusto assolverlo».

A questo punto, il papa, in cerca di un appoggio, si rivolge ad Arnaldo Amalrico, ex abate di Cîteaux, primo artefice della crociata e, dal 1212, arcivescovo di Narbona, e gli cede la parola:

«Mio dolce e buon signor papa», dichiara senza sbilanciarsi l'arcivescovo Amalrico, «hai ragione; giudica secondo il tuo cuore e governa senza timore: nessuno potrà farti deviare dalla tua via».

La sentenza cade allora come una mannaia, netta e precisa, dalla bocca di papa Innocenzo III:

«La faccenda è chiusa, signori: il conte di Tolosa è un buon cristiano».

Poi Innocenzo III aggiunge, forse per alleggerirsi il cuore, ma anche per giustificare la sua decisione (CC, 149):

«Perché dovremmo dare questa terra a Montfort?
[...]
Forse Raimondo VI ha gravemente mancato dinanzi a Dio,
ma si è pentito. A chi rinnega l'erranza,
non posso rifiutare l'accoglienza e il perdono.
Sono pertanto sorpreso del vostro accanimento
nel volerlo privare dei suoi legittimi beni.
Né la legge, né il cuore mi rendono incline verso di voi».

7. A questo punto tra papa Innocenzo III e i membri del concilio s'instaura una lunga discussione. Il primo sottolinea che dando a Montfort le terre del conte Raimondo VI, sostenitore degli eretici, fatto che potrebbe vedersi come una giusta punizione, se ne priva un innocente, il figlio e futuro Raimondo VII, che ha appena compiuto diciotto anni. Sarebbe un'ingiustizia contraria alla missione della Chiesa, che è innanzitutto quella di proteggere i poveri e gli innocenti, e non di arricchire i ricchi. Tuttavia, i membri più influenti del concilio stanno dalla parte di Montfort, e mastro Tedisio, uno dei chierici più dotti dell'assemblea, riassume i loro argomenti:

«Montfort è un buon cristiano, protegge la croce e falcia l'erba cattiva dell'eresia, la terra di Tolosa gli deve essere ridata».

Al che risponde il papa con fermezza (CC, 149):

«No, maestro, messer Montfort massacra alla cieca,
alla rinfusa cristiani e peccatori eretici.
Tutti i mesi ricevo lamentele dai nostri figli
ingiustamente rovinati. Temo fortemente che Simone
fiacchi la fede e aggravi i mali».

A queste parole, dall'assemblea conciliare si levano clamori. Si grida, ci si indigna: Montfort, da Carcassonne dove risiede, combatte gli indemoniati, scaccia dal paese i soldati di ventura e i miscredenti e restituisce ai cattolici il posto che è loro dovuto; con l'aiuto di Cristo, ha ripreso Agen, Tolosa, Montauban, l'Albigeois, il Quercy e la contea di Foix[7], e ha fatto talmente tanto per la gloria di Dio che non si può, ora, contestargli dei beni così faticosamente ottenuti.

A questa cieca rabbia, il papa cerca di opporre la misericordia del Vangelo:

«Quanta rabbia maligna, quanta superbia, monsignori, sento nei vostri intenti! Facciamo attenzione, noi che siamo qui per servire la giustizia divina, a non cadere nel peccato di superbia. Io non ritengo colpevole

[7] Vedi pp. 91, 93 sgg. e 115.

messer Raimondo», dice il Santo Padre, «ma anche se il concilio lo giudicasse (a torto) tale, ne dovrebbe soffrire il figlio? Nostro Signore non ha forse detto: "Non si può condannare il figlio per il peccato del padre"? È la parola di Nostro Gesù Cristo, ed è quindi la nostra legge. C'è tra voi un cristiano tanto superbo o folle da contestare un tal comandamento? Quando i primi crociati hanno sprofondato Béziers nel sangue e nelle fiamme, ricordatevi, l'erede di Tolosa non era che un bimbo, che ignorava il senso delle parole "bene " o "male" e che, a terre e contee, preferiva gli uccelli che a quell'età si prendono dal nido, le scalate sugli alberi e l'innocente gioco dell'arco. E ora volete, rivendicando per intero la sua eredità, ridurlo alla mendicità? A elemosinare un tozzo di pane alle altrui porte? Ci pensate, signori e fratelli miei? Che sorte indegna per un innocente! Piuttosto cento volte la morte: questo giovane non è fatto per tendere la mano, ma per donare».

Stando alla *Canzone*, l'eloquenza del papa non ha alcun effetto sul concilio e da tutti gli astanti si levano proteste (CC, 149):

> «Signor papa, lasciate padre e figlio al loro destino!
> Siate forte! Concedete la vostra totale fiducia
> a Simone di Montfort!».

La prima parte del dibattito si chiude con queste parole, e noterete che in nessun momento del concilio si è parlato dell'eresia, né per descriverla, né per condannarla, né per celebrarla. Seguirà ben presto la sentenza. Il papa la pronuncerà alla presenza, in particolare, dell'arcivescovo di York, perché il figlio ancora minorenne del conte di Tolosa è anche il nipote del re d'Inghilterra, Giovanni Senza Terra (figlio del re Enrico II Plantageneto e di Eleonora d'Aquitania, e fratello di Giovanna d'Inghilterra, che ha sposato Raimondo VI). (CC, 150):

> «Baroni, devo dunque assoggettarmi, risponde,
> a che Montfort regni, se può, sul paese conquistato.
> Non tollero più le vostre prediche discordi».

Tuttavia, l'ultima parola spetta all'arcivescovo di York, che è assai pessimista (CC, 150):

> «Santo Padre, vero salvatore, dice questo prelato,
> assai temo che Montfort, nonostante il tenace aiuto
> di messer Guido, suo fratello, e del vescovo Folco,
> poggi il suo potere su delle sabbie mobili,
> poiché al figlio di Raimondo, nobile nipote del re [*d'Inghilterra*],
> non mancano le carte per contestare i suoi diritti».

Il vescovo di York aveva visto bene, come dimostrerà il seguito della storia. Ma i conciliari, col loro voto, spinsero il papa a privare Raimondo VI di tutti i suoi beni e titoli e a trasmetterli a Montfort. E nell'aprile del 1216, il re di Francia confermerà al conte quelli di duca di Narbona e di conte di Tolosa. Raimondo VI ha perduto praticamente tutti i suoi domini, e il conte di Foix è spogliato «fino all'osso», dice la *Canzone*. L'uno e l'altro dichiareranno un'ultima volta il loro sgomento di fronte a questa ingiustizia.

Dobbiamo a questo proposito leggere i versi che la *Canzone della crociata* dedica al loro sconforto (lasse 151 e 152), perché essi ci fanno comprendere la furia con cui gli abitanti della Linguadoca, e in particolare i tolosani, difenderanno non tanto la loro fede – un gran numero di essi non ha aderito al catarismo ed è rimasto buon cattolico – quanto la loro indipendenza, la loro cultura e la loro lingua. In questo senso, la sollevazione degli albigesi è da vedersi più come un fenomeno precursore delle sollevazioni anticolonialiste e nazionaliste moderne, come lo furono quelle delle popolazioni dell'India al tempo di Gandhi contro l'Inghilterra, o quelle dell'Algeria contro la colonizzazione francese cinquant'anni fa.

Torniamo ora alla sentenza definitiva pronunciata da papa Innocenzo III alla conclusione del concilio lateranense. Dopo aver detto di dover assoggettarsi («a che Montfort regni, se può, sul paese conquistato»), il papa aggiunge per consolare il conte (CC, 151):

«Coraggio, conosco il mio dovere,
fammi riflettere, giustizia sarà fatta.
Ti restituirò i tuoi beni, se ti son stati presi a torto.
[...]
Se Dio mi concede la vita e mi permette di regnare
secondo il mio cuore, presto ti saranno resi i tuoi diritti.
Non avrai da lagnarti né di me né di Lui.
Quanto ai cattivi prelati che mi hanno forzato la mano,
vedranno, questi ladroni, chi sono io.
Lasciami pure con la certezza
che ogni causa giusta è la causa di Dio!
Lascia a Roma tuo figlio. Affidalo alla mia tutela,
il tempo che gli trovi una terra degna di lui!».
«Sire», risponde il conte, «alla tua santa bontà
affido la mia persona, mio figlio e i miei beni».
Raimondo Ruggero di Foix supplica allora il papa
di rendergli i suoi beni. «D'accordo», dice il pontefice.
«Signori, che Dio vi protegga». Li congeda.
Il conte e il suo ragazzo si abbracciano sospirando.
Uno resta [*a Roma*] e l'altro va. Il messere di Tolosa
lascia la Città Santa alle prime luci dell'alba.
Fa sosta a Viterbo, dove si festeggia il Natale.
Raimondo Ruggero di Foix lo raggiunge di notte.
Insieme celebrano lì il divino neonato,
poi il conte si reca a San Marco di Venezia
a pregare sulla tomba dove giace l'evangelista.
Infine arriva a Genova dove attende suo figlio,
rimasto presso il papa.

La permanenza a Roma del giovane conte tolosano, defraudato della sua eredità feudale, non è senza conseguenze: in cambio dei beni perduti, il papa, «per placare la sua fame», gli ha fatto dono di Beaucaire, del territorio di Argence (tra Nîmes, Avignone e Arles) del Contado Venassino e, così facendo, gli ha detto:

«In attesa di vedere se meriti di meglio, Simone governerà il resto del paese».

Il giovane Raimondo VII rifiuta:

«Santo Padre», dice risoluto, «mi è intollerabile dover condividere la mia terra con quell'uomo. Gesù non può permettere questo; io e lui dobbiamo vivere solo per vincere o morire: uno regnerà sulla terra, e l'altro qualche piede sotto, in una bara. Da te non voglio nient'altro che la tua benedizione e il paese che conquisterò».

«Non c'è notte a cui non segua il giorno», gli risponde papa Innocenzo III. «Non dimenticare queste parole e che il dolce Gesù ti accompagni ovunque, esaudisca i tuoi desideri e ti protegga dal male».

Ed ecco, verso la fine del mese di febbraio 1216, Raimondo VII, figlio del conte di Tolosa, correre al galoppo sulla strada che porta da Roma a Genova, dove si reca a raggiungere il padre Raimondo VI, impaziente di respirare di nuovo i profumi della Provenza e di udire il canto delle prime cicale di primavera. Parte con le chiome al vento, ma col cuore grosso, e ne ha ben donde: per la prima volta nella storia della Chiesa e della cristianità, la ragione del più forte – la semplice vittoria militare di Muret – si è trasformata in una verità della fede, e i conti di Tolosa, padre e figlio, hanno perduto, con le loro vaste terre avite di Provenza e Linguadoca, i più bei feudi di Francia. È questo sicuramente un buon motivo per intraprendere una guerra di riconquista!

8
La guerra feudale: prime vittime, la Provenza e Tolosa
(febbraio 1216-settembre 1217)

Nel febbraio 1216, al rientro da Roma, dove si era tenuto il concilio, passando per Genova, il conte di Tolosa, Raimondo VI, che ha sessant'anni, e suo figlio Raimondo VII, all'epoca solo diciannovenne, arrivano a Marsiglia per la strada costiera che oggi viene chiamata "*la Basse Corniche*" e che allora non era che un sentiero sassoso e ciottoloso. Sono sicuramente a cavallo, e non è impossibile che siano accompagnati da una piccola scorta armata. Una folla fitta e chiassosa accoglie con gioia il conte di Tolosa e suo figlio, che prendono alloggio in un certo "palazzo Tolonée". Almeno è ciò che riferisce l'anonimo continuatore di Guglielmo di Tudela, che s'impossessa ora della penna e che, in tutta la seconda parte della *Canzone*, si schiererà dalla parte della popolazione locale (CC, 153):

> A Marsiglia, sulla via in riva al mare,
> li accoglie una chiassosa popolazione in festa.
> Il conte prende alloggio al palazzo Tolonée,
> e si riposa tre giorni.

In compenso, Pietro di Vaux-de-Cernay, che, come abbiamo già detto, propende per il partito dei crociati, nella sua *Storia albigese* ci presenta le cose in modo meno esaltante (HA, 574):

> Durante la permanenza del nobile conte di Montfort nella Francia del Nord, il giovane Raimondo, figlio dell'ex conte di Tolosa, contravvenendo agli ordini apostolici [...], si recò in Provenza e, con l'aiuto di alcuni signori provenzali, prese possesso di tutta la terra che il signor papa aveva affidato in custodia al nobile conte di Montfort.

A chi dobbiamo credere? Al poeta "nazionalista", turiferario degli occitani, o al cronista in un certo senso "ufficiale" della crociata? Non abbiamo alcun strumento per decidere, ma la prima versione ci sembra più verosimile: i marsigliesi, erano, come i tolosani, sudditi di uno stesso signore (il conte Raimondo); non avevano alcuna ragione di parteggiare per i crociati di Montfort, tanto più che l'eresia catara pare non fosse diffusa in Provenza come lo era nella regione di Tolosa.

A ogni modo, si può facilmente immaginare che Raimondo VI, invecchiato, spossato psicologicamente dalle dure giornate conciliari e fisicamente dalla lunga cavalcata da Roma a Marsiglia, fosse ben contento di essere accolto con calore tutto meridionale dai signori provenzali. Dopo aver perduto le sue terre a vantaggio di Montfort, in particolare la sua bella contea tolosana, ed essere stato moralmente maltrattato a Roma dal concilio, apprezza l'accoglienza che gli fa, a nome della popolazione di Avignone, il principale notabile di questa città, mastro Arnaldo Audegier, «dal cuore schietto come l'oro», secondo la *Canzone*, che gli assicura il proprio appoggio sin dal suo arrivo nella grande città meridionale (CC, 153):

> «Potente signore, vi offriamo la nostra vita,
> a voi e a vostro figlio, degno sangue dei vostri padri.
> La nostra città è vostra. Vostri sono le nostre persone,
> le nostre case, i nostri giardini, le nostre mura di cinta
> e le chiavi delle porte. Sire, noi siamo forti,
> [...].
> Mille veri cavalieri, tutti scalpitanti d'ardimento,
> e centomila borghesi[1] devoti, tutti in armi,
> son pronti a servirvi, a combattere e morire,
> Non avranno ormai che una causa: la vostra.
> Governate la Provenza, e noi onoreremo
> i vostri diritti di gran signore, corvé, rendite, pedaggi».

Riconfortato da queste parole, il conte di Tolosa, all'indomani del suo arrivo a Marsiglia, spedisce dei messaggeri accompagnati da una piccola scorta al re d'Aragona, Giacomo I, figlio di Pietro II, per chiedergli di inviargli truppe fresche in appoggio alla lotta che intende intraprendere per liberare Tolosa dai crociati. Con il giovane figlio Raimondo, scortato da una piccola truppa improvvisata di cavalieri provenzali, l'anziano conte prende la via per la Guascogna. Al crepuscolo, stanco ma felice, fa il suo ingresso a Salon-de-Provence, dove decide di trascorrere la notte.

Nelle settimane successive, quest'armata provenzale ben compatta e ben comandata riprenderà una ad una, per conto dei due "Raimondi" di Tolosa, padre e figlio, tutte le località del Sud-est. Grazie alla *Canzone della crociata*, siamo in grado di ricostruire le varie tappe di questa cavalcata di riconquista, ben lungi tuttavia dall'essere un'epopea; essa ci dà un'immagine della crociata degli "albigesi" ben diversa da quella del sacco di Béziers o dei massacri di Carcassonne del 1209. Qui di seguito ripercorriamo i momenti salienti.

[1] Numero sicuramente eccessivo: ad Avignone all'epoca dovevano esserci al massimo ventimila borghesi.

Avignone (marzo 1216)

Raimondo VI, suo figlio Raimondo VII e il loro modesto esercito di cavalieri provenzali escono da Salon «all'alba vispa», tra i canti degli uccelli e i fiori appena schiusi che annunciano la primavera. I baroni cavalcano a due a due per la pianura, col giovane conte in testa, accompagnato da un cavaliere trovatore, Guido di Cavaillon:

«Ecco giunto per noi il momento di ritrovare l'onore calpestato dai soldati di Montfort», gli dice il trovatore uscendo da Salon-de-Provence, «ed è a voi che toccherà farlo rinascere, sire Raimondo».

«Guido, mi riscaldate il cuore; sappiate che se, come spero, Montfort ci renderà Tolosa, nessuno macchierà mai più il nostro onore, perché, credetemi, non temo alcuno al mondo, tranne la Chiesa, e se i nostri nemici si faranno tigri, io mi farò leone».

Procedono così conversando, finché, nell'oscurità della notte, non compare la sagoma della città di Avignone, dove i due "Raimondi" entrano tra le acclamazioni degli abitanti che vegliano in attesa del loro arrivo.

La popolazione li accoglie al grido di «Gloria a Tolosa!». Gli avignonesi più arditi si gettano addirittura in ginocchio, con gli occhi gonfi di lacrime. I due conti tolosani vanno poi a pregare in chiesa e quindi partecipano a un banchetto che viene loro offerto e gustano con robusto appetito carni, pesci e salse vellutate, il tutto innaffiato da ottimi vini insaporiti con chiodi di garofano, mentre li festeggiano cantanti, giullari e danzatori. La mattina dopo – una domenica – accorrono i nobili al completo per prestare loro, spontaneamente, giuramento di fedeltà: «Guidateci, noi vi seguiremo ovunque», dicono, e il conte Raimondo VI risponde: «Con l'aiuto di Dio, esaudirò i vostri desideri e vi farò ricchi!». Poi, dopo un breve consiglio con i suoi cavalieri, prende congedo dalla città e si dirige verso Orange per offrire un patto di mutua assistenza al suo signore, Guglielmo di Baux, prima di prendere la via per l'Aragona. Nei giorni seguenti, il figlio Raimondo VII visita il Contado Venassino e colloca guarnigioni in tutte le buone città di Provenza. Ma sul paese, che egli percorre instancabile, incombe nuovamente il minaccioso tempo dei tradimenti, delle distruzioni e delle tempeste di sangue. I signori di Alès, Baux, Nîmes, Courthézon, Beaucaire e Montélimar insorgono contro Raimondo VII, rifiutando di rendergli omaggio; ma il giovane conte, benché appena diciannovenne, sa difendere la sua causa con valore e accanimento. Contemporaneamente, suo padre «Raimondo il Vecchio», come lo soprannomina la *Canzone*, prende la via per l'Aragona e la Spagna, in cerca di alleati e rinforzi:

«Vi affido mio figlio», dice ai suoi cavalieri, «siate i suoi luogotenenti, i suoi consiglieri, i suoi fratelli; questa guerra è vostra quanto sua. E non dimenticate di essere grati alla gente di Marsiglia e di Avignone, che ci ha così ben accolto e aiutato: avrete bisogno di lei perché, dovesse venire a mancarvi, non potreste prendere Beaucaire, nostra prossima meta, che si è infeudata a Montfort e ai suoi crociati all'inizio del 1215».

«Addio, sire, padre mio», gli dice commosso Raimondo VII il Giovane, «fate valere i vostri diritti presso il re d'Aragona, e non dimenticate la vostra gente di Tolosa: ha coraggio, saprà vendicarvi».

Il padre abbraccia il figlio, rimonta a cavallo e parte al galoppo verso la Spagna, mentre Raimondo VII dà in segreto ai suoi compagni l'ordine di far rotta per Beaucaire.

Beaucaire (inizio di giugno 1216)

La roccaforte di Beaucaire era costruita su una piattaforma rocciosa che dominava il Rodano. Era sorvegliata da battellieri che ne impedivano l'accesso assicurandone l'approvvigionamento per via fluviale. Prima di andarsene, Raimondo VI aveva consigliato al figlio di avvicinarsi ai piedi della piattaforma rasentando le mura ed eventualmente di non farsi scrupoli a uccidere senza pietà le guardie. «Senz'acqua», gli aveva detto, «Beaucaire cadrà». Partito il padre, il giovane conte di Tolosa raduna quindi alcuni battellieri tarasconesi; le loro barche si uniscono alle lunghe imbarcazioni che discendono il Rodano, attraversano il fiume e lo depositano con i suoi uomini ai piedi dei bastioni di Beaucaire. La popolazione, che ha riconosciuto gli stendardi tolosani e compreso la manovra, si riversa per i vicoli della città gridando: «Il conte nostro sire entra in città! I francesi se ne andranno dalle nostre mura! Evviva!».

Raimondo VII entra a Beaucaire senza nemmeno dover combattere, i suoi baroni gli aprono un varco tra la folla in festa e vanno tutti a riposarsi negli alloggi che vengono messi loro a disposizione. Ma la gioia dei vincitori e della popolazione di Beaucaire, che li accoglie calorosamente, finisce ben presto: il governatore della città, uno degli uomini di Montfort, il siniscalco Lamberto di Limoux, che già conosciamo[2], raduna i suoi mercenari, che irrompono a Beaucaire gridando: «Olà Montfort! Viva Montfort!». I baroni tolosani si affrettano, urlano ordini ai loro uomini, fanno spiegare i vessilli e corrono dritti sul nemico al grido di «Tolosa a noi!». Si aggrovigliano giavellotti, lance, asce e spade, da ogni parte piovono frecce e pietre, s'infrangono gli scudi, gli elmi si ammaccano e la guarnigione dei crociati lasciata da Montfort a difesa della città ripiega verso la parte superiore del castello, dove l'assediano i tolosani.

A quel punto, la situazione si complica. Gli assediati inviano dei corrieri a Simone di Montfort, ma questo non è in Francia (sta lentamente rientrando dal concilio lateranense). Sono il fratello del «nobile conte»,

[2] Vedi pp. 108, 109.

Guido, e il figlio Amalrico ad accorrere a Beaucaire per liberare i crociati. Simone di Montfort invece non arriverà che il 6 giugno 1216, con pochi effettivi e, per due mesi, utilizzerà qui le sue forze.

Quando viene a sapere che Raimondo VI, di ritorno dalla Spagna, ha valicato i Pirenei, Montfort si decide a negoziare col figlio, nel quale il «nobile conte» spera di trovare un interlocutore più malleabile. Propone a Raimondo VII di togliere l'assedio di Beaucaire in cambio della vita dei suoi soldati; il giovane accetta, tutto contento: non ha che diciannove anni, non ha mai fatto una guerra in vita sua e ha appena tenuto in scacco il più grande guerriero della cristianità... che potrebbe essere suo nonno!

L'atto di capitolazione viene firmato il 24 agosto 1216 e Beaucaire diventa, a partire da quel momento, terra tolosana: è la prima sconfitta, o almeno il primo fallimento di Montfort e dei suoi uomini in questa crociata iniziata sette anni prima.

Cinque settimane prima della firma di questo atto, il 16 luglio 1216, era morto di morte naturale papa Innocenzo III. Gli era succeduto sul soglio pontificio il cardinale Cencio Savelli, che regnerà sulla Chiesa dal 1216 al 1227 col nome di Onorio III.

Tolosa (inizio di settembre-novembre 1216)

Il maschio di Beaucaire resta quindi di proprietà del giovane conte Raimondo VII di Tolosa, che è saggio, coraggioso e di alto rango, parente prossimo del re di Francia e del re d'Inghilterra. Quanto a Montfort, se n'è andato, rosso di collera, abbandonando a Beaucaire i suoi muli, i cavalli arabi e un resto del vecchio bottino; risoluto a non darsi per vinto, decide di portare la guerra sulle terre del suo rivale tolosano. All'inizio del mese di settembre 1216, raduna i suoi reggimenti francesi sparsi nel Sud-ovest e fa pervenire a tutti il medesimo ordine: «Appuntamento a Montgiscard[3] fra tre giorni, per marciare su Tolosa».

Dopo aver cavalcato a briglia sciolta per tre giorni di fila, i contingenti di crociati francesi, armati da capo a piedi, giungono in vista dei bastioni di Tolosa, in ordine di battaglia, brandendo orifiamme e lance minacciose. Davanti alle porte della città – la più grande del regno di Francia dopo Parigi – i ricchi borghesi e i cavalieri, in attesa, si avvicinano a Simone di Montfort, senza timore, lo salutano e gli dicono calmi:

«Signor conte di Montfort, perché venite in ordine di battaglia? Che abbiamo fatto per scontentarvi? Avete accordato la pace alla nostra città, ma a vedervi così, in armatura e con tutti i vostri cavalieri, si direbbe che avete dimenticato le vostre parole: perché non entrate da noi senza elmo né usbergo, in farsetto ricamato d'oro, invece di presentarvi sotto le nostre mura come un leone furioso?».

[3] Villaggio a circa trentacinque chilometri da Tolosa.

Il «nobile conte» risponde loro in termini violenti, che riferisce o immagina l'autore della seconda parte della *Canzone* (lassa 171):

«Basta con le sciocchezze, gente!», grida dall'alto del suo cavallo. «Questa città mi appartiene, e ci vengo quando e come mi pare e piace. Voi e il vostro conte, mi avete fatto gran torto e temo proprio che ve ne pentirete. I vostri baroni mi hanno appena rubato Beaucaire, la Provenza, il Contado Venassino e il Valentinois; in un mese ho ricevuto più di venti rapporti e testimonianze che denunciano le sordide perfidie del vostro conte, di cui io, Montfort, vi considero tutti responsabili. Avete brigato, lo so, perché Raimondo il Vecchio ritornasse a Tolosa e mi scacciasse, e ve la farò pagare. Quanto è vero, per la Santa Croce, che mi chiamo Montfort, lascerò quest'elmo e quest'usbergo solo quando mi avrete consegnato in ostaggio i vostri borghesi più ricchi, e guai a chi oserà tenermi testa!».

I notabili tolosani, tremanti, protestano e supplicano: non c'è un briciolo di malizia nel loro cuore, sostengono, non hanno complottato la rovina del conte di Montfort e quelli che hanno diffuso queste notizie false sono dei malvagi.

«Siete degli ipocriti matricolati», risponde loro Montfort, «so che nessuno di voi ha per me della stima e che esultereste nel vedermi sottratta la contea... Parola mia! Non conoscete dunque Montfort?».

I cavalieri che l'accompagnano tentano di calmarlo:

«Fate attenzione, conte», gli dice uno, Aldrico il Fiammingo, «i tolosani sono fieri e umiliarli, come avete appena fatto, è un rischio mortale: in questo gioco rischiate di trovarvi a malpartito».

«Signor cavaliere», gli risponde Montfort, «non ho scelta. Non ho più un soldo in tasca, ho impegnato tutto ciò che avevo nella crociata, e i crociati che mi seguono non stanno certo meglio: Tolosa è una città ricca, devo trovarvi di che pagare i miei soldati e la mia gente, che sono tutti poveri e che temo mi abbandonino se non lo faccio. Concludiamo quindi al più presto le stupide chiacchiere di questi tolosani: sono io a battermi, non questi grassoni. Arrestiamoli e mandiamoli a marcire nelle segrete del Castello Narbonese, il tempo di fare man bassa dei loro beni; quando avremo la borsa piena ce ne andremo a combattere in Provenza. Ma sia chiaro: prima, metteremo a sacco questa città, e poiché il conte di Tolosa e i tolosani mi hanno appena rubato la Provenza, è col loro denaro che la riprenderò».

Simone, schiumante di rabbia, è pronto a tutto. Suo fratello Guido di Montfort, venuto a raggiungerlo davanti a Beaucaire[4], tenta di calmarlo e di farlo ragionare:

«Fratello», gli dice, «credetemi, i tolosani sono ricchi, è vero. Prelevate un quinto della loro fortuna, o anche un quarto, e nessuno ve ne vorrà; ma non saccheggiate questa città, che è, dopo Parigi, la più bella

[4] Vedi p. 131. Il dialogo che segue è il semplice adattamento in lingua moderna di quello che compare nella *Canzone*; ne abbiamo scrupolosamente rispettato il carattere psicologico.

città del regno di Francia. Se la distruggerete, non diventerete più ricco, viceversa, perderete l'onore, e la gloria di Dio non sarà per questo esaltata».

«Fratello», risponde Montfort, «i miei compagni minacciano di andarsene via se non verranno pagati e non ho alcun motivo di risparmiare Tolosa, neppure uno, davvero: i tolosani mi detestano, è risaputo, sin dall'inizio della crociata... E coi bei soldi che mieterò qui, Beaucaire e Avignone cadranno presto».

Interviene allora un giurista tolosano, mastro Roberto, per tentare di far ragionare il «nobile conte»:

«Messer conte, parliamoci chiaro, per favore. Mi pare dimentichiate che questo paese vi è stato affidato dal papa e che voi agite in suo nome; se calpestate la giustizia e il diritto, è la Chiesa di Cristo che disonorate. Poiché i tolosani dichiarano la propria innocenza, non avete il diritto d'impossessarvi dei loro beni senza una sentenza. Non basta accusarli, bisogna provare che hanno mal agito prima di punirli».

Nel frattempo, Folco, vescovo di Tolosa, che aveva seguito Montfort a Beaucaire, percorre le strade della città redarguendo aspramente gli abitanti:

«Andate a fare una bella accoglienza festiva al conte di Montfort e al leone che orna il suo stendardo! Aprite senza recalcitrare le vostre case ai suoi uomini, vendete loro ciò che vi chiedono, state pur certi che vi pagheranno bene, non sono soldati di ventura, è gente onesta, che non ruberebbe un bicchier d'acqua al proprio vicino!».

Tuttavia, per i vicoli di Tolosa corre una voce: il conte di Montfort esige degli ostaggi. La voce non è senza fondamento perché i crociati hanno invaso le strade. Si riversano in tutte le case, ne strattonano gli abitanti mettendo loro la spada sotto il naso e gridando: «O la borsa o la vita, borghesi di Tolosa, il nostro nobile conte non è d'umor faceto, aprite le borse e i forzieri!». In lacrime, le donne e i bambini fuggono urlando e si radunano nelle piazze, mentre gli uomini, sbalorditi, tuonano: «È davvero incredibile: il conte ci tratta come Faraone trattava Mosè e gli ebrei in Egitto». All'improvviso, da ogni dove, si leva un grido: «Alle armi, gente, svegliatevi, il leone Montfort ha estratto gli artigli!». E da tutte le dimore tolosane escono ben presto cavalieri, borghesi o miliziani, ricoperti di ferro, vestiti di cuoio, armati di asce affilate, di falci, coltellacci, balestre, archi a mano. Innalzano barricate alle porte delle case, e ha inizio un sanguinoso combattimento urbano: «Montfort», gridano i crociati, aizzando i loro fanti, e rispondono gli altri: «Tolosa a noi!» o: «Beaucaire! Avignone!». La città non è ormai che un'enorme e sanguinosa mischia, dove ondeggiano spade, lance, picche, asce, frecce, coltelli, bastoni; quelli che non hanno armi si battono a colpi di assi o lanciano pietre. Gli uomini di Tolosa difendono palmo a palmo la loro vita e i loro diritti, nella loro città in cui alcune case sono ora in fiamme; scavano fossati, innalzano barricate.

I baroni di Montfort arretrano sotto i colpi: non sono così numerosi da riuscire a resistere a una tal furia. Ma il loro capo, il «nobile conte», lancia un assai meno nobile grido: «Diamo fuoco a tutto!» (CC, 172). Subito, nel quartiere ebraico della città s'accendono torce e tizzoni; i francesi si chiudono nel palazzo del vescovo e in una grande torre che si trova nelle vicinanze, la torre Mascaron. Mentre i tolosani combattono come possono, le fiamme consumano la città. L'anonimo poeta della seconda parte della *Canzone* descrive quest'angosciante situazione (CC, 173):

> Quelli di Montfort dilagano per la via Baragnon
> e caricano con violenza tra le palizzate.
> Le travi, le assi si accasciano
> come teli tagliati. Cavalieri e borghesi tolosani
> subito riuniti vanno loro addosso
> e le spade brandite si abbattono, cozzano,
> e le mazze ferrate piovono fitte sulle loro teste.
> Lance, frecce, coltelli, falci, giavellotti,
> spiedi e dardi appuntiti roteano, squarciano, lacerano.
> Gli elmi, gli usberghi, e le cotte di maglia,
> ammaccati, spezzati, giacciono nella polvere.
> Il sangue vermiglio sgorga dai petti aperti
> e il luogo è ben presto coperto di cadaveri,
> uomini col cranio spaccato misti ai cavalli morti.

La lotta va avanti fino a tarda notte, mentre il vescovo Folco e Montfort si adoperano per cercare una soluzione per uscire da questa drammatica situazione. Furioso, il «nobile conte» resta inflessibile: ai baroni tolosani presi in ostaggio, fa sapere che taglierà loro la testa all'alba e che i loro cadaveri saranno gettati dall'alto dei bastioni della città.

Il vescovo Folco non può più tollerare questa furia sanguinaria. È un buon cristiano e rimugina un'altra idea: «Prima tentiamo di blandire la popolazione», dice ai chierici che lo circondano. E la notte, quando si placa la rabbia della gente, invia alcuni di loro a spargere sui più furiosi, «parole di miele», dice la *Canzone*: gli uomini di Folco fanno ragionare i tolosani, spiegando che non si possono risolvere in una sola notte tutti i problemi della città. Uno di essi, l'abate di Saint-Sernin, si dà tanto e così bene da fare che i notabili cedono e accettano di riunirsi l'indomani, all'alba, nella Casa comunale[5], prima di concludere una sorta di patto provvisorio in un borgo fuori dalle mura, il quartiere di Villeneuve.

[5] Non si è dovuta aspettare la Terza Repubblica per inventare i "municipi": l'istituzione delle Case comunali risale ai Carolingi.

La trappola di Villeneuve (novembre 1216)

Il giorno è appena spuntato e il sole non si è ancora levato quando i più eminenti tolosani – grandi baroni, ricchi borghesi, notabili, mercanti, mugnai – ma anche umili cavalieri, si riuniscono nella Casa comunale in presenza dell'abate di Saint-Sernin, del prevosto Mascaron, di mastro Roberto, giurista locale e, naturalmente, dell'onnipotente vescovo di Tolosa, monsignor Folco di Marsiglia, massima autorità in materia di fede.

Una volta preso posto tutte queste personalità, l'abate di Saint-Sernin si lancia, come meglio non potrebbe, in un mellifluo discorso. Inizia invocando lo Spirito Santo, fatto del tutto normale per un abate: «Che lo Spirito Santo discenda con la Sua dolce chiarezza: invoco la Sua buona volontà tra Tolosa e messer Simone di Montfort, la Sua pace giusta e sincera!». Poi si rivolge agli interessati: «Un accordo accettabile è possibile: dipende ormai solo da voi, monsignor conte, giacché il monsignor vescovo e la bontà divina hanno fatto tanto questa notte che hanno piegato Montfort».

"Piegare Montfort"! Se il nobile conte fosse stato malleabile, gli abitanti della Linguadoca, e soprattutto i tolosani, se ne sarebbero accorti da un bel pezzo; da circa sette anni s'impadronisce, una ad una, delle città e delle piazzeforti dell'Occitania: basta ricordare Béziers, Carcassonne, Minerve, Termes, Lavaur, Castelnaudary, Saint-Antonin, Montcuq, Penne-d'Agenais, le località dell'Albigeois, Moissac, Muret, la regione di Foix, e la Provenza che i crociati stanno ora invadendo. Tuttavia, il giovane conte Raimondo VII, privato della contea dopo il concilio lateranense, non ha perduto le speranze; l'ha dimostrato davanti a Beaucaire, e lo stesso Montfort non si considera ancora il vincitore definitivo dei conti di Tolosa.

I tolosani sono quindi scettici, ma ciononostante ascoltano le proposte fatte dal «nobile conte» all'abate (CC, 174):

> «All'inizio il conte si è corrucciato, tanto monsignore [*Folco*] si schierava dalla vostra parte. Fidatevi quindi di lui.
> Egli vi supplica, signori, di rimettervi alla sua mercé.
> Vi giura in nome di Dio, del papa e della sua Chiesa
> che non perderete nulla, né i vostri campi, né le vostre vigne,
> né la vostra vita, né le vostre case, né le vostre fortune.
> Non vi sarà preso nulla dei vostri beni di questo mondo,
> al contrario: Montfort, se vi sottometterete,
> vi amerà di più e vi colmerà di contentezza.
> Vi vuole innanzitutto liberi. [...] Chi non gradirà assolutamente
> il suo modo d'agire, potrà lasciare la città».

Non c'è altro da aggiungere. Il consiglio è sciolto, i tolosani si tranquillizzano; fiduciosi, i notabili si dirigono ora alla porta di Villeneuve per ascoltare il conte di Montfort. Verranno a ben più miti consigli. Di fronte all'inflessibile conte, che la maggior parte di loro non ha mai visto in vita sua, i notabili tolosani sono intimiditi e smarriti.

Il vescovo Folco, dal canto suo, continua a svolgere il ruolo d'intermediario:

«Messer conte», dice ossequiosamente a Montfort, «questi borghesi si rimettono alla vostra mercé; tuttavia, a mio parere, bisogna garantire la promessa che vi hanno fatto di non sollevarsi più prendendo altri ostaggi, che posso, se lo desiderate, scegliere personalmente».

Montfort non risponde; si rivolge ai tolosani, che non sono per nulla tranquilli, e tanto per cominciare dà loro l'ordine, obbedito seduta stante, di liberare i baroni che hanno catturato: questi gli vengono restituiti senza nemmeno un graffio. S'intavola una discussione tra tutti[6] e i pareri sono nettamente discordi:

«Baroni», dice Montfort, «datemi la vostra opinione: secondo le leggi di guerra, ho intenzione di saccheggiare Tolosa e di offrirvi i suoi beni, in modo da ripagarvi profumatamente dei brutti giorni trascorsi. Che ne pensate?».

Il fratello, Guido il Vecchio, gli risponde subito e tenta di placarlo:

«Fratello, non lo fate: saccheggiare Tolosa vuol dire far male a voi stesso. Riprendete la città con mitezza e sarete amato, insozzatela col suo sangue e perderete l'onore. Un vero cavaliere non schiaccia il proprio avversario quando questi è in ginocchio, e rinuncia alle soddisfazioni dell'orgoglio. Perdonate Tolosa, e allora Tolosa sarà davvero vostra. Restituite le terre e i legittimi feudi ai nobili, i privilegi ai borghesi e, se ve ne domandano altri, concedeteli. Il giorno in cui vi mancheranno i denari, questa gente vi aprirà la borsa. Credetemi, è così che bisogna riconquistare Tolosa, e non col sangue e la rapina».

Il signore di Roucy, della cerchia intima del conte, condivide in pieno il parere:

«Onorate questi borghesi che vi chiedono grazia, nobile conte, e ve ne saranno grati per sempre; se li depredate, non penseranno ad altro che a farvi la pelle».

«Per Dio, signore di Montfort», dice un altro, «distruggere Tolosa significa dire addio al Cielo e all'onore della cavalleria».

Un cavaliere, di nome Luca, non è di questo avviso:

«Non gli credete, vi ingannano, nobile conte! Schiacciate i tolosani; umiliateli, e il vostro nome ne uscirà più grande; innalzateli e saremo noi a essere ricoperti di onta. I vostri sudditi vi odiano: ne avete ucciso i genitori, i figli, i cugini; perché mai amare chi non vi ama? È il conte Raimondo VI che vogliono per signore, e non potete farci nulla».

Ritorna alla carica il vescovo Folco:

«Se ci tenete a tenere bene in pugno questa gente, nobile conte, ecco

[6] Tutti i dialoghi qui riprodotti sono tratti dalla *Canzone della crociata* (lasse 177 sgg.).

come dovete agire: io ho garantito loro il soccorso della Chiesa se si disarmano, approfittatene per chiudere loro il becco. Fate smantellare le barriere che hanno edificato in città, confiscate le armi e le corazze in loro possesso e spargete ovunque la voce che chi ne nasconde è passibile di pena di morte. Non esitate a ordinare delle perquisizioni e, se trovate del denaro nei loro forzieri, prendetelo. Spogliate questi borghesi: con il loro oro, potrete assoldare potenti eserciti, degni di un conquistatore par vostro; potrete riprendere la Guascogna, la Catalogna, la Provenza e Beaucaire, che vi ha appena strappato con l'aiuto del figlio l'ex conte di Tolosa, Raimondo il Vecchio. Fate in modo di catturare quei due, mandateli come ostaggi in terre lontane, svuotate i loro forzieri fino in fondo, e allora sarete voi, conte Montfort, il padrone indiscusso della Guascogna».

Il «nobile conte» tentenna ancora tra un atteggiamento magnanimo e un comportamento piratesco, ma la sola menzione di Beaucaire lo fa sobbalzare: non riesce ancora a tollerare la perdita dei centri provenzali. Rivolgendosi ai compagni, dice loro brusco, con rabbia:

«I baroni della Provenza mi hanno tradito, e la pagheranno cara! Ma non permetterò che questo succeda anche a Tolosa, che, ve lo garantisco, ridurrò a una rovina fumante se non si sottomette seduta stante».

«Quello che consigliate a mio fratello è un crimine», ribatte Guido di Montfort ai sostenitori delle maniere forti. «Se riduce in cenere Tolosa, la popolazione, anche se decimata, lo detesterà a tal punto che sarà costretto ad abdicare e ad abbandonare la città per sempre».

«Il conte Guido ha ragione, messeri», aggiunge un intimo di Montfort, «i tolosani non dimenticheranno mai i propri figli e amici morti per mano vostra, e non cesseranno mai di odiarvi. Quando il conte Raimondo tornerà alle sue mura bruciate, la sua presenza farà germogliare nei loro cuori una rinnovata rabbia, e guai a noi se i tolosani saranno ancora in grado di combattere!».

«Finiamola, signori», dice Foucaud di Berzy, un cavaliere brigante, più brigante che cavaliere, che segue Montfort sin dagli albori della crociata. «Consigliare a Simone di distruggere questa città, di raderne al suolo le mura, d'incendiarne i palazzi, di rubare l'oro, vuol dire la rovina di tutti noi e la dannazione eterna. Tolosa, le sue mura e le ricchezze che esse racchiudono sono l'arma migliore del nostro conte e, di conseguenza, la nostra: non ha il diritto di perderla. Tratti invece i tolosani da uomini d'onore, li rassicuri e si faccia amare; allora, la sua gloria e la sua potenza faranno tremare tutta la Spagna».

Purtroppo, questi discorsi rimangono lettera morta, tanto più che gli uomini di Montfort si sono già riversati nella città.

Arrestano a colpi di pugni e calci i tolosani che incontrano e li ammassano in un campo ben sorvegliato a mo' di ostaggi: ce ne sono quattrocento a tremare tutta la notte, sotto una pioggia battente. L'indomani, all'alba, il conte e il vescovo li convocano nella chiesa di Saint-Pierre-des-Cuisines[7], dove un dotto giurista tiene loro questo breve discorso (CC, 177):

«Tolosani, il conte mio signore
ordina ciò che segue: nullo e senza valore è
l'accordo stabilito col signor vescovo.
Non chiamate in soccorso né Dio né il suo clero.
A Montfort solo, qui, dovete fedeltà
senza preoccuparvi della morte che potrebbe colpirvi.
O vi sottomettete alle sue giuste sentenze,
o sarete banditi lontano dalle sue terre
senza null'altro che un salvacondotto sigillato col suo blasone».

L'accordo promesso era solo una miserabile trappola. Stupefatta, la folla riunita non capisce: i tolosani scoprono di non aver che la scelta tra la morte e l'asservimento. Grida uno di loro, rivolgendosi alla folla (CC, 177):

«Io, signori, me ne vado!
Abbandono i miei beni, vi lascio ai vostri padroni.
Un salvacondotto, nient'altro, e vi dico addio!».
«Aspettate un momento», gli dicono, «arriva!».
Gli si abbattono sulla nuca i pugni dei sergenti.
Eccolo brutalmente incatenato mani e piedi
e condotto in prigione, senz'altra speranza che in Dio.
Gli altri, vedendolo malmenato a quel modo,
sono talmente spaventati che non proferiscono più verbo.
Piangono col volto tra le mani, reprimono la rabbia,
sono in trappola, vinti.

Montfort punisce Tolosa (fine 1216-inizio 1217)

Indignati per essere stati così meschinamente imbrogliati, i tolosani rientrano e Montfort lancia immediatamente le sue forze nella città: i suoi uomini sfondano le porte delle case, perquisiscono, confiscano tutte le armi che riescono a trovare. Poiché non si fida in particolar modo dei notabili, il conte invia in tutti i quartieri di Tolosa suonatori di tromba e banditori intimando a cavalieri, grandi borghesi, nobili dame e ricchi proprietari di lasciare la città nel più breve tempo possibile; contemporaneamente fa sapere di aver bisogno del loro denaro per vincere l'eresia e che dovranno versare un'imposta straordinaria prima della festa di Ognissanti. Per il momento, affida a vigorosi sergenti il compito di condurre fuori dalle mura il fior fiore dei notabili tolosani e le loro ricche spose grassottelle, scacciati dalla città come cani, accecati dalla polvere e tremanti di rabbia.

Il «nobile conte» aveva annunciato che avrebbe punito Tolosa abbat-

[7] Vedi la pianta di Tolosa, Appendice VI, p. 219.

tendone i monumenti e le case: mantiene la promessa. La popolazione, armata di badili, vanghe, martelli e zappe, viene condotta con la forza alle fortificazioni per abbattere le mura e gettare le difese nei fossati. Ascoltate il poeta della *Canzone* lamentarsi della distruzione della sua bella città (CC, 179):

> Mirabili palazzi, sontuose dimore,
> case tutte nuove, torri patinate dal tempo,
> edifici comunali, bastioni, mura di difesa
> sono abbattuti, rasi al suolo,
> cani e bambini giocano nella ghiaia,
> dentro e fuori, nella stessa luce.
> Una scorta di nebbia conduce gli ostaggi
> verso paesi lontani, a mani legate, impastoiati
> da ferri pesanti, insultati, strattonati,
> percossi a ogni passo, soffrendo mille pene.

Il rancore e la collera di Montfort non conoscono più limiti. Parla in continuazione di saccheggiare fino all'osso questa città «insolente», di darle fuoco, di trucidarne la popolazione. Invano il fratello, Guido di Montfort, lo supplica di placare il suo furore:

«Non vi fate trascinare dall'odio», implora, «chiedete loro tutto l'argento e l'oro di cui avete bisogno, ma, di grazia, risparmiate le loro vite e le loro case...».

In compenso, il vescovo Folco, dimenticando di essere a Tolosa prete di una religione d'amore e non di odio, incoraggia il conte nella sua opera distruttrice e disumana. Se le parole che gli attribuisce l'autore della seconda parte della *Canzone* sono vere nella sostanza, non possono che far rabbrividire (CC, 179):

> «Messere», dice il vescovo, «abbiate del fegato!
> Scorticate loro senza pietà la pelle dalla schiena
> e depredateli fino all'ultimo centesimo.
> Pretendete che vi paghino, da qui a Ognissanti,
> come minimo trentamila marchi di buon argento.
> Rovinate questi malandrini. Non lasciate loro altro
> che la bocca per gemere e gli occhi per piangere.
> Trattateli come servi soggetti a corvé,
> così passerà loro la voglia di mordervi».

Tutti i membri di questo consiglio improvvisato approvano, e gli sbirri di Montfort dilagano nella bella città, minacciando, brutalizzando, sfondando le porte delle case, spaccando tutto, vuotando bauli e armadi, accoppando tutti i tolosani e le tolosane che incontrano, gridando: «Vivano pure, se vogliono, ma in ginocchio!» S'impadroniscono nei granai di sacchi di farina e di frumento, del vino e delle carni secche, strappano i broccati e le sete di Grecia che ornano le dimore dei ricchi borghesi. La sera di questa terribile giornata, Tolosa non è ormai che un cumulo di rovine e di case mezze bruciate che finiscono di consumarsi. Per due mesi, i tolosani piangeranno la loro città e il loro passato che hanno visto ardere sotto i propri occhi stravolti, mentre quello che viene designato il «nobile conte» di Montfort assapora la vittoria sulla città vinta una seconda volta, ma dentro, stavolta; sua unica preoccupazione ora è di far sposare il figlio minore, Guido di Montfort, alla contessa Petronilla di Bigorre[8].

Poi, avido di nuove terre, Montfort se ne va nella valle dell'Ariège ad assediare il feudo di Montgrenier, proprietà di Ruggero Bernardo, figlio del suo antico nemico, il conte di Foix, nonché le terre e i castelli circostanti.

In seguito, all'inizio della primavera del 1217, fa sellare i suoi cavalli migliori, chiama a raccolta i suoi più valenti cavalieri, esce da Tolosa, attraversa la Garonna e, andando in direzione di Saint-Gaudens, si dirige verso le terre di Guascogna dove, praticamente senza colpo ferire, s'impadronisce di alcuni feudi (in particolare quelli del conte di Foix). Qui compie un vero e proprio massacro di «gente mite e tranquilla, cercatori di luce», saggiamente impegnati a coltivare il grano.

In Linguadoca, dopo la morte di papa Innocenzo III, avvenuta il 16 luglio 1216, il vento era definitivamente cambiato. Il suo successore, Onorio III[9], "scopriva" questo paese e il rappresentante da lui inviato presso il nuovo conte di Tolosa, ossia Montfort, nella fattispecie il legato Bertrando, successore del cardinale legato Pietro di Benevento, non sapeva quasi nulla dei problemi politici e dinastici relativi alla città e alla sua contea.

Dal punto di vista del diritto feudale, s'imponeva il decreto del concilio lateranense: la contea e il titolo di "conte di Tolosa" appartenevano a Montfort, con la principale motivazione «che da lungo tempo indizi certi avevano dimostrato che, sotto la dominazione di Raimondo VI, il suo paese non poteva conservarsi nella fede cattolica». Ma nel 1216, sul posto, per i nobili locali, i borghesi e il popolo questi diritti feudali appartengono al figlio di Raimondo il Vecchio (ancora in vita, ma scomunicato e quindi nell'impossibilità di recuperare feudo e titolo), vale a dire a Raimondo VII, che si definisce in tutti i documenti recanti la sua firma «figlio di Raimondo e per grazia di Dio duca di Narbona, conte di Tolosa e marchese di Provenza».

Peraltro, le difficoltà incontrate da Montfort davanti a Beaucaire convincono il nuovo papa, Onorio III, a radunare un contingente di crociati in suo appoggio, con l'assicurazione, per coloro che prenderanno la croce contro i catari o i loro protettori, delle indulgenze identiche a

[8] Petronilla di Bigorre era la vedova di Gastone di Béarn che, con i "tre conti" (di Tolosa, Foix e Comminges), aveva perduto il suo feudo a vantaggio di Montfort; vedi Appendice XIII, p. 239.
[9] Vedi p. 132.

quelle di cui beneficiano i crociati di Terra Santa. Il «nobile conte» di Montfort si servirà di queste forze per conquistare diversi castelli in Provenza e lottare contro Raimondo VI, a cui ha già tolto Tolosa e che conta di dover difendere contro di lui.

Il ritorno di Raimondo VI (settembre 1216-settembre 1217)

Nella seconda metà del 1216, le cose si complicano ulteriormente. Come abbiamo già detto, in novembre Montfort sposa alla contessa Petronilla di Bigorre il figlio minore Guido, che diventa così conte di Bigorre; ma nasce una nuova contestazione sulla città di Lourdes, il cui territorio è a cavallo tra due diversi feudi. Una volta composta questa lite, nel dicembre 1216 Simone di Montfort torna a Tolosa, che gli appartiene secondo i decreti del Laterano, ed esige dai suoi sudditi il pagamento dell'imposta dovuta per l'anno in corso e per quello precedente. Gli esattori del «nobile conte» vanno a caccia: confiscano i beni dei contribuenti, ne ipotecano le terre; nella città il caos è ben presto al culmine. Nel corso di dicembre, Montfort riceve una brutta notizia: la Santa Sede ha deciso di restituire al conte Raimondo Ruggero il suo castello di Foix.

Inoltre, Raimondo Ruggero si è fatto costruire una nuova roccaforte a Montgrenier, sopra Montgailhard, non lontano da Foix. All'inizio di febbraio 1217, questa minaccia spinge Simone di Montfort a porre l'assedio a Montgrenier. Dopo qualche settimana la piazzaforte, difesa da Ruggero Bernardo, figlio di Raimondo Ruggero, nonché da Ruggero di Comminges, tratta la resa: gli assediati escono liberi, ma abbandonano Montgrenier alle truppe di Montfort, con cui è conclusa una tregua di un anno.

Simone rientra quindi a Tolosa, al Castello Narbonese. Non vi resterà in pace per molto: il ritorno dei due "Raimondi" in Provenza, dove affermano il loro potere, lo obbliga in maggio ad abbandonare moglie, figli e nipoti per andare a guerreggiare prima nelle Corbières, poi sulla sponda destra del Rodano, che attraversa in luglio. Da lì, va ad assediare Crest, sulla Drôme, devastando al suo passaggio i vigneti che Raimondo VII il Giovane possiede dalle parti di Valence.

Fortunatamente, pare che Dio vegli sulla regione di Tolosa. Alla fine dell'estate del 1217, Raimondo VI il Vecchio torna dalla Spagna, approfittando della partenza di Montfort. Viene accolto dal vecchio conte di Comminges, col quale un tempo ha combattuto contro Montfort[10], e da qualche altro signore, tra cui il giovane conte Ruggero Bernardo di Foix e Aimerico di Castelnau, console di Tolosa. Dice Raimondo VI a Comminges:

[10] Vedi p. 90 e tavola genealogica a p. 242.

«Messere, datemi la vostra opinione. Certo, ho dovuto allontanarmi dal mio bel feudo di Tolosa, e soprattutto dalla mia città che avevo reso la più bella del regno di Francia, per evitare conflitti. Ma, stando a ciò che mi viene riferito, i miei vecchi sudditi non tollerano più le ingiustizie di Montfort e, quanto a me, non mi sento in grado di restare ancora a lungo privato del mio paese. Quindi ho inviato dei corrieri a Tolosa ai più alti notabili della città per sapere a che punto siamo e mi hanno risposto, con dei messaggi debitamente sigillati, che Montfort ha bandito i più saggi tra loro, ma che tanto bruciano dalla voglia di vedere nuovamente a Tolosa la rettitudine e la lealtà di un tempo che sono pronti a rischiare tutto purché io torni e la riprenda. Mi hanno garantito che, se andrò di nascosto, la città sarà tutta con me, ardente e devota, e che con me scaccerà Montfort. Allora, vi chiedo: secondo la vostra opinione, messere, che devo fare?[11]»

«Sire», gli risponde Comminges, «se poteste riprendere e conservare Tolosa, ridareste tutto il suo valore al concetto di onore, ormai da lungo tempo sbeffeggiato in Linguadoca e Provenza, soprattutto a causa delle estorsioni del conte e dei suoi crociati».

«Tolosa è la chiave di questo paese, signor conte», dice il console Castelnau, «prendetela e fatela rivivere: vi cadranno allora nella scarsella tutti i castelli che vi sono stati rubati e i tolosani ritroveranno il loro onore e la gioia di vivere. Quando avrete ripreso Tolosa, messere, vi supplichiamo di custodirla assai preziosamente in futuro, per la maggior felicità di tutti».

«Allora, ditemi ora come agire: sono partito da così tanto tempo... non ho nemmeno un esercito!».

«È inutile parlare di fuoco prima di aver acceso la miccia: dimenticate il passato, conte, e marciate dritto su Tolosa», dice Ruggero di Montaut.

E tutti gridano, quasi in coro:

«Viva Dio, cavalieri, torniamo a Tolosa! Non c'è bisogno di un esercito, non incontreremo alcuna resistenza: il matto che vorrà attaccar lite, messer conte, si pentirà di essere venuto al mondo».

«Amici, Dio sia lodato», dice il conte Raimondo VI, «mi riscaldate il cuore. Avete ragione: non c'è bisogno di un esercito per riprendere Tolosa, basteranno i baroni che sono con noi».

A quel punto tutto avviene molto rapidamente e nell'entusiasmo generale. Qualche giorno dopo questo consiglio, nel mese di settembre del 1217, il prode conte Raimondo lancia il suo cavallo a tutta briglia in direzione di Tolosa; l'esercito dei suoi sostenitori lo segue per colline, prati e valli, con all'avanguardia i cosiddetti "tre Ruggeri", vale a dire il conte Ruggero di Foix, Ruggero di Montaut e Ruggero di Comminges, visconte di Couserans. I cavalli nitriscono, l'eco del loro galoppo si propaga attraverso le montagne e le valli circostanti, quando, all'improvviso, nella valle dell'Agout, in una località detta La Salvetat, il cavaliere in testa si trova faccia a faccia con messer Jori, capofila di una truppa di fedeli del «nobile conte».

[11] Da CC, 181.

Nel giro di pochi minuti si scatena una gran mischia. Ruggero di Montaut fa roteare la spada e incita gli uomini; il conte di Foix accorre alla velocità della luce sul suo cavallo arabo, abbatte con un colpo secco Riccardo di Tournedos, che cavalcava accanto a Jori e che cade a terra, con l'usbergo ammaccato e il cranio spaccato. Nei prati tutt'attorno, s'ingaggiano muti e feroci combattimenti corpo a corpo; da entrambe le parti si fende, si fa a pezzi, si sgozza. Messer Jori esce dalla mischia per fuggirsene a briglia sciolta, ma nessuno riesce a raggiungerlo.

Malgrado i suoi sessant'anni, Raimondo il Vecchio arriva al gran galoppo, ma a battaglia conclusa per vedere il nemico in fuga. Gli rivolge la parola Bernardo di Comminges:

«Mi pare, signore, che Dio sia con noi: prima battaglia impegnata, prima vittoria! Questo presagio mi piace... Riprenderemo Tolosa per voi, conte Raimondo, contate sulla lealtà dei vostri vassalli!».

«Ci conto, nipote mio, e sono sicuro che con voi entrerò nella mia bella città. Inviate dei messaggeri per annunciare ai tolosani che arriviamo: che prendano le armi e si uniscano ai miei baroni. E ora, in cammino, amici miei, approfittiamo della nebbia che si è appena levata e raggiungiamo Tolosa attraverso la foresta: così piomberemo sul nemico di sorpresa».

Partono subito di piccolo trotto; sono appena entrati nella foresta che precede la città che incontrano due consoli[12], i messeri Raymond Bélenguyer e Hugues Jean, esultanti di gioia e con le lacrime agli occhi:

«Signore», gli dice il primo, «Tolosa vi aspetta, vi siete atteso come lo Spirito Santo, ma per penetrarvi, non passate per i ponti, perché sono tutti sorvegliati: attraversate direttamente il fiume in barca; regna una nebbia così fitta che vi troverete ai piedi delle porte senza che le guardie di Montfort abbiano avuto il tempo di muoversi».

Di fatto, le dimensioni della città, oltretutto attraversata dalla Garonna, rendevano praticamente impossibile impedirne l'accesso, e le mura si trovavano in uno stato assai pietoso. L'"esercito" del conte Raimondo VI il Vecchio attraversa quindi il fiume e si riunisce sulle sponde, a stendardi spiegati. Corre ad accoglierlo la popolazione, ebbra di felicità. Tutti si abbracciano, e quando il conte Raimondo, ben saldo sul suo cavallo, entra a Tolosa per il più grande dei suoi portali a volta, un'esplosione di gioia attraversa la città. Ovunque al suo passaggio, ricchi e poveri, donne e uomini, ragazze e ragazzi, giovani e vecchi canuti gli vanno incontro, s'inginocchiano, gli baciano le vesti, la calzamaglia, gli tendono le braccia e gridano: «Onore a Gesù Cristo, il nostro signore ritorna!».

E ognuno, impugnando bastoni, coltelli, lance o pietre, va per le strade, brandendo la propria arma, per fare a pezzi tutti i francesi che incontra; come nella storia, quella del Medioevo o quella di oggi, hanno

[12] Principali magistrati urbani.

sempre fatto i popoli occupati da stranieri usurpatori[13]. Ed ecco i tolosani cantare per le strade (CC, 182):

> Fuori dalle mura, soldatacci del signor Ipocrita! [*Montfort*]
> Fuori, la sua brutta razza e la sua brutta genia!
> Ormai Dio ci ama e il nostro conte esiliato
> torna da noi. Gloria a lui! Gloria ai suoi cavalieri!
> Gloria ai prodi di Tolosa!

Il conte Raimondo VI riceve così l'omaggio di una città devastata, che non ha più né torre, né merli, né vedette e neppure armi, ma la cui popolazione è esultante: «Il Cielo ci ha reso Raimondo, il nostro signore», proclamano gli uni; «Armiamoci, tolosani, a ciascuno il suo crociato», cantano gli altri. Chi impugna una spada, chi un randello, chi una lancia, i banditori corrono per i vicoli a braccare i francesi che, stanati, sono ridotti a pezzettini. Sotto l'arco di una finestra, s'informa la contessa di Montfort:

«Baroni, chi è quella gente che devasta la città?»

«È sicuramente il conte Raimondo che riprende Tolosa...», le risponde un valletto. «E non è solo, intravedo accanto a lui Bernardo di Comminges e il suo gonfaloniere, e Ruggero Bernardo di Foix, figlio del conte Raimondo Ruggero, e molti altri signori spogliati dal vostro nobile sposo. Sono più di un migliaio...».

La popolazione di Tolosa esulta e acclama i liberatori, mentre la contessa di Montfort chiama uno scudiero:

«Presto, correte, scappate, trovate il nobile conte, ovunque egli sia, e ditegli che non dimentichi la sua Provenza e che si affretti a tornare perché sta per perdere Tolosa, sua moglie e i suoi figli, e che se tarderà anche di un'ora a portar loro soccorso, non li vedrà più in vita in questo mondo!».

Nel frattempo a Tolosa si comincia a organizzare una difesa in previsione di un possibile attacco: i ricchi e i poveri, le belle dame, i «fieri donzelli e le pulzelle cortesi» (CC, 183) brandiscono chi il piccone, chi il badile, si barricano e, al sopraggiungere della notte, fanno insieme la guardia, mentre, in attesa dell'arrivo del conte Raimondo il Vecchio, la gioventù tolosana canta e i tamburelli fanno danzare le donne e saltare le ragazze.

Era da così tanto tempo che i tolosani aspettavano il momento di scuotere il giogo dell'uomo che aveva, dicevano, «rubato» il titolo a Raimondo VI! Questi lo deteneva, col feudo e i castelli, da generazioni: Raimondo I, suo avo, l'aveva ricevuto tre secoli prima, nell'849, da Carlo il Calvo.

[13] Dobbiamo ricordare che all'epoca l'unità politica della Francia era ben lungi dall'essere effettivamente realizzata e che la popolazione della Linguadoca, ad esempio, si considerava "occupata" dalle forze della Francia del Nord, i "francesi".

Ma ben presto, la popolazione si affloscia: l'esercito che entra in città non è quello del conte Raimondo; sono, a bandiere spiegate, le compagnie e i convogli di armi di Guido, figlio del conte di Montfort: «Scendete da cavallo, baroni!», grida con voce potente. Immediatamente gli squadroni si dispongono in ordine di battaglia, suonano le trombe, le spade, estratte dal fodero, brillano e le bande dei crociati dilagano in città, infrangono le barricate, devastano le difese, mentre il conte di Foix raduna i suoi baroni.

S'ingaggia allora il combattimento, meravigliosamente descritto dall'anonimo autore della *Canzone* (CC, 184):

> [*Il conte di Foix*] si batte come un lupo a capo di un branco.
> Attorno a lui si grida: «Tolosa a noi! Foix!».
> La breccia si allarga a ogni colpo che mena.
> Giavellotti, mazze d'arme, spade dal filo tagliente,
> pietre, frecce appuntite e quadrelli di balestre
> piovono come mortali chicchi di grandine. Dalle finestre
> si versano cesti di pietre sul nemico
> e gli usberghi risuonano, e gli scudi si spezzano,
> e molti soldati crociati cadono nella polvere,
> la schiena spaccata, le membra a pezzi.
> Raddoppiano i colpi, le urla, la confusione.

Lottano così un giorno intero, i maldestri borghesi tolosani guidati dai loro signori, contro gli abili guerrieri di Montfort. Al calar della sera, la battaglia è conclusa: le truppe improvvisate del conte Raimondo hanno vinto i crociati. Senza alcun aiuto, quasi senz'armi, con dei bastoni, hanno salvato Tolosa. Gli avversari non si capacitano delle ragioni della sconfitta e, infuriati, i luogotenenti di Montfort apostrofano i baroni (CC, 184):

> «Come avete potuto mordere la polvere in questo modo
> davanti a un popolo schiavo, a cavalieri erranti,
> gente a malapena armata di pietre e di bastoni?
> Il vostro onore è in frantumi e la Francia è perduta.
> Onta a voi! Maledetto il giorno che vi ha visto nascere!».

Dal canto loro, i tolosani, radiosi, trascinano i loro prigionieri per le strade e li impiccano con corte corde agli alberi della città: il loro anziano signore spodestato, il prode conte Raimondo VI di Tolosa, ha respinto i francesi del Nord, normanni, inglesi e altri mercenari teutonici fuori dalle mura col solo aiuto di Dio, che ha salvato la loro città. Si lamenta Foucaud, uno dei capi nemici (CC, 185):

> «Quale sventura, signori. [...] Abbiamo perduto tutto.
> Per la Francia, per i nostri figli, i nostri parenti, che vergogna!
> Dopo il prode Rolando, nessuno ha conosciuto di peggio.
> Noi, potentemente muniti di buoni coltelli, di spade,

di elmi scintillanti, di armature, di usberghi,
di mazze e di scudi, d'imbattibili cavalli,
eccoci messi a mal partito da un popolo vinto,
senz'armi, mezzo morto! [...]».

«Messer Foucaud», gli risponde Guido di Montfort, fratello del conte, «i tolosani non hanno forse un giorno chiesto grazia, l'avete dimenticato? Se mio fratello avesse avuto una qualche vera nobiltà e avesse loro aperto le braccia invece di fare il tiranno sanguinario, non saremmo a questo punto. Dio ha cambiato campo, perché ha scoperto la nostra doppiezza: chissà che un giorno non possiamo riprendere Tolosa. Per questo, ci occorreranno dei cavalieri, con tutti i prodi di Guascogna e di altri luoghi che ci piomberanno addosso».

Messer Guido di Montfort non credeva certo di aver così ragione.

9
La battaglia per Tolosa
(ottobre 1217-25 giugno 1218)

Dopo aver avvisato i suoi sudditi che ora dovranno faticare e soffrire per risollevare Tolosa dalle macerie, il primo pensiero del vecchio conte Raimondo VI, la sera di questo giorno di settembre 1217, è per il figlio Raimondo VII, al quale indirizza una lettera chiusa col suo sigillo annunciandogli la vittoria. E questa notizia, trasportata al gran galoppo da cento messaggeri, vola, ora, di castello in castello, per tutte le strade di Provenza e Linguadoca.

Ed è una notizia di una certa importanza. Ricordiamo che era stato nel gennaio 1215, durante il concilio di Montpellier, che il papa aveva solennemente spossessato Raimondo VI delle sue terre, dei castelli e dei titoli, per conferirli a Simone di Montfort, ricompensato per il suo operato alla testa dei crociati contro gli eretici catari della Linguadoca. Tre o quattro mesi dopo, nella primavera del 1215, il «nobile conte», come era uso designarlo, si era stabilito da padrone nella città di Tolosa, con un cospicuo numero di crociati provenienti dalla Francia del Nord. Poi, questo trasferimento di feudo era stato confermato dal concilio ecumenico lateranense[1] e, nel marzo 1216, Simone aveva ricevuto l'investitura pontificia per la Linguadoca. Ora, circa due anni e mezzo dopo esser stato scacciato da Tolosa, il vecchio conte Raimondo riprendeva la città: cavalieri da tutta la Linguadoca in festa galoppavano verso la città riconquistata; la popolazione li accoglieva tra gioiose acclamazioni, felice di vedere la sua città ferita liberata da questi francesi del Nord che la mantenevano sotto la loro legge e la obbligavano a parlare la loro "aspra" lingua d'oïl, simbolo del suo asservimento.

A Tolosa, che ha ritrovato il suo antico signore, la contessa Alice di Montfort è preoccupata. Rimane seduta vicino alla finestra, nell'alto di una torre del Castello Narbonese – questa fortezza è infatti rimasta, contrariamente al resto della città, nelle mani dei crociati – dipanando e filando, ma con gli occhi colmi di lacrime. Triste e pensierosa, ascolta le risate e le canzoni che le giungono dal basso. «La felicità mi abbandona, che Dio mi aiuti e salvi i miei!», ha scritto al marito quella stessa mattina in una lettera che uno dei cavalieri di Montfort sta por-

[1] Vedi p. 117.

tando, al gran galoppo, verso la Provenza, dove guerreggia il «nobile conte» (CC, 185).

Nel mentre di quest'evento, narrato dalla *Canzone*, Montfort si trova infatti nella valle della Drôme, a una trentina di chilometri da Valence, più precisamente davanti al castello di Crest. Lo sta assediando per un motivo che però non ha nulla di strategico: il suo signore, Ademaro di Poitiers, gli è ostile (non si sa perché) e da molto tempo perseguita il vescovo di Valence, sostenitore del «nobile conte», che l'ha chiamato in aiuto. Questo conflitto ha dato a Simone, piuttosto preoccupato dei maneggi di Raimondo il Giovane in Provenza, un ottimo pretesto per inforcare il destriero e condurre un piccolo esercito alla conquista delle terre e del castello di Crest, che ha posto sotto assedio. Ancora ignora gli avvenimenti di Tolosa.

Dopo aver cavalcato giorno e notte, senza neanche fermarsi per dormire, il messaggero di Alice di Montfort è ora sotto la tenda del conte, davanti a Crest; ansimante, poggia un ginocchio in terra e gli consegna la lettera della contessa:

«Cavaliere, la notizia che mi porti è buona o cattiva?», gli domanda, prima di srotolarla per leggerla.

«È triste, perdonatemi, nobile conte».

«Ho perduto Tolosa?»

«Ahimè, così temo, messere: la nostra ultima speranza è che accorriate sulle sponde della Garonna con un buon centinaio di cavalieri prima che sia troppo tardi».

«Chi mi ha preso la città? Chi me l'ha presa, amico mio?», chiede Montfort, rosso di collera.

«Signor conte, lo conoscete, debbo farvene il nome? Ho visto coi miei occhi il conte Raimondo VI il Vecchio entrare nella vostra città coi suoi, scortato dai baroni, che hanno fatto un gran massacro dei cavalieri francesi».

«E la popolazione?»

«Scava trincee, innalza barricate e non dice una parola».

«Che ne è di mia moglie e dei miei figli?»

«Sono sani e salvi, nobile conte, ma hanno un nodo alla gola e la contessa teme per la vita delle sue figlie».

«Non dire una parola di tutto ciò ad alcuno, cavaliere, e se qualche barone t'interroga su Tolosa, rispondigli che la città è tranquilla, che il tempo è bello e che le salsicce sono sempre buonissime... soprattutto se si cucinano con i cavoli!».

Montfort ha deciso di tacere questo grave avvenimento, sopraggiunto in sua assenza, non tanto per orgoglio, quanto per evitare che, per contagio, vi siano altri contraccolpi. Teme che qualche altro suo vassallo si sollevi o vada da altri signori. Alle domande del suo seguito, risponde, con aria sicura, che le notizie sono buone; addirittura migliori di quanto lo siano mai state, e che il suo avversario, il conte Raimondo VI il

Vecchio, si è ridotto a vagare per le strade di Spagna; che il re d'Inghilterra gli ha promesso alcuni feudi in cambio di un accordo di pace; che suo fratello, Guido di Montfort, è a Tolosa, a raccogliere fondi per l'acquisto del Béarn, della Bigorre e del castello di Lourdes, in cui, dice, non vede l'ora di entrare da padrone; infine, fa spargere la voce di avere delle mire sulla Provenza, dove gradirebbe ritirarsi per trascorrere la vecchiaia. «Pare proprio», dice in sostanza a chi vuole ascoltarlo, «che in questo momento Dio voglia la mia gloria. Mi affretterò a concludere accordi ragionevoli con i provenzali per poi partire al più presto per Lourdes, dove sono impaziente di entrare da signore» (CC, 186).

Diversi cavalieri, impressionati da questi progetti, si rallegrano; altri, scettici, non proferiscono verbo: sono nati in Provenza, e temono per i loro feudi. Alla fine, Montfort prende congedo senza aver rivelato nulla ad alcuno e quelli che lo scortano, in silenzio, sulla via della Linguadoca, si meravigliano: il «nobile conte» pare triste come un'anima del purgatorio; si interrogano sulle ragioni della sua inquietudine.

La verità si rivelerà a poco a poco sulle sponde del Rodano, dove diffondono la notizia, ancora incerta, dei baroni provenienti dalla regione di Tolosa. Secondo alcuni, il conte Raimondo VI il Vecchio avrebbe ripreso Tolosa; secondo altri, sarebbe sul punto di attaccarla. Immediatamente tra i provenzali non s'ode che un grido: «Evviva! I tolosani hanno ripreso la loro città! La guerra è finita! Che Dio protegga Tolosa! E dia al conte Raimondo ardore, forza e fede!».

Montfort, dal canto suo, va al galoppo, a testa bassa, con la rabbia nel cuore: gli hanno rubato Tolosa, deve riconquistarla, vuole la guerra. Invia ovunque messaggi col suo sigillo, assolda soldati di ventura, convoca baroni sfaccendati in cerca di battaglie, scrive al cardinale Bertrando, legato pontificio, perché lo appoggi nel suo progetto di riconquista della città e della contea che il concilio lateranense gli ha concesso. Cavalcando notte e giorno, entra ben presto a Montgiscard (a una trentina di chilometri da Tolosa) alle prime luci dell'alba. Vi fa una breve sosta, ordina ai suoi baroni d'indossare l'armatura e di far suonare le trombe e marcia dritto sulla città di Tolosa, passando per Baziège, un tranquillo villaggetto lontano dalla strada maestra, dove si ferma una sera d'ottobre del 1217.

Monsignor Bertrando, il cardinale legato, viene ben presto a intrattenersi col conte perché ha saputo che Raimondo VI il Vecchio, ignorando le misure decise dal papa al Laterano, si è ripreso la sua città. Gli rivolge quindi qualche parola di conforto:

«Messer Montfort, siate contento, questo sole mattutino è di buon auspicio: Tolosa ricadrà nelle vostre mani, ne sono certo. Quando ne sarete padrone, dovrete seduta stante inviare al supplizio i conti di Tolosa, di Foix e di Comminges e far impiccare tutti i baroni del conte Raimondo, dal più nobile al più umile. È così che si dovrebbe agire con tutti gli eretici».

«Tutti i baroni?», tempera il vescovo Folco, senza dubbio stupito dalla furia vendicatrice del cardinale legato. «Non sarebbe più giusto risparmiare almeno quelli che troveremo a pregare ai piedi degli altari?»

«No», dice il cardinale, «non esitate a sopprimerli tutti, nobile conte: meno baroni ci saranno, meglio regnerete, ché Dio non si cura per nulla di loro. E io, nel Suo santo nome, ve li lascio. A ogni modo, siete totalmente nel vostro diritto: Sua Santità e il concilio vi hanno accordato tutti i titoli e tutte le terre del conte di Tolosa. Sono vostre, andate a riprendervele».

Le argomentazioni del cardinale non erano del tutto esatte. Ma Montfort, a cui calzano a pennello, cavalca alla volta di Tolosa, attraverso campi e prati. E per quanto preoccupato, guida la sua truppa a folle velocità, bandiere al vento.

Quando giunge in vista della città tolosana, vede venirgli incontro il fratello, Guido di Montfort, seguito da numerosi baroni in armi; i due uomini si abbracciano emozionati. Poi, si avvicina il vescovo di Tolosa, Folco, che arriva dalla Provenza insieme a Montfort. Ma è il cardinale legato Bertrando, incaricato nella città di vigilare al rispetto delle decisioni del concilio ecumenico lateranense, a prendere per primo la parola. E dice a Montfort (da CC, 187):

> «Signore era tempo che arrivaste. Da quando l'ha ripresa il suo antico signore, Tolosa si crogiola in tutti i peccati dell'inferno [*allusione al liberalismo di Raimondo VI che, prima dell'arrivo di Montfort, tollerava i catari in città*]. Schiacciatela senza pietà e farete cosa gradita a Dio. Prendetela, saccheggiatela, abbattetene le case e uccidete senza quartiere, nel più profondo delle chiese, degli ospedali, dei luoghi sacri, uccidete, messer conte, credete nel rappresentante di Sua Santità il papa quale io sono, uccidete, non vi è alcun innocente in questa città, potete senza scrupoli insanguinare le vostre armi».

Queste parole criminali del cardinale legato scateneranno il massacro. I baroni di Montfort scendono da cavallo, gli animali, alleggeriti, si scuotono, i campanelli tintinnano, e lo sferragliare di lance e scudi si ode già dall'alto delle mura cittadine, dove fluttuano al vento gli stendardi dorati della casa di Tolosa e quelli vermigli della casa di Comminges. Sul cammino di ronda, sopra i bastioni, gli arcieri tolosani, al riparo di strette feritoie, preparano le frecce; in basso, le donne di Tolosa spingono pesanti carriole cariche di pietre.

I due eserciti, quello dei tolosani, che si sono sollevati e hanno consegnato la città al loro conte, e quello di Montfort, venuto a reprimerli, si trovano ora uno di fronte all'altro, a malapena separati dalle lizze[2] e dai fossati che circondano la città. I baroni di Montfort avanzano in ordine di battaglia, muniti di scale e di marmitte di fuoco[3]; sono accolti da una pioggia di proiettili scagliati con l'ausilio di potenti petriere. Tra le urla

[2] Zona, spesso compresa tra due palizzate, che proteggeva una piazzaforte, le mura di una città o che accoglieva dei combattenti.

[3] Destinate a essere gettate dall'alto delle mura per incendiare le case.

degli uni e degli altri, si sentono gli assalitori gridare: «Montfort!» e gli assediati: «Narbona[4]!». Dritto in piedi sui bastioni di Tolosa, il conte Bernardo di Comminges reclama una balestra: viene preparata, consegnata, egli l'afferra con gesto agile, la carica con un appuntito dardo d'acciaio, si fa il segno della croce, si concentra per qualche secondo, mira lentamente al cavaliere nemico che comanda l'attacco, che altri non è che Guido di Montfort, il figlio di Simone, e gli scocca una freccia che trapassa il petto del giovane da parte a parte, nonostante l'usbergo. Si porta subito via il ferito insanguinato, mentre, dall'alto dei bastioni, grida ironico Comminges: «Touché, caro genero[5]! Eccovi il benvenuto dalla mia contea!».

La battaglia, che si va mettendo male per i crociati, dura fino a sera, furiosa come più non si potrebbe, come riferisce la *Canzone* (CC, 188):

> Dappertutto non vi sono che armature e buoni scudi spaccati,
> cavalieri con smorfie di dolore, fianchi squarciati,
> braccia e mani spezzate, gambe recise dal corpo,
> petti trafitti, elmi tutti ammaccati,
> carni a pezzi, tritate, teste che si perdono gli occhi,
> rivoli di sangue vermiglio che zampillano da piaghe vive,
> e baroni che picchiano sodo, commilitoni caritatevoli
> che trascinano lontano dalla lotta i compagni riversi.
> Non ce n'è uno che non sia ferito.
> Il campo è rosso e bianco di crani spaccati.

Montfort, così spesso vincitore in passato, scopre ora l'amaro sapore della sconfitta. Nella sua tenda, piantata sotto le mura di Tolosa, da cui è appena stato cacciato, schiuma di rabbia e di dolore. I suoi piangono e sospirano, mentre i baroni guasconi reclutati a forza nei ranghi dei crociati si rallegrano con discrezione: «Nobile e bella Tolosa, ritrovi la gloria di un tempo, grazie di aver vinto questi francesi del malaugurio! Ora, governeranno nuovamente Dio e il Diritto!».

L'indomani, il «nobile conte» di Montfort si trattiene con la moglie, Alice, al capezzale del figlio Guido, ferito, disteso su un morbido letto. Si lamenta e commenta l'insuccesso con chi gli sta intorno: il cardinale legato Bertrando, Alano di Roucy, uno dei suoi "generali", il siniscalco Gervasio, da lui stesso nominato a questo supremo posto di comando, e alcuni altri. Organizza seduta stante un consiglio di guerra, impaziente di lavare la sconfitta.

Il «nobile conte» è chiaramente dell'avviso di riprendere senza indugio Tolosa e i suoi territori, perché è stato irrevocabilmente deciso da quelle che ai giorni nostri chiameremmo "le istituzioni internazionali", vale a dire, in materia feudale, la Chiesa, che il feudo tolosano fosse da quel momento in poi di sua proprietà; ma le opinioni del suo stato maggiore sono discordi riguardo all'opportunità di questa riconquista e ai

[4] "Narbona" è il nome della residenza storica dei conti di Tolosa.
[5] La figlia di Bernardo IV di Comminges, Petronilla, aveva sposato Guido di Montfort.

mezzi da impiegare per realizzarla. Tuttavia, per Alano di Roucy, che combatte al fianco di Montfort sin dal 1211, lo scacco subito dal «nobile conte» non è dovuto né a un errore strategico, né a una cattiva stima delle possibilità di riuscita: è, secondo ciò che gli fa dire l'anonimo autore della *Canzone della crociata albigese*, una punizione divina. E il cavaliere, mosso da saggi proponimenti, non esita a prendersela duramente con le ambizioni del suo capo (CC, 189):

> «Messere, sicuramente, voi siete
> un potente conquistatore. Ma in questa avventura
> Gesù non gradisce ciò che vi vede nell'anima.
> L'arroganza, la superbia, la sete di potere
> hanno mutato gli angeli in serpenti.
> Ugualmente, le vostre passioni, il desiderio di vendetta,
> il disprezzo che avete per la gente, il vostro orrore per il perdono
> e gli oscuri demoni all'opera nella vostra anima
> vi hanno fatto spuntare in bocca un dente marçio
> che avremo difficoltà a estrarre come si deve.
> Pare che il nostro Divino Padre che governa il mondo
> detesti fortemente la vostra malvagia idea
> di distruggere Tolosa e massacrarne la popolazione.
> Il signor cardinale [*il legato Bertrando*] ci vuole convincere
> a esser duri, feroci, spietati.
> Combattete, ci dice, senza curarvi della morte,
> vi prometto in Cielo assoluta beatitudine!
> Mille grazie, monsignore, di trattarci come santi.
> Ci volete in gloria? Ne siamo commossi:
> Ma siete troppo buono... Davvero troppo: tutti sanno
> che i beni dei defunti vi finiranno in tasca.
> E allora, che Dio mi perda e san Vincenzo si scordi di me
> se rischierò nuovamente il mio sangue per questa città».

Per il siniscalco Gervasio, più realista, attaccare Tolosa che trabocca di valorosi, con un esercito di sciancati come quello di Montfort – ha appena perduto centosessanta uomini e lamenta altrettanti feriti – e tentare di espugnare questa città le cui mura paiono imprendibili, è pura follia:

«Se vogliamo davvero riprendere questa città», dichiara saggiamente il siniscalco, «costruiamole vicino una nuova Tolosa, con mura, fortificazioni, bastioni e case senza pari. Sistemiamoci nuova gente che sarà legata a voi, signore, con nuovi giuramenti di fedeltà: allora essa potrà affrontare la temibile sorella che ci ha appena vinto, e quella che resterà in piedi grazie al sangue dei suoi soldati, al fragore delle sue armi e all'ingegno dei suoi capi, regnerà senza riserve sulla Guascogna, per sempre. Con nuove mura, nuovi uomini ben armati, buoni denari, abiti e stoffe, grano a profusione, carne, vino, mercanti, finiremo con l'abbattere la vecchia Tolosa, grazie a un lungo assedio di logoramento, senza dover combattere. Accerchiamo le sue mura, sorvegliamo le porte, priviamo in tal modo i tolosani di semenza, grano, frutta, viti, sale e di tutto ciò che serve per vivere; affamiamoli. Così, vinceremo senza colpo ferire e il nostro insuccesso di oggi verrà cancellato e dimenticato».

«Monsignori», dice Montfort, «l'idea mi piace: vincere una guerra senza combattere, che chiedere di più?»

«Sire», risponde il vescovo Folco, «l'idea è meno buona di quello che sembra: non si entra a Tolosa unicamente dalle porte».

«Che significa?»

«Resta ai tolosani la via della Garonna, che si fa beffe delle mura e attraversa la città; finché essa rimarrà aperta alle barche, a Tolosa non mancheranno mai i viveri e voi non potrete mai sottometterla».

Monfort liquida l'argomento con un gesto vago perché ha un'idea. Sottoporrà la città, espone, a un doppio assedio. Uno, terrestre, sorvegliando tutte le porte e vietando l'accesso alla città via terra (dalle strade provenienti da Montferrand, Castres, Albi e dall'Agenais), e l'altro, fluviale, sulla Garonna, ormeggiandovi le proprie imbarcazioni, che impediranno a barche e navi di entrare a Tolosa e approvvigionarla (CC, 189):

> «[...] Sin da domani,
> coi più valorosi baroni del mio esercito,
> occuperò il fiume e ne chiuderò i passaggi.
> Guido, mio fratello, e mio figlio terranno la riva destra.
> A Tolosa non entrerà altro che il vento».
> La decisione è presa: predispongono un doppio assedio attorno alla città.

La risoluzione adottata dal consiglio di guerra tenuto da Montfort coi suoi baroni alla fine di questo mese di novembre 1217 è pratica e sensata: un doppio assedio offrirà ai tolosani due sole possibilità, la resa o la fame, e il bravo cardinale, i vescovi e gli abati potranno andarsene per il paese a predicare la pace e l'abolizione dell'eresia catara.

Sin dal giorno dopo, quindi, c'è grande attività nel campo degli assedianti. Essi consolidano le proprie difese davanti alla città e innalzano le mura di una città annessa, più piccola, sulla stessa sponda del fiume: si scavano fossati, si erigono mura, vi si aprono delle porte. All'inizio dell'inverno del 1217, accanto alla vecchia si erge una "Nuova Tolosa" (che non è che una sorta di suburbio al quale viene dato il nome di Saint-Cyprien). Certo, è più piccola, ma ben difesa, dal lato di terra, dalla fortezza chiamata Castello Narbonese[6], i cui merli sono «irti di balestre» (CC, 190) e, dal lato del fiume, dalle mura della nuova città, da cui gli arcieri di Montfort possono sorvegliare e controllare la Garonna. Unica preoccupazione del conte è di fortificarla in modo adeguato per poterla difendere. Per mesi, sulle rive del grande fiume tolosano, si affaccendano abati, baroni e signori al contempo sorvegliando o ammirando i lavori. Di tanto in tanto accade loro tuttavia di discutere.

[6] La fortezza era costruita a sud di Tolosa, all'esterno delle mura, sulla sponda destra della Garonna. Vedi Appendice VI, p. 219.

L'argomento che più spesso comparirà nei loro scontri verbali sarà l'errore commesso nel far soffrire la vecchia Tolosa:

«Abbiamo raccolto ciò che abbiamo seminato», dice uno dei seguaci del «nobile conte» di Montfort. «Facendo subire tanti mali a questa città, e così duramente, l'abbiamo spinta nelle braccia del suo vecchio conte, Raimondo VI, che ora considera il suo salvatore».

«Colui che conquista una terra a furia di eroismi e che si perde poi in violenze e maltratta e massacra la gente esaspera il risentimento di tutti, raccogliendo un giorno i frutti di un odio insaziabile», rincara uno dei più anziani crociati di Montfort, Roberto di Picquigny. Il signore vinto – in questo caso l'ex conte di Tolosa – resuscita ben presto dai morti. I francesi del Nord sono conquistatori di natura, sanno innalzarsi sino alle vette delle aquile ma, arrivati in cima alla ruota della Fortuna, la superbia li appesantisce, la scala si rompe ed ecco che ricadono giù, con la faccia nel fango (CC, 192). Fu a causa della loro superbia e della loro stupida follia guerriera che Oliviero e Rolando perirono un tempo in Spagna, a Roncisvalle, ed ecco perché, conclude saggiamente il signor di Picquigny, Simone di Montfort sta per perdere le sue terre per averle consegnate a quei nostri diavoli di crociati: dopo aver conquistato tutto, ha riscosso imposte, si è ingrassato di denari, ha depredato la popolazione e ha fatto soffrire talmente Tolosa, che la città, quando il vecchio conte le si è presentato davanti, lo ha accolto come un salvatore: che pazzia aver consegnato il paese a siffatti banditi, a siffatti pezzenti!

Dopo mesi di lavori estenuanti, verso la fine del 1217, vede lentamente la luce la "Nuova Tolosa". Guido di Lévis, che ha seguito Simone di Montfort sin dalla presa di Carcassonne[7], nell'agosto del 1209, spinge il nobile conte ad agire rapidamente (CC, 192):

> «Conte, basta parlare!», grida Guido di Lévis.
> [...]
> «Uno dei prossimi giorni, all'ora in cui sulla torre
> il soldato di guardia suona l'alba, attacchiamo la città.
> [...]
> L'inverno è buio, rigido, le albe pungenti.
> I tolosani saranno con le loro donne, a letto.
> Il tempo di aprire gli occhi e infilare la calzamaglia,
> e i nostri uomini e cavalli avranno già fatto della strada:
> attraversato i fossati, superato scaramucce,
> avremo trucidato le guardie alle porte.
> [...]
> Siano la spada, il fragore, l'incendio, il massacro
> e il sangue zampillante alla fine della giornata a designare
> chi può cantar vittoria e chi deve soccombere.
> Almeno, se perderemo, moriremo con onore».

[7] Vedi pp. 55-57.

Un breve silenzio segue questo intervento, al quale risponde ironicamente il cavaliere Alano di Roucy (CC, 192):

«Per Dio, messer Guido, [...]
andate pure per primo. Se il vostro amico conte
seguirà le vostre orme, io sarò il terzo...».

Montfort redarguisce il cavaliere e rende nota ai suoi la propria decisione e la strategia che intende adottare (CC, 192, 193):

«Alano, Guido ha cento volte ragione,
faremo ciò che dice.
[...]
Domani, all'alba, armati da capo a piedi,
alcuni dei nostri uomini sui loro cavalli arabi
andranno all'assalto [...]».

Seguono le consegne date da Montfort ai suoi cavalieri: dopo che gli uomini di Tolosa, avvisati del loro arrivo, si saranno dispiegati davanti alle mura, i crociati si scaglieranno dritti su di loro a grandi colpi di sperone; il nemico correrà a rifugiarsi all'interno delle mura cittadine, e i crociati penetreranno dietro di lui dentro Tolosa. Una volta entrati, combatteranno strada per strada, piazza per piazza, fino a vincere o morire: «Meglio perire in armi che perdere onore e senno in un assedio senza fine», conclude Monfort. Ma è suo figlio Amalrico che ha l'ultima parola ed esclama fiero. «Questo sì che è parlare, padre, guiderò io l'assalto dell'avanguardia!» (CC, 193).

Il consiglio è tolto. Alcuni vanno a mangiare, altri a dormire. All'alba di un freddo mattino di febbraio[8] 1218, nelle casette e nelle strade della Nuova Tolosa, i cavalieri di Montfort si preparano e si agitano in silenzio. Gli uni si appostano nei boschi e nei campi davanti alle mura della vecchia città, gli altri se ne vanno, cavalcando, come a fare una passeggiata. Come aveva previsto Montfort, non appena li scorgono, i soldati di guardia danno l'allarme, cavalieri e soldati balzano fuori dal letto, saltano nelle brache, afferrano le armi; ovunque suonano le trombe, e si brandiscono alti gli stendardi della casa di Tolosa, il cui esercito, condotto al galoppo da Bernardo di Comminges, esce dalle porte della città al grido di: «Dagli ai francesi! Dagli a Montfort!». Dal canto suo, Montfort, accompagnato dal figlio Amalrico e seguito da una dozzina di cavalieri, dà di sprone, trascinando i suoi alla carica contro i tolosani, che non si aspettavano un attacco così repentino da parte dei "francesi". Allora barcollano, si confondono e cadono nei fossati pieni d'acqua; al che i crociati aumentano la pressione e si avvicinano sempre più

[8] Mese incerto, ma in accordo col contesto («i pantani gelati...»).

alle porte della vecchia città. Ma devono ben presto ripiegare sotto il contrattacco dei tolosani, come dice la *Canzone* (CC, 193):

> Gli uomini di Tolosa, per un attimo a mal partito,
> caricano da tutti i lati, con rinnovato coraggio. I francesi
> cercano di proteggersi dal diluvio di spade,
> cadono nei fossati sotto i colpi massacranti,
> o scappano in un fuggifuggi generale, abbandonando i morti
> e i cavalli crepati nei pantani gelati.
> Pennoni stemmati, gualdrappe di palafreni,
> begli scudi blasonati, cotte di maglia doppia,
> briglie, selle di cuoio, pettorali di ferro spezzati
> mezzo impantanati ricoprono il suolo fangoso.
> La mischia si scioglie. Non v'è arto né corpo
> che non sanguini o soffra, o zoppichi, o gema.
> Gli uomini di Tolosa ritornano ai loro bastioni
> cantando allegramente vittoria [...].

Di ritorno da quella possente cittadella che è il Castello Narbonese[9], Montfort, perdente, deluso, cupo, slaccia la spada, posa il cinturone, si fa benedire dal vescovo e dal legato, vestiti di porpora e oro, ed esclama, con tono astioso e stizzoso:

> «A quanto pare, questi matti di tolosani hanno il diavolo in corpo. Ma se, fino a ora, Dio mi ha sempre aiutato, oggi non si può dire lo stesso di voi! Questa città di Tolosa, l'avevo conquistata con la croce; oggi, avevo solo due aiuti: voi e la mia spada, e questi due aiuti mi hanno tradito... Perdonatemi, non controllo la collera... Ma che volete, vedermi sconfitto da questi spiantati, è un'umiliazione che non riesco a sopportare. Credevo di poter vedere la fine dei miei mali, la pace regnare infine in Linguadoca, e non dover conquistare che la Provenza. Di colpo, crollano tutte le mie speranze; speravo che il vecchio conte Raimondo VI si fosse perso una volta per tutte in Spagna, e invece ecco che ricompare più arzillo che mai a tener testa alle mie armi con la sua misera truppa. Ah! Lo giuro: non toglierò l'assedio a Tolosa prima di aver devastato questa città e distrutto il suo signore».

Il cardinale legato placa Montfort come può, gli promette d'inviare un vescovo che chieda aiuto al principe Luigi[10], figlio del re di Francia Filippo Augusto, e di tornare l'anno successivo sulle rive della Garonna con questo e numerosi crociati di rinforzo: allora, gli dice, il vecchio conte tolosano Raimondo VI si arrenderà chinando la schiena.

A poco a poco finisce l'inverno. La Pasqua di quel 1218 (il 15 aprile), si riuniscono Montfort, suo fratello Guido, il figlio Amalrico, il cardinale legato Bertrando e il fior fiore dei crociati; deliberano in segreto. Il «nobile conte» è impaziente e agitato: ritiene che la crociata gli costi troppo denaro, troppi uomini. Il cardinale lo rassicura: ha inviato ovunque dei predicatori e promette che a Pentecoste – la «stagione degli

[9] Vedi p. 154.
[10] Il futuro Luigi VIII.

amori», dice sorridendo – tutti i cristiani del mondo invaderanno le strade della Linguadoca:

«Con loro, valicheremo le mura di Tolosa, voi prenderete questa città, messer conte, appiccherete il fuoco alle sue belle dimore e ridurrete la popolazione in polvere di carbone» (CC, 195).

Mentre i francesi discutono, i baroni tolosani danno di sprone e, guidati dai migliori tra loro, si vanno a piazzare davanti al campo dei crociati. Vedendoli, questi smettono di discutere e si spaventano. Si odono voci gridare: «Santa Vergine, salvateci!». Tutti prendono le armi, allacciano le corazze; Montfort brandisce la spada e, in pochi istanti, il suolo si ricopre di brandelli di carne, teste che rotolano sanguinanti tra l'erba, budella sparse. Tuttavia, anche le lance e le spade tolosane fanno miracoli e, tra le file di Montfort, francesi, borgognoni, bretoni e normanni cadono, fatti a pezzi, o si danno alla fuga.

Poi, le truppe del «nobile conte» riescono a radunarsi, vengono raggiunte dai rinforzi e i crociati sono di colpo così numerosi che i tolosani fanno a loro volta dietrofront. Sono però ben presto fermati dalla voce possente del signor Ugo della Mothe che grida: «Piano, signori, difendiamoci, che diavolo! Meglio morire in piedi che vivere a schiena curva!» (CC, 195). E la sua lancia, che parte subito sibilando, raggiunge il primo dei suoi inseguitori. Allora, un fiero guascone, Almavis di Pestillac, incita a sua volta i tolosani e urlando: «Dietrofront, amici!», si mette a colpire, mozzare, trucidare, fare a pezzi gli uomini di Montfort. A Tolosa, la popolazione, gli artigiani, i borghesi e molti altri che non avevano mai maneggiato una spada in vita loro si esaltano a vicenda: «Andiamo ad aiutare i nostri!», urlano. Spuntando dai fossati, invadono il prato; l'autore della *Canzone* ci dipinge così l'atmosfera della battaglia (CC, 195):

> Le folle nemiche con gran fragore si mescolano.
> Grida, corni, trombe, chiarine fan vacillare le mura,
> fanno tremare la Garonna e fremere il puro cielo.
> I baroni tolosani correndo alla battaglia
> gridano: «Forza Avignone! Beaucaire! A noi Tolosa!».
> Le spade, i randelli, i tizzoni, i ronconi,
> le lance, il pietrisco, le pesanti mazze d'arme,
> le picche, le selci, i dardi e le scuri,
> i lunghi quadrelli sibilanti e le sottili frecce
> piovono da tutti le parti così violentemente che tutti
> fino ai guerrieri più saldi ne sono spaventati.
> [...]
> Il conte di Montfort, tra i più fitti ferri,
> combatte furiosamente. Uccide due tolosani.
> Ma l'assalgono così tante armi brandite da ogni lato
> che il suo cavallo vacilla, e l'arcione della sella
> si rompe. Eccolo in terra. Lotta con accanimento,
> resiste, si rigira e d'un balzo
> rimonta su un palafreno.

> [...]
> Numerosi cavalieri
> giacciono a Montoulieu, sul periglioso prato
> dove l'erba è ogni giorno più rossa di sangue nuovo.
> [...]
> Il conte di Montfort, tornandosene, rabbioso,
> si lagna a voce aspra. Dice: «Signore Gesù,
> dov'è dunque la mia stella, dove la mia buona sorte,
> il mio fraterno astro che, per terra e per mare,
> mi ha così a lungo guidato, così bonariamente aiutato?».

Continua così per tre o quattro settimane. Tanto che, all'ottavo mese di questo disastroso assedio, nel maggio 1218, le truppe del «nobile conte» sono sempre allo stesso punto... ma hanno perduto un bel po' di guerrieri! Allora, Montfort, d'accordo col cardinale legato, prende la grave decisione di rinunciare a impadronirsi di Tolosa e di distruggerla quartiere per quartiere, casa per casa, pietra per pietra. Senza indugio mette all'opera squadre di carpentieri, che innalzano torri di legno per affrontare i bastioni e sistemano catapulte e petriere per bombardare le mura della città. In capo a tre o quattro giorni, ecco comparire dai boschi adiacenti un messaggero a cavallo – «spedito e gioviale», dice la *Canzone* – latore di notizie che rallegrano Montfort: il vescovo Folco e la contessa Alice accorrono a briglia sciolta, con un prestigioso generale che si è distinto nella battaglia di Bouvines[11], Michele di Harnes, e due o tre altri eroi che hanno anche combattuto per il re di Francia[12], accompagnati da «centomila crociati»[13] che, domani, sostengono, faranno tremare le mura di Tolosa.

Il «nobile conte» emette un enorme sospiro di sollievo: «Eccomi infine salvo», dice, precipitandosi incontro a questi nuovi rinforzi, mentre intorno a lui echeggiano le ovazioni. Il giorno dopo, accoglie le truppe che affluiscono esclamando:

«Signori, se prenderete Tolosa, disporrete a profusione di tutti i beni che potreste desiderare: questa città è una vera e propria fonte inestinguibile di tesori, vi consiglio di preparare carri grandi e robusti per trasportarli, una volta che avrete vinto».

Stavolta lo scontro finale pare imminente. I crociati sono pronti a combattere e salutano l'arrivo dei rinforzi, che non cessano di aumentare sulle sponde della Garonna. Per loro, soprattutto con Montfort come capo, "rinforzi" vuol dire "imminente vittoria" e quindi "imminente bottino": la gioia illumina loro il volto. Quanto ai baroni tolosani, si preparano in fretta e, senza indugio, corrono, le armi in pugno, ai fossati, alle lizze e alle barriere, mentre si dispiegano gli arcieri; già odono il passo pesante dei crociati di Montfort che avanzano, muti, sotto il sole

[11] Il 27 luglio 1214, contro le truppe dell'imperatore tedesco.
[12] Si tratta di Guglielmo di Mello e di Gualtiero di Langton.
[13] Cifra poco verosimile, sarebbe più plausibile «diecimila crociati».

di maggio che inonda di luce gli scudi e gli usberghi. Ben presto questi si fermano e contemplano le due "Tolose": la vecchia, enorme e imponente, con le sue celebri mura, e la nuova, sulla Garonna, ai cui piedi brulicano navi e barche.

Montfort fa radunare le truppe e si pianta loro davanti. A poco a poco gli uomini smettono di mormorare, poi tacciono. Il conte domanda allora a uno dei suoi paggi di slacciargli l'elmo e dà le istruzioni ai baroni per il buon andamento dell'assedio (CC, 196):

«Monsignori», proclama, «siete qui giunti
per servire la vostra Chiesa e vincere questa città.
Procedete dunque spediti. Disponete i vostri uomini
nel borgo di Saint-Cyprien, sulla riva del fiume.
Così gli assediati, saldamente accerchiati,
non potranno né uscire, né ricevere viveri.
Affamati, sofferenti, li vinceremo senza fatica.
Se infine mi sarà dato di sottomettere Tolosa,
vi dividerete i suoi beni e i suoi tesori.
Io non voglio avere nulla. Mio unico cocente desiderio
è di non lasciar là che carne morta e polvere».

Un mormorio corre tra le file dei baroni riuniti, e uno di loro, Amalrico di Craon, prende la parola per mettere in guardia Montfort da troppa precipitazione.

«Siamo esausti», dice, «i nostri cavalli sono allo stremo: fateci riprendere le forze, allora combatteremo con la forza necessaria; i corpi dei nostri nemici riempiranno fino all'orlo i fossati che hanno scavato e noi prenderemo la città e ve la consegneremo».

«Andate a dormire, baroni, prenderemo una decisione domani», stabilisce Montfort.

Nel campo avversario, ci si appresta a resistere all'imminente assalto. I baroni tolosani tengono consiglio plenario per organizzare la difesa. Li rassicura Ruggero Bernardo, figlio del conte di Foix[14]: la loro causa è giusta, la città è forte, il loro signore, Raimondo VI, è un signore leale, Gesù ama i tolosani, dice. Questi crociati che attaccano Tolosa impareranno presto a loro spese di che stoffa son fatti i loro animi (CC, 197):

«Logoriamo duramente le loro truppe, notte e giorno,
costruiamo nuove opere di difesa,
rinforziamo quelle vecchie, rendiamo la città irta
di barriere, di pali tanto possenti che la paura
ci lascerà ben presto per rodere le loro viscere».

La popolazione di Tolosa si mette subito all'opera con ardore, sotto la direzione del giovane conte di Foix che, in previsione della battaglia, fa

[14] Da non confondere con il padre, Raimondo Ruggero, che aveva difeso il giovane conte di Tolosa, Raimondo VII, al concilio lateranense; vedi p. 121.

scavare nuovi fossati, erigere palizzate, riparare muri: «Bambini, genitori, amici, scheletrici, pancioni, nessuno aspetta il vicino...», dice l'autore della *Canzone*. Dal canto suo, il conte di Montfort, fuori dalla città, arringa i soldati (CC, 197):

> «La popolazione di Tolosa è una tale accozzaglia di belve feroci che obbliga a guerreggiare
> la cristianità intera. Il mio animo è straziato
> nel contemplare queste mura. Più aumentano le mie truppe,
> più s'ingrossa la spaventosa audacia di questa gente.
> Innalzano in questi giorni nuove difese.
> Dobbiamo abbatterle a tutti i costi, altrimenti
> non sono più Montfort e voi siete dei vili.
> Ma ho fiducia e fede. Sento che sono allo stremo.
> Vinceremo. Per il momento, mi pare necessario
> un altro catenaccio sulla riva opposta.
> Così, nessuno potrà uscire dalla città
> né far entrare dei viveri. Dovranno per forza cedere.
> Se non si arrendono, li vinceremo d'assalto».

I baroni approvano all'unanimità. Si appostano dei rinforzi e il resto dell'esercito attraversa la Garonna sul Ponte Vecchio, che viene ora chiamato il "Ponte di Muret"[15]. All'alba, Montfort fa svegliare i baroni, che si equipaggiano e si dispiegano nei campi circostanti. Poi, suonano i corni nel tiepido vento di maggio, che porta il loro marziale messaggio alla città. I tolosani, appostati dietro i merli, osservano i francesi, ne seguono le evoluzioni; dividono le loro forze in due compagnie uguali: una, comandata dal conte di Comminges, va ad occupare le mura e le lizze di difesa a cui lavorano da quasi un anno; l'altra, sotto gli ordini di Ruggero Bernardo di Foix, esce dalla città e si apposta sugli argini della Garonna (da notare che i vecchi capi tolosani, di cui Raimondo VI era in un certo senso il leader, hanno passato la mano a una nuova generazione di guerrieri; Raimondo VII il Giovane, figlio dell'istigatore della rivolta di Tolosa, ne prenderà presto la guida).

Intanto, i crociati avanzano; penetrano ben presto nel borgo di Saint-Cyprien, dove i tolosani li aspettano a pié fermo. S'ingaggia battaglia, ma la resistenza degli assediati è tale, ci dice la *Canzone*, che gli uomini di Montfort, con «scudi, usberghi spaccati, armi ammaccate», si vedono ben presto costretti a suonare la ritirata. Scappano lungo la Garonna, dove i tolosani li inseguono senza tregua, riuscendo persino a gettarne qualcuno nel fiume.

Montfort riesce alla men peggio a radunare i suoi e ripiega verso il proprio campo, mentre gli avversari ritornano in città cantando. Nel campo dei crociati, dopo aver lungamente analizzato la situazione, i capi militari, che non vogliono darsi per vinti, concludono tuttavia che è

[15] Vedi la pianta, Appendice VI, p. 219.

pura follia porre l'assedio proprio sotto i bastioni di una città così ben difesa, sia per la posizione che per l'entità delle sue forze. Perciò, vanno a chiudere le tende e a piantarle un po' più lontano sulle sponde della Garonna.

Dal canto loro, appena rientrati nelle mura, i tolosani fanno portare ai capi delle squadre di carpentieri il seguente ordine: «Tendete i trabocchi!». Qualche ora dopo, centinaia di uomini («diecimila», asserisce la *Canzone*, ma questa cifra è chiaramente fantasiosa: bastava qualche decina di uomini per manovrare ognuna di queste fionde giganti, in grado di scagliare a più di un centinaio di metri grandi pezzi di pietra) si sputano nelle mani, tirano i cavi dei trabocchi e bombardano le mura del Castello Narbonese, sempre in mano ai crociati. Le pietre sbrecciano i merli, spaccano le porte e mandano in frantumi le finestre, mentre, per le vie di Tolosa, già si canta vittoria poiché una notizia corre ora per tutta la Guascogna: si avvicina il valoroso conte Raimondo VII (nato nel 1197, è all'epoca ventunenne), figlio di Raimondo VI; giunge dalla Provenza. E per le vie di Tolosa si grida: «Evviva! Tolosa! Infiammate i cuori! Sta arrivando il valoroso giovane conte!».

La gioia dura poco perché, d'improvviso, sulla città si abbattono pioggia, vento e tuoni. Per tre giorni e tre notti, il diluvio insiste con tale violenza, sostiene l'anonimo poeta della seconda parte della *Canzone*, che la Garonna si gonfia, esce dal suo letto e inonda le rive, i giardini, i vicoli, le piazze e tutta la città fino alle cantine, sommergendo i ponti e le ruote dei mulini (CC, 198):

> [...] Restano solo ben salde
> nel bel mezzo della corrente due belle torri massicce
> dalle cime merlate, occupate da schietti
> tolosani, tutti baroni di provato valore.

Una volta asciugatosi il terreno, Montfort riprende i lavori d'assedio, che concentra sul borgo di Saint-Cyprien (sulla sponda sinistra della Garonna), le cui mura, mezze distrutte dalla bufera, sono facili da superare; ma il Ponte di Muret, che collega il borgo alla città vera e propria, è crollato a causa della piena del fiume e bisogna sostituirlo con un ponte di corde. Contemporaneamente, i suoi capitani vanno all'assalto di una delle torri merlate, che egli fa bombardare dagli artiglieri addetti ai trabocchi. La lotta per il ponte e per le torri dura due giorni buoni sotto il caldo sole di maggio, finalmente tornato; poi inizia in città un'aspra battaglia strada per strada. In mancanza di documenti precisi, è sicuramente difficile, se non impossibile, per uno studioso contemporaneo descrivere lo svolgimento strategico di quest'assedio e di questa battaglia per Tolosa di cui la *Canzone* ci segnala solo qualche episodio datato (prezioso per lo storico), sulla cui importanza non possiamo emettere alcun giudizio...

Ciò che pare certo è che, sin dal suo arrivo a Tolosa da Beaucaire, nel settembre 1217, Montfort ha stabilito il proprio quartier generale nella fortezza chiamata dalla *Canzone* il Castello Narbonese e che già a quell'epoca aveva idee ben precise[16]. Dopo aver ricevuto i notabili tolosani, che gli avevano implorato pietà per loro, per la città e per la «popolazione innocente», da lui trattati da «ipocriti matricolati», aveva dato ordine ad Alano di Roucy di inviarli, in ostaggio, a «marcire nel Castello Narbonese» (CC, 171 e 329). Quando Raimondo VI di Tolosa torna nella sua città nel 1217, dopo due anni di esilio, e Tolosa si solleva contro l'occupante francese, è sempre in questa fortezza che si rifugiano i crociati. «Ve ne sono più di un migliaio», dice la *Canzone* (lassa 183), tra cui Montfort, sua moglie, il fratello Guido, il figlio Amalrico, le spose di questi ultimi, i loro figli e i numerosi nipoti.

Nel Castello Narbonese si susseguono ovviamente i consigli di guerra, via via che giungono le notizie, si verificano movimenti di truppe o arrivo di rinforzi. Dalla parte dei crociati, gli ultimi arrivati gridano con gioia: «Montfort!», o scherniscono i tolosani:

«Ben presto non avrete una città o una regione degne di questo nome, e sarete accampati a casa del diavolo!» (CC, 199).

Al che rispondono i tolosani:

«Le nostre lance e le nostre spade vi faranno rimangiare le vostre fanfaronate, banditi! Avete un bel berciare, abbiamo dalla nostra il diritto, il coraggio e un buon signore!».

Hanno anche buoni guerrieri, che si battono per l'onore di Tolosa, impazienti di incrociare le armi, quali Bernardo di Cahuzac, che è appena arrivato alla testa delle sue truppe, Raimondo di Vaux o anche Vézian, visconte di Lomagne. Dal canto suo, Montfort non manca certo di coraggiosi, ma è a corto di denaro e non può più pagare i suoi sergenti. Anche lui, per timore che i suoi compagni levino il campo e l'abbandonino, è impaziente di sfoderare la spada.

La mattina del giorno di san Giovanni Battista, Montfort si veste da capo a piedi, cinge la spada, arringa i baroni e le truppe e s'appresta a dare l'assalto. Una parte dei tolosani gli va incontro (CC, 199):

> [...] quelli della città, bambini, vegliardi,
> guerrieri esperti e combattenti improvvisati,
> cavalieri e borghesi. Brabantini dal pugno pesante,
> gente del popolo, valorosi assetati di battaglie,
> lanciatori di giavellotto, scudieri e sergenti,
> lanciatori di fionde e fanti, in massa galoppanti
> invadono giardini, vie, campi aperti.
> [...]
> La gente della città avanza. Si deve infrangere
> la manovra nemica. Incrociano le spade.
> Subito la battaglia è sanguinosa, accanita.

[16] Vedi p. 148.

È davanti a Saint-Saveur, sull'ampio sagrato,
fuori dalle mura di Tolosa,
che guerrieri di Montfort e tolosani si mescolano
in furioso tumulto.

Comincia il grande assalto, guidato da quell'infaticabile settuagenario che è il nobile conte di Montfort, assistito dal cavaliere Amalrico di Craon, giunto dalla Francia del Nord alcune settimane prima con altri cavalieri[17] e cospicui rinforzi tra cui, in particolare, un contingente di guerrieri fiamminghi. Ma, poiché siamo all'epoca della cavalleria, la tenzone inizia nel campo dei crociati con quella che oggi potremmo definire una guerra "in guanti bianchi", ossia un scambio di parole cortesi di cui proponiamo un esempio.

Montfort, accorso con alcuni grandi signori incontro al conte di Soissons, venuto a unirsi ai crociati alla testa di una cospicua compagnia, gli rivolge il seguente complimento (CC, 201):

Messere, la vostra amicizia mi sta a cuore.
Di essa ho gran desiderio. Da parte mia, sappiatelo,
vi stimo più d'ogni altro barone.
Fin da quando fu annunciata la vostra imminente venuta
e quella di messer Eude d'Angivillers,
ho fatto costruire per voi delle macchine da guerra.
Voglio che a voi spettino la gloria e l'onore
di attraversare per primo le porte della città.
Avrete del bottino la parte che vorrete.
[...]
e invierò ovunque messaggeri
che dicano: «Tolosa fu vinta da Raul di Soissons!».
L'altro si mette a ridere e risponde, con tono beffardo:
«Siate benedetto, signore! Eccomi senza colpo ferire
conquistatore acclamato, agiato tesoriere
e signore di questo paese! Mille grazie, è troppo.
Chiunque tra noi due sia il vincitore di Tolosa,
vi lascio i suoi beni, non voglio nulla[18].
D'altronde, credetemi, guardatevi bene, caro amico,
dallo sperperarne un soldo prima che siano pagati
i vostri sergenti assoldati [*reclutatori*] che aspettano la paga».

Quando l'astro del giorno si leva al disopra della lontane montagne, si legge l'angoscia sui volti degli abitanti di Tolosa, che hanno vegliato

[17] La *Canzone* (lassa 200) menziona i seguenti nomi: Gualtiero di Cambrai, Amalrico di Craon, Teobaldo di Blaison, Dreu di Mello, Gilberto di Roches, Alberto di Chauderon, Raul di Nesle, Goffredo della Truie, Rinaldo d'Aubusson, Giovanni di Berzy, Raniero di Rancon, Teobaldo d'Orion, Pietro di Scorraille, Gilberto di Maubuisson, Gervasio il Panciuto, Roberto di Picquigny, Roberto di Beaumont, Roberto di Chalon, Roberto di Chinon, Rinaldo di Trie, Raul di Poitiers, Giovanni di Bouillon, Giraud di Lanson, Guido di Mortagne, Ranieri il Frisone, Amalrico di Luset, Bertrando di Courson e soprattutto il conte di Soissons, che arriva con un esercito.

[18] Era già il discorso tenuto da Montfort alle proprie truppe (vedi, p. 160).

tutta la notte e si trovano, ora, soli contro il mondo intero; ma, scrive il poeta, «il Figlio di Maria viene a portar loro soccorso». Infatti, durante la notte, di ritorno dall'Aragona, è entrato con discrezione nella città il giovane conte Raimondo VII – che i tolosani hanno affettuosamente soprannominato "Raimondino" – con la spada al fianco e brandendo il suo stendardo con le armi di Tolosa. Nello stesso momento cade nella Garonna quello del conte di Montfort, con un leone ricamato in fili d'oro, che sventolava sul Ponte Nuovo[19]. Allora una gioia immensa invade il cuore dei tolosani: vedono in questo evento il segno che il puro giovane abbatterà la belva feroce. Le loro acclamazioni «fanno tremare il cielo». La popolazione tutta intera, borghesi e cavalieri in testa, corre verso il campo dei baroni di Montfort (CC, 201):

> «[...] Qua, Robin! Qua, Gualtiero!
> Qua, pellegrini col bordone! A morte! A morte, fottuti francesi!
> La ruota della Fortuna ha girato! Viva Dio,
> ci rende Raimondino, l'erede di Tolosa,
> e nei nostri cuori il fuoco arde di nuovo vivo!».

Montfort non si scompone: ha settant'anni suonati e ne ha viste di peggio nella sua vita di guerriero. Ha fiducia nei suoi cavalieri, nelle sue armi; una sommossa urbana non può certo fargli paura. Non appena sente questo baccano, si reca, «tutto arzillo» al chiostro di Saint-Sernin – sempre in mano dei crociati – e interroga i suoi. Una volta informato, distribuisce rapidamente le consegne e impegna battaglia contro le forze di "Raimondino".

Quando si legge questa seconda parte della *Canzone*, il cui anonimo autore, come abbiamo detto, a differenza di Guglielmo di Tudela è favorevole ai "nazionalisti" tolosani, si resta sorpresi, vista l'età, dalla rapidità con cui Montfort reagisce in ogni circostanza sia che si tratti di guidare i suoi cavalieri sia di battersi personalmente. Il settuagenario conte e i baroni francesi, che potrebbero essere tutti suoi figli o nipoti, combattono giorno e notte per metà settimana. Secondo il racconto della *Canzone*, Montfort sarebbe riuscito ad attirare i tolosani nel borgo di Saint-Cyprien (la "Nuova Tolosa": non ci stancheremo mai di raccomandare ai lettori la visione della cartina della città a p. 219).

I principali scontri avrebbero avuto luogo innanzitutto vicino all'ospedale della Grave, sulla sponda sinistra della Garonna, e si sarebbero volti a vantaggio dei tolosani. Questi, ci dice la *Canzone*, incalzano, malmenano e gettano in acqua i francesi «a vacillanti grappoli»; sopravvivono solo i crociati che sanno nuotare bene. «Addio agli altri!», osserva quasi con allegria l'autore anonimo. Egli descrive anche le lance, gli elmi e le bardature dei francesi, trascinati dal fiume, aggiungendo che il primo morto illustre, tra loro, sarà un certo Raul lo Champe-

[19] Vedi la pianta di Tolosa, Appendice VI, p. 219.

nois. I francesi tornano da questo scontro a testa bassa e, con ironia, «duramente li accoglie»[20] Montfort (CC, 202):

> «Bravi, signori, bravi! Avete riportato
> sulla gente della città un clamoroso trionfo!
> Tutti vinti, prigionieri, benissimo! Come, mi sbaglio?
> Per la Vergine Maria, son dunque così valorosi,
> che avete reso a questi uomini le armi?».

Irritato per la mancanza di combattività dei crociati, Montfort riattraversa il fiume e si reca al Castello Narbonese per tenere un consiglio di guerra, che durerà fino a tarda notte, con il cardinale legato, il vescovo Folco e i capi militari già precedentemente citati:

> «Che Dio mi guardi dal perdere anche solo un metro quadrato di questo paese di cui sono, in teoria, per sacra decisione del papa e dei concili, signore e padrone», dice Montfort. «Ma vedete qual è il mio stato oggi, è forse quello di un signore? Devo conquistare Tolosa entro un mese, perché non ho più neanche un soldo per restare qui; se levo il capo prima d'esser vincitore, è la Chiesa che ne pagherà le conseguenze, e si smarrirà la Fede».

Il conte di Soissons fa allora notare a Montfort che egli non ha il diritto di reclamare la contea di Tolosa poiché la decisione del concilio del Laterano, che l'ha tolta a Raimondo VI perché vi tollerava la presenza degli eretici, non gliel'ha per questo formalmente concessa; Montfort ne è solo il detentore provvisorio; il diritto feudale esige che i cosovrani di questa contea, il re di Francia e il re d'Inghilterra, lo investano secondo le regole come proprietario legale del feudo. Il conte non ne vuol sapere. Ha già, dice, dato buona prova di sé, conquistando la Bigorre, il Quercy, l'Agenais, l'Albigeois e le terre di Comminges. Non gli resta che sottomettere Tolosa perché la Santa Chiesa abbia l'assicurazione che in Linguadoca non c'è più alcun territorio in grado di accogliere gli eretici. E conclude:

«Domani, alle prime luci dell'alba, faremo una breccia nelle mura della città; grazie alla gigantesca gatta[21] che ho fatto costruire, ci avvicineremo progressivamente alle mura di Tolosa, di cui potremo bombardare e distruggere i quartieri uno dopo l'altro».

Amalrico di Craon interrompe bruscamente Montfort (CC, 203, di cui modernizziamo il testo):

«Permettetemi, bel signore, di porvi una domanda ingenua: come contate di fare? I giochi non sono fatti: la città è ben provvista di viveri, non potrete vincerla per fame. Prenderla d'assalto? Al minimo tentativo, i tolosani usciranno e vi verranno dritti addosso, fuori dai fossati

[20] Che si può tradurre letteralmente con: «E Montfort duramente li rimprovera».
[21] Una normale "gatta" era una grande cassa di assi, di circa dodici metri cubi, contenente una decina di soldati che vi si stipavano all'ultimo momento.

che avete fatto scavare, in campo aperto. Non riuscirete mai a prenderla nelle vostre trappole: Tolosa non è né Beaucaire, né Muret, né Crest. Per piacere, basta fanfaronate, Tolosa non è ancora vinta».

«Signor Amalrico, siete dunque dalla loro parte?», gli risponde il cardinale legato. «Non avete fiducia nella Chiesa che qui rappresento? Per questo peccato, domani farete penitenza e vi metterete a pan secco e acqua; questa penitenza vale anche per Raul di Soissons. Dio lo vuole».

«Dio lo vuole, dite?», risponde Amalrico. «Ma in nome di quale legge? In quale libro divino? In che Santo Vangelo, in quale comandamento è scritto che è giusto privare un erede del paese dei suoi padri?»

«Non siamo a questo punto», dice Montfort, «tuttavia, signor Amalrico, parlare come avete fatto al cardinale legato è un grave peccato: siate ragionevole e fate penitenza come vi ha detto».

La discussione si protrae, dice la *Canzone*, fino a tarda notte. Poi, l'indomani mattina, alle prime luci dell'alba, Montfort riprende il suo piano di abbattere le mura di Tolosa con l'ausilio della gatta gigante preparata a questo scopo. Risuonano trombe e chiarine, Montfort chiama a raccolta i suoi uomini e «vigorosamente spinta con rabbiosi sforzi» (CC, 203), la gatta, col suo trabocco, viene portata, non senza fatica, dal Castello Narbonese alle mura della città.

Non appena è in posizione, dalle mura, dove hanno sistemato un possente trabocco, i tolosani si mettono a bombardare la macchina da guerra di Montfort. Un primo proiettile – una pietra di due o tre quintali – fende l'aria, si abbatte sul tetto di legno della gatta e manda in pezzi i legacci, le corregge, i ferramenti e i grandi lembi di cuoio coperti di pece che proteggono da frecce e giavellotti i manovratori. Montfort è disperato. Un altro colpo così e la sua macchina da guerra, che gli è costata una decina di giorni di costruzione, andrà in frantumi; Raimondo VI approfitterà dei dieci giorni necessari per ricostruirla per impadronirsi completamente di Tolosa. Allora il «nobile conte» grida: «Gesù Salvatore, un altro colpo simile e la Chiesa e la Croce spariranno per sempre!». I suoi baroni lo riconfortano, in una ventina si mettono a trasportare al riparo la gatta, ma una seconda palla tolosana fende l'aria e si abbatte sulla grande macchina di legno. Quelli che la manovrano cadono in terra, feriti a morte, mentre coloro che non sono stati toccati si danno alla fuga, pazzi di terrore. Rimasto solo, il conte urla perché si riprenda la manovra (CC, 203):

> «Nel nome di Dio, ritornate, è un ordine!
> Mettetevi alle corde, o attenti alla pelle!».
> «Meglio cadere in preda alla febbre», farfugliano i codardi,
> «che star chiusi vivi in questo maledetto ordigno!».

Nel campo tolosano, si è contenti dell'efficacia dei trabocchi, i cui proiettili pare abbiano fortemente danneggiato la macchina di Montfort. Ma non si è per questo tranquilli: «Dolce Gesù», si mormora, «stavolta, abbiamo davvero bisogno del tuo aiuto!». Subito, il conte di Comminges risolleva il morale dei suoi alleati tolosani:

«È vero», dice loro, «che questa gatta minaccia le nostre mura, ma se stiamo in guardia, è possibile distruggerla e mettere in difficoltà i nostri nemici: ci vogliono ogni volta diversi giorni per costruirne un'altra...».

«...e», rincara il giovane Ruggero Bernardo di Foix, «anche se con quella riuscissero a fare una breccia nelle nostre mura e a far penetrare dentro Tolosa i loro combattenti, faremo, signori, a colpi di spada, di mazza e di coltello, una tale carneficina nelle loro file che con le loro cervella insanguinate potremo fare altrettanti guanti per le nostre mani».

«Ascoltatemi», dice un terzo, Bernardo di Cazenac, che non si era ancora espresso, «qualunque cosa avvenga, lasciate che Montfort e i suoi francesi spingano la loro macchina di morte. Più la gatta si avvicinerà, meglio potremmo attaccarla e distruggerla: appena sarà nella lizza, ci precipiteremo giù, le daremo fuoco ed essa brucerà con tutti gli uomini che porta in pancia».

«Signori», dice a sua volta un barone tolosano rimasto fino ad allora in silenzio, Estout di Lias, «ho un'idea. Innalziamo in questa lizza, che è protetta verso l'esterno solo da un fossato, un bel muro, ben spesso, con solidi merli: dalla sua cima domineremo e sorveglieremo tutti i fossati e palizzate, in modo che né i francesi di Montfort, né le sue macchine da guerra, compresa la gatta, possano attraversarlo: azzardino pure un attacco e nessuno di loro sopravvivrà».

A questo punto, suonano nuovamente le trombe, si corre alle palizzate, alle funi, si tendono i trabocchi, pronti a scagliare le loro palle sulla famosa gatta. I baroni *capitouls*[22], in alta tenuta e muniti delle loro insegne, organizzano distribuzioni di viveri, mentre la popolazione, armata di pale, picconi, martelli, scuri e mastelli, si mette all'istante a innalzare il muro. Ragazze e ragazzi intonano allegri ballate e canzoni, nonostante le pietre e le frecce che tirano loro i francesi con fionde e archi. I tolosani hanno tanto coraggio e fierezza, dice la *Canzone*, che nemmeno uno di loro è spaventato.

A Tolosa, come nel Castello Narbonese, ci si è abituati a questo strano assedio. Nessuno ha paura, nonostante le pietre e le frecce che scalfiscono braccia, gambe e petti di quelli che lavorano per innalzare il muro di difesa, e la popolazione sostiene che Gesù protegge i suoi figli, perché nessuno muore, nessuno viene ferito. Quanto ai soldati di Montfort, in armatura, con l'elmo ben allacciato e la spada in pugno, s'infilano nella gatta, che viene spinta dal Castello Narbonese dritta alle mura tolosane. I difensori della città, con occhio attento e gesti pronti, installano i trabocchi, fanno portare delle pietre, le sistemano nei dispositivi di lancio, poi mozzano le funi tese d'un colpo secco, e le pe-

[22] Membri del "capitolo", consiglio comunale di Tolosa.

santi palle di pietra stavolta schiacciano la gatta, le cui travi fracassate si abbattono sui soldati all'interno; dietro i bastioni, i difensori si baciano ridendo e cantando: «Madama gatta è morta e i topi ballano».

Furente, Montfort protesta contro la sfortuna che si accanisce (CC, 204):

> «Perché la mala sorte mi perseguita così?
> La Chiesa e i suoi dotti non mi sono d'alcun aiuto,
> il vescovo [*Folco*] e il legato [*Bertrando*] di alcuna utilità,
> il mio onore va in rovina e il cuore mi si scioglie.
> Così tante armi, tanto denaro, tanti ingegni congiunti
> vinti dai sassi di una petriera, che vergogna!
> Avevo la vittoria in pugno. Con un po' di fortuna,
> la città era mia. Questa gatta era sicura,
> ed eccola in pezzi. Non so più che fare».

Foucaud di Berzy, uno dei suoi più fedeli crociati, cerca di placarlo incolpando la vetusta età del legno usato per la costruzione della gatta:

«Questa macchina non vale più un soldo, messere, l'abbiamo usata troppo».

«Ascoltami, Foucaud», dice Montfort, «ascolta bene: per la Vergine Maria, o prenderò Tolosa entro una settimana, o perderò la vita ai piedi delle sue mura».

«Voi vivrete, se Dio lo vuole, sire», gli dice Ugo di Lacy, un cavaliere che aveva già combattuto al suo fianco a Carcassonne.

Si discute ancora a lungo nel campo francese. Ognuno interviene con un aneddoto, un ricordo; chi evoca San Giovanni d'Acri e il re Saladino, chi le vittorie passate, un altro si chiede che avverrà l'indomani; ma tutti sono d'accordo sul fatto che la battaglia che li vedrà impegnati sarà decisiva.

Nel campo tolosano, Roberto di Salventine, «un famoso cavaliere», dice la *Canzone*, tira le somme della giornata:

«Per la Vergine Maria», dice con la sua bella voce grave, «i pedoni sono sistemati sulla scacchiera e dobbiamo dare scaccomatto: sapremo presto chi regnerà domani sul trono tolosano. Piacendo a Nostro Signore Gesù Cristo, prima di questa sera daremo fuoco a questa diabolica gatta. Avanti, compagni, è la nostra ultima battaglia: abbiamo un solo e unico obiettivo, fare a pezzi l'ordigno. E quando domani qualcuno dirà: Tolosa, si odrà: Onore».

Così, nei due campi, la notte trascorre in discussioni; l'ardore degli uni e degli altri non fa che crescere. Alla nuova alba, i tolosani sono i primi ad alzarsi e ad attivarsi. Balestrieri e arcieri corrono ai fossati, alle lizze. Estout di Lias va a controllare i lavori della terrazza, ora quasi terminata: fa sistemare i passaggi, le rampe, gli sbarramenti a zigzag e le scale in pietrisco, perché i difensori di Tolosa possano spostarsi con agio. Quelli della città hanno solo un'idea in mente: bombardare la gatta e distruggerla non appena sarà visibile. Bernardo di Cazenac esorta i tolosani a uccidere i francesi (CC, 205):

«Uccideteli senza pietà, è questo il prezzo della vostra vita!
Ho osservato spesso le manie dei francesi:
si cingono il petto di massicce armature
ma le gambe, sotto, hanno a malapena la calzamaglia.
Se quindi li colpite prontamente ai garretti
il sole cadrà su un bella carneficina!».

Ben presto ha inizio la battaglia finale. I tolosani escono da dietro le mura gridando: «In alto i cuori, Tolosa! Infiammate gli animi! A morte! Senza quartiere!». Ben presto le mazze, le lance e le spade dei tolosani vibrano sugli elmi dei francesi e i loro cavalieri si apostrofano: «Dagli a queste mezze cartucce! Tenete ferme le armi e colpite ai garretti! Morte al potere diabolico! Liberiamo la felicità!» (CC, 205). La zuffa è generale, i baroni francesi escono dai loro ripari, precipitandosi a cavallo nella mischia. Mani, teste, braccia cadono nella polvere arrossata dal sangue vermiglio degli agonizzanti.

Montfort, che non ha chiuso occhio tutta la notte, è tornato al Castello Narbonese per ascoltare la messa. Lo viene a cercare uno scudiero:

«Messere», gli dice, «la devozione vi rovina e piombate nel disastro: i tolosani massacrano i vostri baroni. Se dura questa carneficina, per voi è la fine e stasera avrete perduto Tolosa».

Montfort impallidisce. Emette un sospiro profondo, si fa il segno della croce, unisce le mani e mormora. «Gesù, concedetemi di morire oggi in combattimento o di vincere». Fa chiamare da uno dei suoi sergenti le truppe mercenarie che tiene di riserva al Castello Narbonese; queste arrivano con alcune centinaia di baroni francesi. Montfort ne prende la testa, suonano corni e trombe. I tolosani arretrano e, dice il poeta, «un uragano di morte urla tra i corpi e fracassa i crani» (CC, 205).

Ora, ecco che un arciere, appostato sul parapetto, scorgendo Guido di Montfort, fratello del nobile conte, gli scocca una freccia che lo manca ma raggiunge il suo palafreno. Ferito, il cavallo fa dietrofront e si allontana al trotto. A sua volta, un balestriere tende l'arco e colpisce messer Guido al fianco sinistro: il dardo trafigge la veste, conficcandosi nella carne e il sangue sgorga e cola sulle brache; egli si dirige allora con gran fatica verso il fratello Simone, cade in terra e, nonostante il dolore, riesce a dirgli:

«Ahimè, beneamato fratello, oggi Gesù non è al mio fianco, protegge i soldati di ventura tolosani; debbo senza indugio farmi ospedaliero»[23].

Mentre Guido di Montfort tiene fede al suo proposito, alcune donne, che sul cammino di ronda manovravano una petriera, tirano in direzione di Simone di Montfort. La palla di pietra cade dritta sull'elmo d'acciaio del «nobile conte» e gli spacca la testa: cervello e occhi schizzano fuori

[23] All'epoca, quando un cavaliere sentiva approssimarsi la morte, si faceva ammettere in un ordine religioso; queste ultime parole di Guido di Montfort al fratello significano di fatto: «Sto per morire».

dal cranio, la mascella si spezza e lui cade in terra, morto sul colpo. Due giovani cavalieri, Aimerico e Josselin, accorrono e coprono il corpo senza vita del loro signore. Immediatamente, la disperazione e la paura invadono gli sguardi dei baroni e dei cavalieri, che si lamentano (CC, 205):

> «[...] Oh Dio, quale ingiustizia,
> quale orribile crimine hai perpetrato?
> È così che ripaghi il miglior servitore
> della Tua gloria, qui in terra, schiacciandolo con una pietra
> come un vile miscredente? Siamo stati dei pazzi
> a credere nella Tua bontà! A che pro servirti,
> se questo è tutto l'amore che T'ispirano i Tuoi figli!».

Il corpo di quel nobile guerriero che era Simone di Montfort viene quindi collocato su una barella e trasportato in processione fino alla chiesa di Saint-Sernin. Per i tolosani, la sua morte è una liberazione e per le strade si canta. «Evviva! Montfort non c'è più! Quell'assassino, quel bandito che ci ha fatto tanto male è morto senza sacramenti!». Dal canto loro, i cavalieri crociati, orfani del capo che li aveva guidati di vittoria in vittoria, abbandonano il borgo di Saint-Cyprien e si disperdono. Presto, toglieranno definitivamente l'assedio di Tolosa.

10
La crociata di re Luigi
(1218-1249)

La morte di Simone di Montfort metteva il papa (Onorio III, eletto nel 1216) in una situazione senza uscita. Certo, il sommo pontefice poteva affidare il comando della crociata al figlio maggiore del conte, Amalrico di Montfort, e così fece; ma questo, ancora inesperto, non era all'altezza del compito. Trascorsero ancora alcune settimane d'assedio, poi, dopo un ultimo tentativo d'assalto, i signori del suo seguito fecero capire al giovane conte che non erano dell'opinione di proseguire l'assedio di Tolosa. Lo dice lo stesso fratello di Amalrico, Guido di Montfort, figlio minore del conte, con voce monotona e stanca (CC, 207):

> «Questo assedio, monsignori, è uno smacco cocente.
> Siamo sulla strada sbagliata e rischiamo il disastro.
> I tolosani ci uccidono troppi uomini, troppi animali,
> e da quando Simone, che temevano, è morto,
> pavento che perdiamo l'animo che ci resta».

Amalrico, che in quanto figlio maggiore è ora il capo dei crociati, è di diverso parere (CC, 207):

> «Signori se mi avete fatto conte,
> non è certo per vedermi vergognosamente fallire.
> Se levassi il campo, che ne sarebbe della Chiesa?
> E io, che sarei? Un fuggiasco senza vergogna,
> e ovunque si direbbe: quest'uomo non ha saputo
> vendicare come doveva l'uccisione del padre».

Alano di Roucy, uno dei più arditi cavalieri, condivide l'opinione di Guido di Montfort (CC, 207):

> «Amalrico sbagliate, temo.
> A voler proseguire l'assedio
> rischiamo che in quanto a vergogna si vada di male in peggio.
> Certo, non si è mai visto che una città vinta
> alla fin fine guadagni, però è proprio così.
> Guardate i nostri nemici: non manca loro nulla,
> né carne, né frumento. Se la passano benissimo.

E guardate il nostro esercito: spossato, infelice,
che vive alla giornata. Proseguire questa guerra
sarebbe pura follia. Le nostre forze sono allo stremo».

E aggiunge il vescovo Folco (CC, 207):

«Immenso è il mio dolore, monsignori.
Credo che non avrò più gioia in tutta la mia vita».

Ma il cardinale, che rappresenta il papa nella crociata, mette severamente fine ai lamenti dei cavalieri delusi (CC, 207):

«Basta, leviamo il campo», risponde il cardinale,
colto da stizza impaziente. «Ma andiamo a predicare,
qui ve lo giuro, una crociata tale
che prima di Pentecoste, amici, torneremo
con un'armata nuova e il principe [*Luigi*] di Francia.
Le foglie e i frutti e le erbe dei campi
[*lacuna nel manoscritto della* Canzone]
e l'acqua della Garonna avrà il gusto di vino dolce.
Distruggerete la città e ne passerete la popolazione
a fil di spada. Questo è il mio santo verdetto!».

La seduta è quindi tolta. I crociati, rianimati da queste parole, ben poco religiose, riacquistano fiducia nel futuro; il 25 luglio 1218, giorno di san Giacomo, danno fuoco a tutte le loro macchine d'assedio e ai bei bastioni del Castello Narbonese. I tolosani accorrono in massa a spegnere l'incendio, mentre l'esercito dei crociati, "vittorioso", ma decimato, porta il corpo senza vita del suo capo, il conte di Montfort, a Carcassonne. Qui, egli viene solennemente inumato nella cattedrale, dedicata a san Nazario. Sebbene sulla sua pietra tombale si legga che il conte, santo e martire, resusciterà, conoscerà in Paradiso la gioia perfetta degli eletti e cingerà la corona alla destra di Dio, l'anonimo autore della seconda parte della *Canzone* amaramente s'interroga (CC, 208):

Ma sarà proprio così? Forse sì, in verità.
Se uccidendo uomini, spargendo sangue,
tormentando anime, predicando stragi,
percorrendo la strada sbagliata, innalzando roghi,
rovinando baroni, sminuendo l'onore,
saccheggiando terre, esaltando la superbia,
attizzando il male, soffocando il bene,
massacrando donne e lattanti
qualcuno può qui in terra conquistare Gesù Cristo,
allora sire Simone risplenderà in Cielo!

Durante i mesi successivi, Raimondo VII di Tolosa riconquista uno a uno i feudi della Linguadoca, tenendo in scacco le truppe di Amalrico di Montfort, che tentano invano d'impedirglielo. Immediatamente dopo la morte di Simone IV di Montfort, diverse città della Linguadoca si sono staccate dal suo successore. Pamiers, Foix, Lombers, la stessa Albi si schierano dalla parte di Raimondo il Giovane. Il figlio del conte di Comminges riprende diverse piazzeforti, mentre Raimondo Ruggero di Foix si appresta a imitarlo. Amalrico ha un bel correre da un capo all'altro dei domini acquisiti dal padre: non c'è niente da fare, non riesce a salvarli; la barca fa acqua da tutte le parti. Infatti mentre Amalrico recupera Albi, o qualche altra città, il suo avversario, Raimondo il Giovane, riprende il controllo della tale o tal'altra città all'altro capo della Linguadoca (oppure è suo padre, Raimondo il Vecchio, a brigare nel Rossiglione per guadagnarsi nuovi sostenitori).

Nel gennaio 1219, Amalrico ha posto l'assedio a Marmande; il conte di Foix ne approfitta per penetrare nel Lauragais, non senza una certa audacia. Si trincera coi suoi cavalieri a poca distanza da Tolosa, a Baziège, dove ben presto lo raggiunge Raimondo il Giovane, alla testa delle proprie truppe a cavallo nonché dei fanti della milizia tolosana. Dinanzi a questa minaccia, i signori della Francia del Nord, che hanno fatto del Lauragais, dove si susseguono le razzie e i saccheggi, il loro privato terreno di caccia, non restano inoperosi. I fratelli Foucaud e Giovanni di Berzy, a cui Amalrico ha affidato il controllo di Carcassonne e del Lauragais, nonché Alano di Roucy e numerosi altri cavalieri crociati, decidono di sloggiare gli occitani.

Ma questi ultimi li aspettano a piè fermo. All'avvicinarsi dei crociati, escono da Baziège e si dispiegano sulle rive dell'Hers, cercando lo scontro in campo aperto. A differenza della battaglia di Muret, la fortuna e l'abilità sono, in questo inizio dell'anno 1219, dalla parte di Tolosa, di Comminges, di Foix. La cavalleria leggera degli occitani accerchia i crociati, quella pesante sfonda i ranghi e la milizia tolosana completa la carneficina. I francesi sono sconfitti in pieno! Giovanni e Foucaud di Berzy, addirittura catturati, vengono condotti sotto buona scorta a Tolosa.

Di fronte a un simile disastro, il figlio maggiore di Simone di Montfort chiama in aiuto quello del re di Francia, il principe Luigi (futuro Luigi VIII il Leone, figlio di Filippo Augusto e di Elisabetta di Hainaut, nato nel 1187 e che regnerà tre soli anni, dal 1223 al 1226).

Papa Onorio III, dal canto suo, si dedica, con successo, alla predicazione della crociata. Presto, il principe prende la croce contro gli eretici tolosani e, nel giugno 1219, irrompe in Linguadoca alla testa di diecimila arcieri, seicento cavalieri e trenta conti, seguito da una ventina di vescovi e da una moltitudine di religiosi, canonici e fraticelli, che sono in «almeno cinquemila», dice la *Canzone*, a pregare in latino, predicare e far sermoni. I consoli di Tolosa, dal canto loro, inviano dei messaggeri in tutto il paese per chiamare a raccolta i signori guasconi, che accorrono senza indugio recando il loro sostegno al conte Raimondo VII.

Nel frattempo, il principe Luigi di Francia avanza; il suo grande esercito si unisce alle truppe di Amalrico di Montfort davanti alla città di Marmande, di cui questo ha ripreso l'assedio. Nel corso di queste infauste giornate della primavera del 1219, nuovamente si susseguono «tiri d'arco, logoramenti e sanguinose scaramucce», ci informa la *Canzone*. Ovunque, nella città, si affaccendano i carpentieri, aiutati dalla popolazione pronta a dare battaglia al principe di Francia. Ma Luigi riesce a impadronirsi della città, pur accanitamente difesa dai suoi abitanti, dopo diversi giorni di combattimento. Lascia allora freddamente che le proprie truppe massacrino la maggior parte della popolazione, come ci descrive la *Canzone* (CC, 212):

Gli appiedati crociati invadono la città.
Comincia il massacro. Bambini piccoli, pulzelle,
nobili dame, baroni, strappate le vesti,
son tagliati con la spada, fatti a pezzi.
Pezzi di carne, sangue chiaro, petti e cervella,
arti, corpi sventrati tagliati da cima a fondo,
visceri, fegati e cuori ricoprono ovunque il suolo.
Si direbbe che sono caduti a dirotto dal cielo.
Il sangue in lunghi torrenti si sparge per la città,
la terra e la palude. Non sfugge moglie, marito,
giovane o canuto, nessuno,
salvo forse (chissà?) qualche bimbo ben nascosto.
Concluso il massacro, s'incendia Marmande.
Allora sire Luigi leva il campo e prende
la via di Tolosa.

Dopo aver così insanguinato Marmande, nel giugno 1219 questa ormai grande e terribile armata, sotto la guida del figlio del re di Francia, marcia su Tolosa. Seguito dal suo vessillifero, il futuro Luigi VIII va per campi e strade trascinandosi dietro una «schiera infinita» di francesi, fiamminghi, uomini dell'Anjou, normanni, tedeschi, bavaresi e tanti altri, un'«armata d'assassini» (CC, 213), zeppa di carri, muli, tende, sacchi debordanti d'oro, il cui totale è calcolato dal nostro autore anonimo a «un milione e trecentomila uomini», cifra chiaramente esagerata, seguiti da «almeno cinquemila» prelati, vescovi, abati, canonici e fraticelli poiché, dicono prudentemente i prelati, «la spada deve precedere la croce».

Di fronte a quest'immensa schiera che avanza verso le mura della loro città, i tolosani si spaventano e i consoli – diremmo oggi i "consiglieri municipali" – inviano ovunque e senza indugio dei messaggeri celeri (CC, 213):

«Signori del paese, gente di terra e di guerra,
un solo ordine: accorrete. Sergenti d'arme, arcieri,
mercenari, mirabili cavalieri, affrettatevi!
[...] lasciate i vostri boschi! Tutti, baroni dal saldo braccio,

se l'onore e la pace e la vita vi stanno a cuore,
se volete alfine riconquistare i vostri beni,
venite ad aiutare Tolosa, e potrete contare
su una giusta parte dei suoi vasti tesori!».
Accorrono all'istante mille abili cavalieri,
combattenti di gran coraggio, e cinquecento uomini di fanteria.

In attesa dell'attacco nemico, il conte Raimondo VII si è barricato in città. Incita la popolazione a combattere, fa esporre sotto la volta della basilica di Saint-Sernin le reliquie del vescovo sant'Esuperio, protettore di Tolosa, e tiene consiglio con i baroni. Si alza e arringa l'assemblea il suo principale consigliere, Pelfort di Rabastens, che ha fama di buon parlatore (CC, 213):

«Viene il re di Francia. La questione è seria.
Lo segue un esercito di sanguinari stranieri.
Prima che si insedi nei dintorni, nei nostri vigneti,
messer Raimondino, che è suo feudatario
e suo parente stretto[1], deve mandargli incontro
dei corrieri cortesi e oltremodo pacati.
Il principe saprà così che Tolosa non ha colpe
verso di lui, che assai desideriamo
che regni qui in pace, e con lui la Chiesa.
Se varca i nostri bastioni in ristretta compagnia,
Raimondino, da buon vassallo qual è, dovrà
consegnargli le chiavi della città, e le sue torri.
Che rispetti il diritto [*feudale*] e, nonostante i mendaci,
Luigi si farà subito pacifico.
Ma potrebbe venire qui da nemico giurato.
E allora, che Gesù Cristo sia il nostro vessillifero!».

I baroni approvano, ma il conte di Tolosa non condivide l'opinione di Pelfort (CC, 213):

«Il re di Francia era, certo, mio sovrano.
Se si fosse senza fallo comportato bene con me,
gli sarei stato fedele. Ma mi ha usato violenza.
È venuto da noi con in pugno la spada insanguinata.
Ha saccheggiato Marmande[2] e ucciso i miei baroni.
Ne soffro crudelmente. Finché mi aggredirà
con le sue compagnie di pellegrini che si trascinano dietro il bordone,
non avrò voglia di compiacerlo. In più,
i suoi consiglieri son tutti dei malefici superbi.
Non ci guadagnerò niente ad avere il cuore tenero.
Al contrario, raddoppierò l'onta e i miei mali.
Quando il principe Luigi sarà qui, davanti a noi,
calpestando giorno e notte la carne morta e il sangue

[1] Il conte di Tolosa era cugino del re.
[2] Vedi p. 175.

dei suoi uomini fatti a pezzi, dei suoi cavalli crepati,
quando vedrà che nulla ci abbatte, scommetto
che sarà bendisposto verso i messaggeri
che gli manderemo. Credete a me,
il re non entrerà qui da signore
senza aver attraversato il fuoco della verità:
Tolosa è una coppa piena del vino della vita.
Se non la spaccano i colpi dei francesi,
allora nel rosaio rinascerà la bella rosa
e con lei l'onore, la gioia e la pace!».

L'autore della *Canzone* ci descrive quindi con spirito, nell'ultima lassa del suo poema, il valore dei tolosani, pronti a difendere a caro prezzo la loro città contro gli assalti del principe Luigi di Francia (CC, 214):

Con l'orgogliosa Francia bisogna dunque scontrarsi.
Il giovane conte tiene la città e i suoi bastioni
con pugno di ferro. Ha dato i suoi ordini
e ognuno, a Tolosa, è pronto a combattere.
[*Lacuna nel manoscritto della* Canzone].
Il conte Raimondino comanda la difesa.
I suoi uomini si organizzano e di comune accordo
si dividono i lavori e le ore di guardia.
Tutti restano, giorno e notte, chiusi nelle armature.
I consoli assistiti da borghesi, notabili
e nobili cavalieri affidano la specifica guardia
delle porte della città agli uomini più accorti
e più forti fra gli abitanti del luogo.
Quanto ai baroni e ai conti, essi ricevono l'ordine
di prendere posizione presso le fortificazioni.

Il medesimo autore ci presenta anche i signori tolosani che si apprestano a difendere la loro città e descrive la prodezza di una cinquantina di loro: Arnaldo di Montégut, celebre per il suo coraggio, l'abile Frotard Peyre, Aimerico della Rochenégade, il signore di Comminges, «tanto bello quanto possente», messer Guiraud Unaud, «che alla prodezza univa la saggezza», il valoroso signore di Puylaurens, il visconte Bertrando di Lautrec, «ancora adolescente», nonché una decina di altri guerrieri; e l'anonimo autore di questa *Canzone della crociata albigese* conclude il poema con una lunga e commovente tirata antifrancese (CC, 214):

Maledetti siano l'orgoglioso Luigi, principe di Francia,
i suoi trentaquattro conti e la sua schiera così fitta
che nessuno quaggiù, per quanto istruito,
ne può contare il numero! E maledetto sia anche
il cardinale romano[3], quel dotto latinista,
quel predicatore di tormenti, di saccheggi e di morte!

[3] Il cardinale Bertrando, legato di papa Onorio III.

Detesta così tanto Tolosa e la sua regione
che ci vuol tutti passati a fil di spada,
tra le fiamme del rogo, tutti, uomini, madri,
ragazze, donne incinte, poppanti,
finché le grida non si spengano con le nostre vite!
Ma la Vergine Maria saprà proteggerci.
Grazie a Lei alfine trionferà la giustizia
e sangue innocente non verrà versato.
Tolosani, niente paura, san Saturnino vi assiste
e Dio, il Diritto, la Forza, con il giovane conte
difendono la vostra città! Amen.

Così si conclude la *Canzone della crociata*, senza informarci sull'esito dei combattimenti. Questo, contro ogni aspettativa, sarà favorevole; la lotta volge a vantaggio dei difensori. Perché, nonostante l'enorme armata di cui dispone, il principe Luigi non riesce a prendere la città prima della fine del fatidico periodo di quaranta giorni[4]. Il primo agosto fa fagotto: la città di Tolosa è ancora una volta salva. S'apre quindi un periodo di diversi anni che è, almeno i primi tempi, propizio per il conte di Tolosa e i suoi vassalli. Con la partenza del principe Luigi, si allenta la morsa dei crociati e Raimondo il Giovane tenta di approfittarne per riprendere il controllo del tradizionale dominio dei suoi avi.

Il giovane conte intraprende immediatamente il compito. Inizia col ristabilire l'ordine nel Lauragais, dove Foucaud e Giovanni di Berzy, liberi (sono stati scambiati con lo sventurato difensore di Marmande), hanno ripreso le loro rapine. Stavolta i due fratelli, che cadono nuovamente nelle mani degli occitani, vengono subito decapitati e le loro teste, conficcate su picche, vengono esibite davanti alla popolazione, con probabile soddisfazione delle loro vittime.

Ma non è tutto. L'anno 1220 segna per Raimondo VII l'inizio di una campagna di riconquista che vede i crociati perdere numerose città e piazzeforti. Viene ripresa Lavaur; poi, il giovane conte s'impadronisce una dopo l'altra di Puylaurens e Castelnaudary, dove si trincera con le sue truppe, mentre Amalrico lo assedia invano per otto mesi. Allora fiutando il pericolo, papa Onorio III tenta di rilanciare la crociata, ma i suoi molteplici appelli a tutti i cattolici fedeli a Roma restano lettera morta. Nelle città liberate da Raimondo il Giovane ritornano persino in fretta i perfetti e le perfetti che i crociati avevano scacciato e, secondo alcuni, sterminato.

Tuttavia, a causa della mancanza di testimonianze, questo fausto periodo dei conti di Tolosa è mal conosciuto. Come abbiamo visto, la *Canzone della crociata albigese* non va oltre il 1219 e la *Storia albigese* di Pietro di Vaux-de-Cernay si ferma lo stesso anno. Si sa però che Amalrico perse a poco a poco, un pezzo dopo l'altro, il principato che

[4] Vedi p. 62.

si era ritagliato il padre in Linguadoca. Nel 1221, dovette levare l'assedio a Castelnaudary. Lo stesso anno, il conte di Foix riprese Montréal, Limoux, Fanjeaux (in quest'ultima si reinsediarono in massa i Buoni uomini catari). Poi, fu Agen a ritornare nel campo occitano. Abile politico, Raimondo il Giovane, a differenza di Simone IV di Montfort, spesso concesse l'amnistia a quelli che avevano aderito alla causa dei crociati e confermò le consuetudini locali. Inoltre, da accorto amministratore, rilanciò l'economia tolosana e si attirò le simpatie dei borghesi gratificandoli di nuove franchigie. Unica ombra in questo quadro, la morte, avvenuta a Tolosa nel mese d'agosto del 1222, del vecchio conte Raimondo, che, all'età di sessantacinque anni, lasciò nelle mani del figlio i destini della città e della contea. Ma per Raimondo VII tutto il resto andò per il meglio; in quello stesso anno, si ribellarono la regione di Béziers, quella di Narbona e il Minervois e i crociati furono completamente spazzati via. Amalrico, la cui influenza si dissolse a poco a poco, fu costretto a ripiegare sul Carcassès. Capitolerà due anni dopo, all'inizio del 1224, riprendendo con i suoi ultimi fedeli la via della Francia del Nord.

L'Occitania si poteva dire ormai libera. Restava però un'incognita: l'atteggiamento del capo della cristianità a Roma, papa Onorio III.

Nel 1224 la situazione si è quindi evoluta e pare sia giunto il momento dei negoziati. Il papa, che all'epoca ha a cuore il destino dei cristiani in Palestina, si dimostra disposto a parlamentare. Si aprono delle conferenze a Montpellier, in giugno, che si concludono con una dichiarazione del conte Raimondo VII in cui questi si dice pronto a sterminare tutti gli eretici (ossia i catari) della sua contea e a riparare i danni causati alle chiese tolosane durante la guerra. Tra Roma e Tolosa si sta dunque per instaurare la pace?

Ahimè, no! Infatti, nel frattempo papa Onorio III viene circuito dal principe Luigi, divenuto re di Francia col nome di Luigi VIII, e si limita a inviare al conte di Tolosa un nuovo legato. Questi respinge l'offerta di sottomissione di Raimondo VII in cambio della restituzione dei titoli e dell'eredità feudale, offerta che il conte di Tolosa ha rinnovato davanti ai membri del concilio di Bourges, che, il 30 novembre 1225 sotto la presidenza del nuovo cardinale legato, Romano di Sant'Angelo, ha visto riuniti quattordici arcivescovi, centotredici vescovi e centocinquanta abati. Questo rifiuto convince finalmente il re a invadere la contea tolosana per farvi regnare la sua legge: la crociata contro gli albigesi si muta nuovamente in guerra di conquista.

Per ordine del papa, si predicò ancora la crociata contro Raimondo VII che, privo dell'appoggio dei re d'Inghilterra e d'Aragona, sul quale aveva creduto di poter contare, nel giugno 1226 vide con terrore arrivare sotto le mura di Avignone l'immenso esercito radunato dal re di Francia. Con la resa della città ai francesi, dopo tre mesi di assedio, tutta la Provenza si sottomise al re Luigi VIII. Poco dopo, questo divenne padrone di tutta la regione fino a quattro leghe da Tolosa; con un gesto dal forte significato politico reinsediò nei loro feudi i vecchi compagni di Montfort, concesse la città di Castres al figlio di questi, Guido di Montfort, e collocò dei siniscalchi in tutti i luoghi di cui si era impadronito, dal Rodano alla Garonna e fino ai Pirenei.

Raimondo VII poteva quindi considerarsi ormai perduto, quando l'8 novembre 1226, all'età di trentasette anni, il re Luigi VIII morì improvvisamente nel castello di Montpensier in Alvernia. Secondo alcuni, sarebbe stato avvelenato dal conte di Champagne, amante della regina Bianca di Castiglia; secondo altri, sarebbe stato vittima dell'epidemia di peste che aveva decimato le sue truppe. A ogni modo, prima di spirare, il re ebbe il tempo di riunire attorno al suo capezzale dodici signori ai quali fece giurare di riconoscere come suo successore il figlio maggiore Luigi (in seguito soprannominato Luigi il Santo), all'epoca undicenne. Poi, dopo aver nominato Imberto di Beaujeu governatore delle contrade conquistate nel Sud-ovest e designato la moglie Bianca di Castiglia reggente durante la minore età del figlio, si spense re Luigi VIII il Leone, salito sul trono di Francia il 14 luglio 1223: il suo regno era durato solo tre anni.

Nel corso dell'anno seguente (1227), il conte Raimondo VII, approfittando di una rivalità tra il governatore Imberto di Beaujeu e i baroni del Nord che adocchiavano la sua provincia tolosana, riprese molti dei luoghi precedentemente perduti a vantaggio delle armate regie. Tuttavia, nonostante questo successo, constatando l'indebolimento dei suoi Stati dopo vent'anni di accanita guerra contro i crociati "nordisti", il conte di Tolosa finì per accogliere le proposte di pace che gli aveva fatto pervenire, in accordo col legato pontificio, la reggente Bianca di Castiglia. Questa aveva infatti compreso che l'annessione pura e semplice della contea di Tolosa alla Corona era impossibile e avrebbe provocato una levata d'armi contro la casa reale di tutte le province del Sud-ovest e sicuramente anche di altre province del regno di Francia, dove l'eredità dei feudi era ovunque un principio sacro.

Ora, era proprio quella la questione: il conte Raimondo VII non aveva eredi maschi, né diretti, né indiretti; aveva solo una figlia, la principessa Giovanna, la cui madre, la contessa Sancia, infanta d'Aragona, non gli aveva dato altri figli. Era d'altronde proprio per questo motivo che egli aveva tentato, invano, di ottenere dalla Chiesa l'autorizzazione a ripudiarla, ma il papa aveva rifiutato di acconsentire a un divorzio che, semplicemente per favorire mire dinastiche, avrebbe privato dei suoi diritti ereditari l'unica figlia del conte e la sua futura discendenza. La contea di Tolosa doveva quindi spettare alla principessa Giovanna, che, alla morte del padre[5], sarebbe divenuta "contessa di Tolosa". Tutto ciò

[5] Vedi la tavola genealogica nell'Appendice XIII, p. 238.

era perfettamente conforme al diritto feudale, ma nondimeno poneva un problema alla corte di Francia: il conte di Tolosa aveva infatti promesso la mano della figlia al più potente signore del Poitou, Ugo di Lusignano, conte della Marche, avversario dichiarato di re Luigi VIII, che non desiderava certo vederne aumentare l'estensione territoriale. Il re fece quindi pressione sul conte della Marche perché rinunciasse alle nozze, giungendo persino a minacciarlo d'invaderne i domini: ebbe la meglio la legge del più forte e Ugo di Lusignano dovette piegarsi alle esigenze del suo sovrano, rinunciando alla principessa Giovanna nonché alla sua eredità.

Si aprirono quindi dei negoziati a Meaux tra la Corona e il suo vassallo tolosano. Essi durarono diversi mesi, dopo i quali ci si accordò su un trattato, che fu firmato a Parigi il 12 aprile 1229, giorno del Giovedì Santo, su un podio innalzato davanti a Notre-Dame. Raimondo VII di Tolosa dovette giurare di osservare, per quanto duro e umiliante, questo trattato che è importante per due ragioni: da una parte, è l'espressione della vittoria definitiva della monarchia francese sul feudalesimo e, dall'altra, è l'unico esempio, nella storia della Francia, di un evento politico decisivo voluto, concepito e interamente realizzato da una donna: Bianca di Castiglia.

Al tempo in cui l'eresia catara si stabiliva nel Sud-ovest della Francia, più precisamente in quella regione nata dall'antica Gallia Narbonese romana chiamata oggi Linguadoca, la contea di Tolosa, che ne era il principato più bello e più ricco, prosperava. Essa apparteneva da secoli alla casata di Saint-Gilles e, all'epoca che ci interessa, il suo conte (che sarebbe stato l'ultimo conte di Tolosa) si chiamava Raimondo VII (era nato a Beaucaire nel 1197 e sarebbe morto a Millau, il 27 settembre 1249). La vita di questo personaggio ci è relativamente ben nota e ne abbiamo già ricordato gli episodi salienti nelle pagine precedenti: figlio del conte Raimondo VI (1156-1222), Raimondo VII, aveva appena dieci anni quanto ebbe luogo l'assassinio del legato apostolico Pietro di Castelnau, che accese la miccia in Linguadoca[6], e abbiamo precedentemente spiegato come il conte di Montfort s'impadronì di gran parte dei suoi domini e in che modo il conte di Tolosa abbia potuto riconquistarli.

Il 12 aprile 1229, secondo i termini del trattato di Meaux, Raimondo VII prometteva di obbedire da quel momento in poi al papa e al re di Francia. In seguito, egli fece venire nella città professori di teologia, diritto canonico, filosofia e grammatica, creando così l'Università di Tolosa, fondazione che precederà di qualche anno la Sorbona. Nonostante avesse consegnato di fatto la regione di Tolosa al potere regio – e quindi alla dinastia capetingia – il conte fu costretto ad abbattere le possenti mura della città, ad assistere alla demolizione di trenta delle più importanti piaz-

[6] Vedi p. 42.

zeforti della sua contea e a vedere tutte le proprie ricchezze andare a vescovi, chiese e abbazie, mentre le sue più belle terre, il Carcassès, l'Albigeois, la regione di Narbona e il Razès diventavano proprietà del re di Francia, rappresentato dal cardinale legato Romano di Sant'Angelo. «Ai! Tolosa et Provensa!», si lamentavano i poeti, mentre nel paese si diffondevano più di prima sia l'eresia albigese che l'odio per le istituzioni ecclesiastiche. Si può addirittura affermare che è proprio in seno alla contea tolosana, nel quadro della lotta contro il catarismo, che è nato l'anticlericalismo francese, conseguenza, tra altre cause, della più inopportuna e abominevole invenzione della Chiesa: l'Inquisizione.

Questa forma di giustizia poliziesca religiosa fu messa a punto da due domenicani: Pietro Seilan, ricco borghese tolosano che fu uno dei primi discepoli di san Domenico, e Guglielmo Arnaud, originario di Montpellier. Furono entrambi scelti come primi inquisitori dal legato apostolico Giovanni di Bernin, nel luglio 1233. A questi due ecclesiastici, provenienti dalla piccola borghesia locale, in nome della Santa Sede furono concessi pieni poteri per lottare contro gli eretici, e in particolare contro «quelli che si definiscono catari», precisa l'atto del legato pontificio. Mantenendo le promesse fatte al papa, Raimondo VII stabilì nei suoi Stati dei tribunali detti dell'Inquisizione, che iniziarono a perseguire e a punire i catari con estrema severità, fatto che gli valse, in ricompensa delle sue azioni in favore della Chiesa cattolica e romana, le contee di Forcalquier e di Sisteron. Poi, dopo aver promulgato, nel febbraio 1234, un editto draconiano contro la setta albigese, il conte di Tolosa si recò a Roma allo scopo di dichiarare personalmente la propria devozione alla Santa Sede, che lo ricompensò con la restituzione del marchesato di Provenza.

Tuttavia, non regnava ancora la pace nella contea tolosana. Infatti, a partire dal 1235, poiché le città di Tolosa e di Narbona avevano scacciato gli inquisitori incaricati di perseguire e punire gli eretici, il conte Raimondo VII, considerato da Roma l'istigatore segreto di questa ribellione, fu nuovamente scomunicato da papa Gregorio IX (successo a Onorio III nel 1227), privato di tutti i suoi titoli – l'arcivescovo di Narbona, Pietro Amiel, che proclamò questa sanzione, lo designa come «Raimondo, un tempo conte di Provenza» – e intimato di tener fede alla sua promessa di partire per fare penitenza in Terra Santa. Il conte si affrettò a reinsediare i frati predicatori e gli inquisitori a Tolosa, rientrando così nelle grazie di Roma nel 1238. Ma, l'anno seguente, invece di partire per la Palestina, si schierò dalla parte dell'imperatore tedesco Federico II (1194-1250), allora in conflitto con la Santa Sede, e combatté con successo il conte di Provenza, altro alleato di Roma. Poi, meno di un anno dopo, compiendo un nuovo voltafaccia, Raimondo VII abbandonò il partito dell'imperatore e concluse un trattato di pace con quello stesso conte di Provenza, di cui sposerà la figlia, dopo aver ripudiato la moglie Sancia d'Aragona.

È ben probabile che questo divorzio e questi nuovi progetti matrimoniali non avessero nulla di sentimentale. Infatti, il conte di Tolosa desiderava ardentemente avere un figlio al quale trasmettere i propri domini, ambiti dalla casa di Francia (la principessa d'Aragona non era riuscita a dargli un figlio maschio). Fu quindi per ragioni puramente di successione che nel 1242 si alleò contro re Luigi il Santo, col conte della Marche e i re d'Inghilterra, Aragona, Castiglia e Navarra, fatto che gli valse la terza scomunica. Fu inoltre accusato di essere all'origine dell'omicidio di alcuni inquisitori commesso ad Avignonet, per l'esasperazione di alcuni catari inaspriti dall'intransigenza dei frati predicatori.

Da quel momento, in Linguadoca si susseguiranno imbrogli e complotti[7]. Nel quadro di una nuova guerra contro il re di Francia, il conte Raimondo VII di Tolosa, dopo essersi impadronito di Narbona, di gran parte dell'Albigeois e della regione di Carcassonne, chiede aiuto ai principi spagnoli, ma questi tardano a reagire e il conte, decidendosi a fare atto di sottomissione, firma nel mese di gennaio del 1243, a Lorris-en-Gâtinais, un trattato di pace col re Luigi. Poi, nell'autunno dello stesso anno, si reca in Italia, dove cerca – invano – di combinare un accordo tra l'imperatore tedesco (Federico II di Hohenstaufen) e papa Innocenzo IV, con cui in seguito resterà in ottimi rapporti.

Dopo queste acrobazie politiche senza futuro, Raimondo VII ritorna nelle sue terre, vi sottomette i vassalli turbolenti e, sempre ossessionato dal desiderio di avere un erede maschio al quale trasmettere la contea e il titolo, decide in estate di recarsi a Roma per chiedere al nuovo papa, Innocenzo IV, tra le altre cose anche di convalidare un nuovo matrimonio, stavolta con Margherita della Marche, che non gli darà neanche lei un erede maschio...

Il 4 agosto 1245, il papa rompe il matrimonio di Margherita con Raimondo VII che, subito, sollecita un'altra dispensa per sposare la seconda figlia del conte di Provenza, Beatrice. L'anno seguente si assiste a un colpo di scena: dopo essere rimasto sei mesi prigioniero al Louvre per ordine di Bianca di Castiglia, con i baroni e i nobili tolosani che l'accompagnavano a Parigi, Raimondo VII, di ritorno a Tolosa, scopre che i reggenti di Provenza hanno già dato in moglie Beatrice di Provenza a Carlo I d'Angiò, fratello del re di Francia, e che la sua unica e adorata figlia, la principessa Giovanna, è tenuta in ostaggio al Louvre per ordine della terribile Bianca di Castiglia; tuttavia, stranamente, ritrova il titolo di cavaliere che gli aveva conferito... il re di Francia Luigi IX. Il conte di Tolosa, che comincia a invecchiare, prende filosoficamente le sventure toccategli e, alla fine del 1247, decide di farsi crociato per davvero e di andare a combattere gli infedeli in Palestina.

Il destino doveva però decidere altrimenti: il 27 settembre 1249, quando era in procinto di partire per l'Oriente, Raimondo VII morì improv-

[7] Vedi pp. 188 sgg.

visamente a Millau, all'età di cinquantadue anni, senza eredi maschi legittimi, lasciando all'unica figlia, Giovanna, tutti i suoi domini. Questi, grazie al matrimonio di Giovanna con Alfonso di Poitiers, sarebbero entrati nella casa capetingia... Alcuni mesi prima della sua morte, il conte di Tolosa, aveva condannato al rogo ottanta eretici, sicuramente perché, sentendo avvicinarsi la morte, sperava così di ottenere il perdono della Chiesa e la grazia divina.

La popolazione di Tolosa seguì il feretro in lacrime; piangeva il suo conte, è vero, ma piangeva soprattutto la fine della sua indipendenza nazionale. La ragione del più forte aveva infine trionfato, ma a che prezzo!

11
Montségur
(1240-1244)

Quando si studia la storia del catarismo, non bisogna mai dimenticare che i catari, nelle cui file si debbono collocare i grandi signori occitani che li difendevano, hanno fondato il proprio destino su tre tipi di comportamento: 1) un accanito senso del proselitismo e della propaganda; 2) il sottilissimo utilizzo di reti d'influenza (tramite i più ricchi tra di loro, che possedevano castelli e fortune); 3) il permanente condizionamento psicologico dei loro seguaci, tenuti dai vescovi catari al riparo dalle tentazioni della Chiesa cattolica nelle "case", di cui abbiamo parlato precedentemente, oppure in alcune roccaforti, tra cui la più importante e imponente fu la fortezza di Montségur. Fortezza che, nella *Canzone della crociata*, dice Folco, vescovo di Tolosa – in occasione del concilio lateranense nel novembre 1215 –, era stata edificata con il consenso del conte Raimondo Ruggero di Foix (CC, 145):

> [...] «Monsignori, che vi ha detto il conte?
> Che in vita sua non ha mai bazzicato miscredenti?
> Ma se è nel suo giardino che è nata l'erba cattiva!
> L'ha forse falciata? Certo che no: se n'è talmente preso cura
> che essa ha proliferato fino a divorare la sua terra[1].
> È col suo consenso che venne fortificato
> il picco di Montségur, rifugio d'eretici».
> [...]
> «Il picco di Montségur? Su questo castello
> non ho alcun diritto né potere: non mi appartiene».

Questa roccaforte, dipendente in effetti da un vassallo del conte di Foix, di nome Raimondo di Perella, era situata sul versante nord delle terre pirenaiche di Guido di Lévis, un signore appartenente a una delle più grandi casate di Francia. Essa era edificata sulla cima arrotondata di un picco, a 1207 metri d'altezza, e le sue ridotte dimensioni non consentivano di accogliervi un gran numero di pellegrini. Montségur poteva ospitare in permanenza soltanto il signore del luogo e la sua famiglia, nonché una modesta guarnigione, tanto che la maggior parte dei

[1] La fortezza di Montségur era situata al confine tra l'Ariège e l'Aude.

catari che vi si rifugiavano, alloggiavano in realtà nel villaggio situato ai piedi della montagna, o nelle capanne in legno costruite sul versate occidentale, da cui si poteva scorgere l'arrivo di eventuali assalitori.

Nei primi anni della storia dell'eresia, ossia verso il 1204, il castello era in rovina; gli eretici, che consideravano il luogo particolarmente adatto al loro culto e alla loro sicurezza grazie al suo isolamento e alla posizione elevata, domandarono al signore di Perella, tramite il loro vescovo Guilberto di Castres, l'autorizzazione a restaurarlo. Essi eressero personalmente attorno alle mura, per proteggerne l'accesso, una recinzione fatta di pali solidamente ancorati al terreno. Questa richiesta e lo zelo impiegato nel fortificare il castello dimostrano chiaramente che nelle loro intenzioni Montségur doveva divenire il quartier generale del catarismo, non solo grazie alla sua posizione geografica e strategica, ma soprattutto perché si trovava sulle terre del conte di Foix. Il conte, cataro nell'animo, ma ufficialmente cattolico, formava con il conte di Tolosa e il visconte Raimondo Ruggero Trencavel (anch'essi con simpatie catare), un "terzetto politico" misto: si presentavano come fedeli vassalli del cattolicissimo re di Francia (nel 1204, si tratta di Filippo II Augusto, che regnerà fino al 1223), dichiaravano grande rispetto per il papa, che sostenevano di venerare, ma si comportavano *de facto* da protettori dei loro sudditi divenuti, per la gran parte, eretici agli occhi delle autorità cattoliche e ribelli agli occhi del re.

I *perfetti*, come si autodefinivano i catari "militanti", la cui vita contemplativa era fatta di raccoglimento, preghiera, studio, nonché di apostolato, avevano bisogno di un luogo di questo tipo, lontano dal caos cittadino e dalle liti di campagna. In seguito, sia perché il castello era troppo piccolo per ospitare tutti, sia perché la solitudine di una cella pareva loro più propizia alla preghiera che la promiscuità, alcuni catari si costruirono delle capanne singole ai piedi delle mura del castello nelle rocce a strapiombo sul precipizio. Qui, si consacravano alla preghiera, alla solitudine e al silenzio. Inoltre, numerosi catari – perfetti o semplici fedeli – meno intransigenti, ma altrettanto sinceri, abitavano nel villaggio che si trovava sotto la montagna. Visitatori di ogni condizione provenienti dalle città vicine venivano a trascorrervi soggiorni più o meno lunghi, sia per curiosità, sia per salire al castello e visitarlo, sia per complottare.

Infatti, la maggior parte dei vassalli del conte di Tolosa e del conte di Foix, spossessata dei propri feudi o castelli dai crociati, a Cahuzac, Moissac, Béziers, Carcassonne, Lavaur e altrove, aveva in animo di riconquistarli. Era, ad esempio, il caso di Raimondo Ruggero Trencavel II, scacciato dal suo feudo di Carcassonne dalle truppe del re Luigi VIII il Leone[2]; ed era anche il caso del conte Raimondo VII di Tolosa, che non aveva ancora digerito i giuramenti che era stato costretto a pronun-

[2] Vedi pp. 179 sgg.

ciare, in abiti penitenziali, davanti alla cattedrale di Notre-Dame a Parigi, nel 1229, firmando il trattato di Meaux impostogli da Bianca di Castiglia[3].

A poco a poco, quindi, Montségur era diventata la capitale semiclandestina del catarismo. Vi accorrevano fedeli da ogni parte, e in particolare dalla vicina Spagna, per raccogliersi e celebrare il culto cataro in tutto il suo rigore, e cavalieri occitani per preparare la liberazione della loro patria sotto la guida vigile del vescovo cataro di Tolosa, Guilberto di Castres, in un clima di resistenza all'"occupante" francese. Possediamo diverse descrizioni del comportamento di questi catari, che si possono indifferentemente definire, col linguaggio dei moderni politologi, "nazionalisti occitani", se si vuole sottolineare il carattere politico delle loro azioni, o "protestanti ante litteram", se si preferisce insistere sull'aspetto religioso.

Da questo punto di vista, è particolarmente istruttiva la lettura della *Canzone della crociata*. Guglielmo di Tudela, autore della prima parte del componimento, si schiera, non si sa perché, dalla parte dei crociati e di Simone di Montfort, di cui è un grande ammiratore; in compenso, il suo anonimo continuatore è, per così dire, un "nazionalista occitano", partigiano di una sorta di "Fronte di liberazione nazionale dell'Occitania".

Per riassumere più semplicemente le cose, diciamo che a partire del 1232-1233, il silenzioso e misterioso castello di Montségur, pur facendo parlare di sé presso i sostenitori della Chiesa romana – alcuni lo definiscono addirittura "sinagoga di Satana" –, nelle campagne circostanti o nelle città del Sud-ovest resta un semplice argomento di conversazione con i forestieri di passaggio. Gli inquisitori incaricati dal loro tribunale di braccare gli eretici nella diocesi di Tolosa sono accolti con diffidenza dalla popolazione dei villaggi e delle cittadine della regione, seppur cattolica. Nonostante le loro diatribe su Montségur, in Occitania regna l'ordine e la tranquillità.

Tuttavia – ed è proprio il caso di dirlo – il fuoco dell'Inquisizione continuava a covare sotto le ceneri dei roghi spenti. Nell'aprile del 1240, Raimondo Ruggero Trencavel II, il cui padre, trent'anni prima, si era visto spossessato, da Montfort e dai suoi crociati[4], della sua bella città di Carcassonne, nonché della viscontea che da essa dipendeva, si ribella e decide di partire alla riconquista dei territori perduti. Egli trascina nella sua scia altri signori occitani ugualmente spogliati dei loro feudi, quali Oliviero di Termes, a cui i crociati avevano preso le Corbières, Giordano di Saissac e molti altri[5]. Salutato ovunque come un liberatore, Trencavel, col suo piccolo esercito della Linguadoca, s'impadronisce in appena tre mesi di tutto il Carcassonais arrivando infine, il 7 settem-

[3] Vedi p. 181.
[4] Vedi pp. 54 sgg.
[5] Vedi Appendice X, p. 232.

bre 1240, davanti alla città di Carcassonne, ora difesa e governata dal siniscalco Guglielmo di Ormes, dall'arcivescovo di Narbona, Amiel, e dal vescovo di Tolosa.

Le truppe di Trencavel s'impossessano piuttosto facilmente del borgo nord della città (quello soprannominato il Bourg, come abbiamo visto precedentemente); la popolazione massacra i trentatre preti che vi si erano rifugiati, nonostante l'ordine categorico del visconte Raimondo Ruggero di non toccare i religiosi. Ma la città vera e propria, protetta dalle sue celebri mura, resiste. Trencavel leva l'assedio l'11 ottobre, anticipando l'arrivo di un esercito di soccorso guidato dal ciambellano del re, Giovanni di Beaumont, e va a rinchiudersi a Montréal dove è ben presto a sua volta assediato dalle truppe regie. Trencavel invia allora al cugino, il conte di Tolosa, un messaggio dopo l'altro, chiedendogli di accorrere in suo aiuto. Ma Raimondo VII, prigioniero degli impegni presi col trattato di Meaux[6], non si muove. Acconsente tuttavia a mediare e ottiene per il cugino un trattato onorevole: Trencavel è autorizzato a ritirarsi in Spagna coi suoi uomini, scomparendo così sano e salvo dalla scena storica. Quanto alla città e ai borghi che si erano sollevati, essi furono severamente puniti, in particolare il Bourg, completamente distrutto dal fuoco; Montréal fu messa al sacco, come anche Limoux.

Dal canto suo, il conte Raimondo VII di Tolosa, il cui comportamento in questa faccenda non era stato particolarmente limpido, dovette recarsi a Parigi per rinnovare al re di Francia il suo giuramento di fedeltà, promettere di scacciare gli eretici dalla sua contea e distruggere la fortezza di Montségur, situata sulle sue terre. Era chiaro che in quel momento Raimondo VII non avrebbe per nulla al mondo accettato di mettersi in urto col re Luigi il Santo. Ci teneva a cancellare lo spiacevole effetto prodotto dalla rivolta del cugino Trencavel che, secondo lui, si era ribellato troppo presto e aveva sbagliato a non consultarlo prima di lanciarsi a capofitto in una guerra solitaria contro i crociati, perduta in partenza. Il conte di Tolosa aveva infatti compreso che l'indipendenza, da lui stesso sognata, non si poteva conquistare con una ribellione di tipo feudale. Perché, anche se questa ribellione fosse riuscita, non avendo egli eredi maschi a cui trasmetterla, la contea dopo di lui sarebbe ricaduta nelle mani del suo signore il re di Francia. Perciò, per scacciare dall'Occitania i francesi (o più precisamente i funzionari, gli amministratori e i soldati del re di Francia), non poteva bastare la semplice assistenza di un vassallo come Trencavel: ci voleva quella di un signore potente almeno quanto il re di Francia, e la sua scelta cadde naturalmente sul conte di Provenza, Raimondo Berengario V, nipote del re Pietro II d'Aragona.

All'inizio del 1242, assicuratosi l'appoggio del conte di Provenza, Raimondo VII convoca i suoi vassalli e si allea, contro re Luigi, con il

[6] Vedi p. 181.

conte della Marche e i quattro re d'Inghilterra, d'Aragona, di Castiglia e di Navarra. Ma verrà scomunicato – ancora una volta! – in quanto responsabile dell'assassinio di alcuni inquisitori ad Avignonet, conseguenza dell'estrema intransigenza di questi frati predicatori, di cui il conte di Tolosa aveva invano tentato di moderare lo zelo. Dovrà quindi rimandare a tempi migliori la sollevazione dell'Occitania contro la dominazione francese.

Torniamo al mese di marzo 1242: Raimondo VII è di ritorno dal regno d'Aragona, dove ha rinsaldato l'alleanza col re Giacomo I; è in cammino verso il Poitou, allo scopo di migliorare l'intesa con i signori locali, quando, il 14 marzo, la storia della resistenza armata dell'Occitania contro l'occupante francese vede un nuovo colpo di scena: il conte di Tolosa cade gravemente malato a Penne-d'Agenais, un paesino situato a tre leghe da Villeneuve-sur-Lot. Durante la malattia, che alcuni ritengono mortale, il conte della Marche, suo principale alleato, denuncia il legame di vassallaggio che lo lega alla Corona di Francia, che equivale a una dichiarazione di guerra. Luigi il Santo, che è allora nel pieno vigore (ha ventisette anni), reagisce immediatamente: riunisce un esercito che conduce nella Saintonge, dove fa subire una crudele disfatta alle truppe del conte della Marche. Ha così inizio la guerra tra l'Occitania e il regno di Francia. Il conte di Tolosa chiama a raccolta i vassalli occitani (i conti d'Armagnac, di Comminges, di Foix e di Rodez, i visconti di Narbona, di Lautrec e di Lomagne), sperando al contempo nell'intervento del re d'Inghilterra.

La sua malattia era meno grave di quanto sembrasse e Raimondo VII si ristabilisce. Ma, nei mesi seguenti, il conflitto non volge a suo vantaggio: di fronte alle armate del re di Francia, gli alleati dell'Ovest conoscono la sconfitta. Tuttavia, dal canto suo, nell'estate del 1242, il conte di Tolosa s'impadronisce di Narbona, di buona parte dell'Albigeois e della regione di Carcassonne (il Carcassès). In autunno assedia addirittura i francesi a Penne-d'Agenais. Per consolidare la propria dominazione in Occitania, egli attende aiuti dai principi spagnoli; purtroppo questi tardano ad arrivare, e ben presto è addirittura il conte di Foix a defezionare. Allora, molto abilmente, Raimondo VII, con un brusco cambiamento di rotta, si affretta a offrire la propria sottomissione a re Luigi e firma con lui il trattato di pace di Lorris-en-Gâtinais, nel mese di gennaio 1243: i rapporti tra la contea di Tolosa e il regno di Francia sono ristabiliti sulla base del trattato di Meaux, firmato quattordici anni prima a Parigi.

Nel 1243, pare dunque debba regnare la pace in Linguadoca e il conte di Tolosa può partire tranquillamente alla volta di Roma, dove tenta – invano – di combinare un accordo tra papa Innocenzo IV (1243-1254) e l'imperatore tedesco. Poi, di ritorno in Francia, l'infaticabile Raimondo VII assiste al concilio ecumenico di Lione, dove ottiene dai padri conciliari l'annullamento del suo matrimonio con Margherita della Marche (per infecondità) e quindi il permesso di sposare la figlia del conte Raimondo Berengario di Provenza, Beatrice, al tempo sua fidanzata[7].

Si può pensare ciò che si vuole sulle esitazioni e le ambizioni inconfessate del conte Raimondo VII di Tolosa, ma bisogna comunque riconoscere che fino ad allora, per raggiungere i propri scopi, ha sostenuto benissimo il sottile gioco di alleanze e controalleanze feudali: l'Occitania non sarà più in seguito minacciata né dalle eventuali ambizioni del re di Francia, Luigi, né da quelle di sua madre, Bianca di Castiglia, che a causa delle sue origini adocchia volentieri le contee occitane. Ora il conte Raimondo può quindi fare affidamento sulla fedeltà dei suoi vassalli occitani – i conti Bernardo d'Armagnac, Bernardo di Comminges, Ugo di Rodez, Ruggero IV di Foix, i visconti di Narbona, di Lautrec e di altre località – tutti pronti a guerreggiare al suo fianco, se necessario.

La guerra conclusasi nel gennaio 1243 con la firma di un accordo tra il re di Francia e il conte di Tolosa non era la conseguenza di una semplice controversia territoriale. All'inizio della primavera del 1242, aveva assunto un nuovo volto, manifestandosi non solo come una guerra di liberazione e d'indipendenza guidata dai feudatari occitani contro il loro signore, il re di Francia, ma anche come una rivoluzione religiosa popolare, la cui "presa della Bastiglia" – se possiamo permetterci questa immagine anacronistica – fu il massacro, la notte tra mercoledì e giovedì dell'Ascensione del 1242, degli inquisitori domenicani del tribunale della Santa Inquisizione che si trovavano ad Avignonet, nel Lauragais[8], massacro perpretato da una sessantina di catari armati appartenenti alla guarnigione del castello-cittadella di Montségur.

Secondo le testimonianze raccolte in seguito dagli inquirenti regi, e in particolare quella della moglie di un sergente che viveva a Montségur, questa sanguinosa vicenda sarebbe stata organizzata su istigazione del conte Raimondo VII in persona. È almeno ciò che risulta dalla deposizione scritta fornita agli inquisitori da Fays di Plaigne, moglie del sergente residente a Montségur. Questa importantissima prova a carico è stata conservata negli archivi della provincia della Linguadoca. L'hanno potuta consultare e pubblicare diversi storici francesi, soprattutto al tempo di Ronsard quando erano di moda le questioni politico-religiose. Citiamo qui la deposizione dalla versione in francese moderno fatta da Zoé Oldenbourg, in *L'assedio di Montségur*:

> Guglielmo e Pietro Raimondo di Plaigne, due cavalieri della guarnigione di Montségur [*quindi, catari*], si trovavano al castello di Bram, quando arrivò un certo Giordanino del Mas per dire a Guglielmo che Raimondo d'Alfaro l'aspettava

[7] Vedi p. 183.

[8] Ai giorni nostri, Avignonet-Lauragais (Haute-Garonne), nell'arrondissement di Tolosa, è un paese di circa 950 abitanti. Per questo importante avvenimento sono state proposte diverse date; noi abbiamo preso in considerazione la più probabile, su cui si accordano quasi tutti gli storici.

nella foresta d'Antioche. Questo Raimondo era viguier di Raimondo VII e "bailo" [*conduttore di greggi*] del castello di Avignonet. Guglielmo incontrò Raimondo d'Alfaro nel luogo indicato e questo, dopo avergli fatto giurare di mantenere il segreto, gli disse: «Il mio signore il conte di Tolosa non può spostarsi, e non possono neanche gli altri cavalieri disponibili. Ora, bisogna uccidere frate Guglielmo Arnaud e i suoi compagni [*gli inquisitori*]. Chiedo quindi a Pietro Ruggero di Mirepois e a tutti gli uomini d'armi di Montségur di venire al castello di Avignonet, dove si trovano in questo momento gli inquisitori. Porterò comunque delle lettere per Pietro Ruggero. Affrettati. In ricompensa, dopo la morte degli inquisitori, avrai il miglior cavallo che si possa trovare ad Avignonet».

Nessuno storico contemporaneo potrebbe immaginare miglior documento per chiarire in modo esplicito il dramma che si svolse, sette secoli fa, in questo piccolo paese di Avignonet, oggi così tranquillo.

1. Se ci si attiene al testo appena citato, risulta in modo indiscutibile che primo responsabile materiale diretto del massacro di Avignonet fu, con ogni evidenza, questo Raimondo d'Alfaro denunciato da Fays di Plaigne, che, in quanto moglie del sergente che comandava la guardia del castello, era verosimilmente al corrente di tutti i piccoli intrighi e pettegolezzi di Montségur. Tuttavia, s'ignorano le motivazioni (senza dubbio finanziarie) di questo conduttore di greggi un po' zotico nel convocare gli uomini della cittadella, esponendoli così alla morte. Figlio naturale di una certa Guglielmina, a sua volta figlia naturale del conte Raimondo VI di Tolosa, d'Alfaro era quindi nipote del conte Raimondo VII. Ma, a causa delle sue origini illegittime, era tenuto lontano da qualsiasi potere e successione, e sicuramente sentiva la necessità di farsi valere.

2. Il secondo responsabile è Raimondo VII di Tolosa in persona: è in suo nome che d'Alfaro, una volta ricevuto il terribile messaggio appena citato, organizza la messinscena del dramma che stiamo per descrivere. Anche se l'avesse fatto a sua insaputa – fatto piuttosto dubbio – d'Alfaro riteneva che il conte di Tolosa non l'avrebbe certo biasimato per aver risolto in modo così radicale l'imbarazzante problema degli inquisitori.

3. Il terzo colpevole è, se così si può dire, un colpevole collettivo. Si tratta della sessantina di uomini armati catari che costituivano più o meno la metà della guarnigione di Montségur, ossia quindici cavalieri e quarantadue sergenti tutti appartenenti alla piccola nobiltà locale, le cui famiglie erano di fede catara da tre generazioni.

4. Non bisogna dimenticare d'incriminare il clima "poliziesco" instaurato nella regione da Guglielmo Arnaud, domenicano "puro e duro" di cui i numerosi catari d'Avignonet e dei dintorni non potevano più tollerare le maratone inquisitorie. Frate Arnaud si faceva accompagnare ovunque da un vero e proprio piccolo esercito di sergenti, carcerieri, assessori e altri consiglieri che seminava un autentico terrore in borghi e campagne; a tal punto che per temperare gli ardori del suo inquisitore era dovuto intervenire lo stesso papa Innocenzo IV.

5. L'opinione pubblica della Linguadoca, che si trattasse di catari o di cattolici, era particolarmente sensibile ai giochi di queste due forze ideologiche che si combattevano a suon di sermoni, penitenze e scomuniche. Molto probabilmente tanti erano gli episodi che turbavano la vita religiosa, sia dei cattolici, che pensavano di possedere la verità e il diritto, sia dei catari, tra i quali si sviluppava lentamente ma sempre più forte un senso di persecuzione. Per i fratelli della signora Plaigne, come per gli altri cavalieri catari di Montségur, la missione affidata in nome del conte di Tolosa da Raimondo d'Alfaro era un vero e proprio albinaggio: pare che, nell'apprendere la notizia, il comandante della guarnigione (catara) del castello, Pietro Ruggero di Mirepoix, radunasse gli uomini e dicesse loro: «Preparatevi, la faccenda è importante, ci porterà grande profitto!».

6. L'operazione in sé non fu, di fatto, che un breve colpo di mano, ma ebbe le conseguenze di un colpo di Stato. Ed ecco come si svolse: si costituì a Montségur, dove gli uomini del re non osavano mettere piede, una piccola compagnia di circa cinquanta giovani appartenenti alla piccola nobiltà locale, tutti credenti catari. La vigilia del giovedì dell'Ascensione, questi partirono senza ulteriore indugio alla volta di Avignonet, dove li attendeva con discrezione e con altri catari in armi il conduttore di greggi Raimondo d'Alfaro. Per la maggior parte furono alloggiati presso la casa tradizionalmente riservata ai lebbrosi, all'uscita dell'agglomerato. Questa piccola compagnia che, pare, non fosse ancora stata notata da alcuno (e questo non è inverosimile perché vi erano frequenti movimenti di uomini armati nella regione di Montségur) rimase fino al calar della notte nella casa dei lebbrosi, dove erano state collocate una dozzina di scuri ben affilate. Poi, dopo che l'oscurità fu totale, il conduttore di greggi, vestito di bianco e accompagnato da qualche abitante di Avignonet che desiderava partecipare all'orgia sanguinaria, guidò questi giustizieri "per una notte" fino alla casa dove dormivano il domenicano Guglielmo Arnaud e i sette monaci inquisitori.

7. Dopo che le guardie di Mirepoix ebbero abbattuto a colpi di scure la porta della casa, i monaci si precipitarono immediatamente fuori dal letto e s'inginocchiarono cantando il *Salve Regina*. Possiamo immaginare che non ebbero il tempo di terminare l'inno: nel giro di pochi minuti vennero tutti massacrati, la testa spaccata e i corpi squarciati a colpi di lama. La notte volgeva al termine e una pallida luce annunciava il giorno dell'Ascensione; la silenziosa vendetta dei catari si era conclusa. Gli assassini degli inquisitori si divisero i pochi oggetti che si portarono dietro al castello – alcuni libri, un candeliere, delle armi – e, intonando inni, si ricongiunsero ai complici che li aspettavano nella casa dei lebbrosi. Poi, andarono tutti insieme a sentire la messa a Saint-Félix, dove, nonostante l'ora mattutina, si era già diffusa la notizia dell'assassinio degli inquisitori. Il curato in persona venne ad abbracciare i catari omicidi, che attraversarono poi Avignonet, acclamati dalla folla, prima di ritornarsene con tutta calma a Montségur.

L'assassinio dell'inquisitore Guglielmo Arnaud non era certo una grande vittoria politico-religiosa degli eretici sui cattolici, né ancor meno una vittoria militare; non era che un fatto di cronaca, un massacro senza gloria, una sorta di regolamento di conti piuttosto sordido che non cambiava granché la sorte dei catari di Linguadoca, e ancor meno il futuro del regno di Francia. Fu, se così si può dire, un semplice "incidente di percorso" locale durante il regno di Luigi il Santo, non certo paragonabile alle guerre di religione che dilanieranno la Francia, più di tre secoli dopo, per trentasei anni, dall'*affare dei placards* (1562) alla promulgazione dell'editto di Nantes da parte di Enrico IV, nel 1598. Il re, e soprattutto sua madre Bianca di Castiglia, lo compresero fin troppo bene. Tanto che Luigi il Santo cercò innanzitutto non già di punire i suoi vassalli del Sud-ovest (in particolare i conti Raimondo VII di Tolosa e Raimondo Ruggero di Foix, che erano i capofila della ribellione "nazionalista" e feudale della Linguadoca), ma di proporre a questi due importanti signori un onorevole trattato di pace. All'indomani del massacro di Avignonet, il conte di Tolosa poteva quindi partire alla riconquista dei feudi perduti come se niente fosse e, soprattutto, pensare alla liberazione dell'Occitania.

Ma in Linguadoca, le cose non erano più quelle di un tempo, perché Luigi il Santo e i suoi consiglieri, nonché Bianca di Castiglia, stavano per inaugurare un'altra forma di guerra: la riconquista amministrativa e urbana.

Nella deposizione di Fays di Plaigne, la nostra sola e unica prova a carico nella vicenda di Avignonet, è esplicitamente scritto che l'ordine criminale di massacrare gli inquisitori proveniva da Raimondo VII in persona, che l'aveva fatto trasmettere, sotto il vincolo del segreto, a due cavalieri della guarnigione di Montségur. Così facendo, il conte agiva allo scopo di recuperare la contea tolosana: aspirazione comprensibile. Ma dopo la sua morte, a chi sarebbe stato assegnato questo feudo, visto che Raimondo VII non aveva ancora eredi maschi? In teoria, secondo il diritto feudale, sarebbe dovuto ritornare al suo signore, ossia al re di Francia, e ciò spiega la strategia adottata da Bianca di Castiglia che consisteva nell'impedire al conte di Tolosa di sposarsi (perché non avesse un erede) e nel recuperare la contea di Tolosa per suo figlio, discendente maschio più prossimo (nipote di primo grado) del conte Raimondo VII. Bisognava quindi ostacolare gli sforzi del Tolosano di trovare una sposa che potesse dargli rapidamente un figlio. Nel 1229, la reggente Bianca di Castiglia ha compreso, come scrive Zoé Oldenbourg (*L'assedio di Montségur*), che nella corsa alla corona di Francia, per il momento sulla testa del figlio Luigi IX, il potenziale rivale non è il conte Raimondo VII di Tolosa, che è ormai solo un «bastone spezzato sul quale non ci si può arrischiare ad appoggiarsi troppo», ma l'erede che questo principe non ha ancora e che potrebbe avere o dalla seconda moglie,

Margherita di Lusignano (sposata nel 1243), o da un'altra ancora. Nonostante l'età matura, il conte è pronto a metter gli occhi sulla prima principessa in grado di donargli una prole. Quindi, per Bianca di Castiglia, il mezzo migliore per far cadere i feudi del conte di Tolosa nella cesta della corona di Francia è di sorvegliare quel "don Giovanni" del conte Raimondo e impedirgli di risposarsi. È a questo che si dedicherà con efficacia nel corso degli anni seguenti, mentre il figlio s'incaricherà della persecuzione degli eretici catari.

La strategia della reggente metterà in qualche difficoltà il conte Raimondo VII, che ci tiene a rimanere padrone in casa sua. Il 15 aprile 1243, una volta archiviata la questione del massacro di Avignonet e dopo essere tornato definitivamente nelle sue terre tolosane, il conte fa convocare a Béziers un concilio, che potremmo definire occitano, presieduto dall'arcivescovo di Narbona e composto dai vescovi e dai principali abati della Linguadoca. Pur consacrando apparentemente il concilio di Béziers all'abolizione dell'eresia catara in Linguadoca, reale obiettivo di Raimondo VII era approfittare di quell'occasione per privare i domenicani della funzione di inquisitori, prerogativa che era fonte di numerosi problemi in Occitania e di cui il recente massacro di Avignonet era la scottante conseguenza: il conte di Tolosa voleva riservare questa funzione a regolari tribunali religiosi. Ovviamente, gli inquisitori – vale a dire i frati predicatori domenicani – reagirono a questa convocazione, che celava una qualche manovra e che non era assolutamente regolamentare, considerato che Raimondo VII era sempre sotto la scomunica pronunciata contro di lui dopo l'assassinio degli inquisitori di Avignonet (non aveva, di fatto, alcun potere di convocare un concilio). Papa Innocenzo IV, appena salito al soglio pontificio, diede atto delle loro proteste ai frati predicatori e rafforzò persino i poteri dell'Inquisizione. Ma, intanto, al concilio di Béziers, i prelati avevano deciso che bisognava finirla una volta per tutte con l'ormai anormale "istituzione" di Montségur.

Questa decisione significava semplicemente la distruzione della fortezza catara, compito affidato alle due più alte autorità religiose e laiche della Linguadoca: l'arcivescovo di Narbona, Amiel[9], e il nuovo siniscalco di Carcassonne, Ugo di Arcis.

A quei tempi, gli "affari" si decidevano e si eseguivano rapidamente: appena quindici giorni dopo la chiusura del concilio di Béziers, all'inizio del mese di maggio 1243, il siniscalco conduce più o meno alcune centinaia di cavalieri francesi a piantare le tende ai piedi della roccia sulla quale si erge Montségur, difesa da un centinaio di uomini armati. In teoria, a Ugo di Arcis bastava aspettare che si esaurissero le riserve di acqua della cittadella perché Montségur cadesse, come un bel frutto maturo, prima della stagione delle piogge: priva d'acqua, la guarnigio-

[9] Vedi p. 182.

ne avrebbe rapidamente deposto le armi. Ma l'audace siniscalco, come vedremo, prendeva ingenuamente i propri desideri per realtà.

Come abbiamo detto, la difesa della fortezza di Montségur era affidata a una guarnigione di un centinaio di uomini, tutti catari convinti, tra cui cavalieri coi loro scudieri, sergenti e soldati tradizionali, comandati dal signore del luogo, Raimondo di Perella[10], al quale era alleato un altro signore, Pietro Ruggero di Mirepoix. A queste forze regolari si aggiungevano circa duecento perfetti pronti a morire per la loro fede. La gerarchia della Chiesa catara era invece rappresentata da due o tre personalità, quali il vescovo tolosano, Bertrando Marty, il vescovo del Razès, Raimondo Aguilher, e alcuni diaconi. La roccaforte assediata era costituita principalmente da un maschio il cui pianterreno comprendeva una sala di circa cinquanta metri quadri, dove avevano luogo le cerimonie religiose dei catari; questo era contiguo a una vasta cinta muraria di più di cinquecento metri quadri, in cui si trovavano i magazzini, le scuderie, le sale d'armi e le camere dei difensori.

L'estate del 1243 fu eccezionalmente calda e trascorse senza combattimenti, con i catari che abitavano al fresco dietro le grandi mura del castello di Montségur e i crociati che vagavano attorno alla fortezza in cerca di un po' d'ombra. Quando iniziò a fare meno caldo, dal mese di settembre, sappiamo da diversi documenti che vi furono brevi combattimenti all'esterno delle mura della fortezza, in particolare, uno scontro tra gli assediati e un distaccamento di baschi, usi alla caccia e alla guerriglia in quei monti, che riuscirono a occupare una posizione strategica sull'unica via per Montségur. Inoltre, alcuni rari documenti c'informano che un sergente cataro, un tale Guiraud Claret, venne ferito a morte alla fine del mese di ottobre[11], e che la stessa sorte toccò a un cavaliere. Questi primi piccoli successi infusero un po' di coraggio agli assedianti. In dicembre, questi riuscirono nottetempo a occupare un posto di guardia sul fianco della montagna[12]; su questa posizione avanzata, il vescovo di Albi, che a tempo perso si dilettava di costruzioni, fece erigere una piattaforma di fronte alle mura di Montségur e vi installò una petriera, mentre i tagliapietre preparavano un'abbondante scorta di palle: una volta montata e attrezzata la macchina, gli artiglieri francesi poterono bombardare la palizzata in legno che proteggeva gli accessi al castello di Montségur.

Ma queste prodezze tecniche non fecero progredire l'assedio perché alcuni seguaci dei catari, che vivevano in pianura, all'inizio di gennaio inviarono loro un artigliere. Costui, sicuramente non privo di un certo talento, era un tal Bernardo della Baccalaria (è tutto ciò che sappiamo

[10] Questo vi abitava con la moglie, tre figlie (due sposate e una invalida), il figlio minore Giordano, che doveva avere una diecina d'anni, i due generi, la madre, il padrino e la famiglia di questo, e qualche cugino più o meno lontano.

[11] È l'unica informazione che possediamo su questo soldato di cui è noto solo il nome.

[12] Vedi anche Appendice XI, pp. 235 sgg. (cronaca di Guglielmo di Puylaurens).

di lui), che riuscì a scalare il picco di Montségur senza essere visto dagli assedianti e sistemò in un barbacane una petriera efficiente quanto quella dei cattolici. I duelli d'artiglieria, i tentativi d'assalto degli assedianti, le sortite degli assediati durarono fino alla fine del mese di febbraio 1244, come scrive Guglielmo di Puylaurens, cronista contemporaneo agli avvenimenti: «Non si lasciava alcun riposo agli assediati, né di giorno, né di notte»[13].

Finalmente, all'alba del 28 febbraio 1244, quando ancora non si era levato il sole, Raimondo di Perella e Pietro Ruggero di Mirepoix, che avevano diretto notte e giorno l'eroica difesa del castello, comparvero sulle mura della fortezza e diedero l'ordine di suonare il corno: dopo più di nove mesi d'assedio, capitolavano i catari di Montségur e i loro capi militari chiedevano di negoziare. Stava per concludersi la crociata contro gli eretici, indetta da papa Innocenzo III trentasei anni prima (nel 1208, dopo l'assassinio del legato Pietro di Castelnau da parte di un sicario del conte Raimondo VI di Tolosa): era giunto il momento dei negoziati. Le trattative iniziarono sin dall'indomani della resa, il primo marzo 1244. Esse furono brevi, perché i crociati vincitori non avevano che un solo desiderio, ritornare a casa, e le condizioni imposte ai vinti furono generose:

1. I catari avrebbero conservato Montségur ancora per qualche giorno e avrebbero consegnato degli ostaggi ai vincitori.
2. Essi avrebbero ricevuto il perdono per tutte le colpe passate, compreso il massacro degli inquisitori commesso ad Avignonet.
3. Gli uomini d'armi avrebbero potuto andarsene liberamente, con armi e bagagli, a condizione di comparire, prima di lasciare Montségur, davanti agli inquisitori domenicani per confessare i propri peccati e abiurare l'eresia; così facendo sarebbero stati condannati solo a pene leggere.
4. Tutti gli altri occupanti della cittadella sarebbero rimasti liberi, ma avrebbero dovuto ugualmente confessarsi davanti agli inquisitori e abiurare l'eresia; quelli che non l'avrebbero fatto sarebbero stati immediatamente condannati al rogo.
5. La fortezza di Montségur sarebbe stata resa senz'indugio al re e alla Chiesa.

Considerando le consuetudini dell'epoca, queste condizioni erano buone. Addirittura insperate, perché gli abitanti di Montségur, inclusi quelli che avevano partecipato al massacro di Avignonet, abiurando immediatamente e solennemente il catarismo, potevano non solo sfuggire alla morte, ma anche alla prigione a vita, che avrebbe loro inflitto qualsiasi tribunale ecclesiastico. Ci si chiede quindi quali fossero le ragioni di un'indulgenza concessa tanto rapidamente. Gli storici moderni che hanno analizzato l'episodio, pur proponendo varie ipotesi, non hanno

[13] Citato da Oldenbourg, *L'assedio di Montségur*, cit.

potuto accordarsi neppure su una. Non è impossibile, ad esempio, che le deposizioni dei catari di Montségur che non avevano mai lasciato la cittadella e che quindi non avevano partecipato direttamente alla vicenda di Avignonet circa due anni prima, pur contribuendo a progettarla, in particolare ricorrendo alle loro conoscenze, contenessero rivelazioni che chiamavano in causa alcune personalità cattoliche.

Detto questo, sia in virtù della forza della loro fede, sia per disperazione, quasi nessuno dei catari presenti a Montségur al momento della resa rinnegò la propria fede per sfuggire al rogo. Nella cittadella vi fu anche un certo numero di cristiani (cavalieri e sergenti) e cristiane che chiese di convertirsi in extremis al catarismo, per morire con i perfetti e diventare in tal modo martire: erano poco più di una ventina.

L'enorme rogo su cui, il 16 marzo 1244, sarebbero periti più di duecento eretici, che vi furono trascinati senza alcun riguardo, fu innalzato su un terrapieno piuttosto ampio situato sul versante sud-ovest della montagna, ai piedi del castello e a circa duecento metri da esso. Vi si elevò un recinto fatto di pali e rami d'albero, al cui interno furono sicuramente accatastate migliaia di fascine di legna ben secca e di paglia; il tutto venne ricoperto di resina, poi i carnefici e i soldati vi gettarono uno a uno gli eretici incatenati, con in testa il vescovo cataro di Tolosa, Bertrando Marty. Tutta questa povera gente gridava, singhiozzava, pregava; poi, il fuoco acceso dal boia e dai suoi assistenti cominciò ad attecchire, si alzarono le prime fiamme e, tra pianti e urla, presero fuoco come torce duecento esseri umani, uomini, donne e bambini. Tre o quattro ore dopo, sull'altopiano di Montségur non restavano che ammassi di carne annerita, fumante e sanguinolenta. In tutta la valle si era sparso un orribile odore di morte e di fumo, mentre i monaci e i due o tre vescovi cattolici che avevano assistito a questa macabra festa cantavano inni o recitavano il *Padre nostro*.

La terribile avventura dei catari si era conclusa.

Appendici

I
Testi catari

Prologo del Vangelo secondo Giovanni

Testo fondamentale per il catarismo, il prologo del Vangelo secondo Giovanni era recitato in particolare al momento del Consolamentum.

In principio era il Verbo
e il Verbo era con Dio
e il Verbo era Dio.
Esso era in principio con Dio.
Tutto è stato fatto per mezzo di lui,
e senza di lui nulla è stato fatto.
In lui era la vita,
e la vita era la luce degli uomini,
e la luce splende nelle tenebre
e le tenebre non l'hanno ricevuta.
Vi fu un uomo mandato da Dio.
Il suo nome era Giovanni.
Egli venne per testimoniare,
per rendere testimonianza alla luce,
affinché tutti credessero per mezzo di lui.
Egli stesso non era la luce,
ma doveva rendere testimonianza alla luce.
Il Verbo era la vera luce,
che illumina ogni uomo;
egli veniva nel mondo.
Egli era nel mondo
e il mondo fu fatto per mezzo di lui,
e il mondo non l'ha riconosciuto.
È venuto in casa sua,
e i suoi non l'hanno accolto.
Ma a tutti quelli che l'hanno accolto,
ha dato il potere di diventare figli di Dio,
a quelli che credono nel suo nome,
lui che non fu generato né dal sangue,
né da volontà di carne,
né da volontà d'uomo,
ma di Dio.
E il Verbo si è fatto carne
e ha abitato fra noi,
e noi abbiamo contemplato la sua gloria,

gloria che viene dal Padre come figlio unigenito,
piena di grazia e di verità.
Giovanni gli rende testimonianza ed esclama:
«È di lui che ho detto:
"Colui che viene dietro a me
mi ha preceduto,
perché era prima di me"».
Infatti, è dalla sua pienezza che noi tutti abbiamo ricevuto,
e grazia sopra grazia.
Poiché la legge è stata data per mezzo di Mosè;
la grazia e la verità sono venute per mezzo di Gesù Cristo.
Nessuno ha mai veduto Dio;
l'unigenito figlio,
che è nel seno del Padre,
è quello che l'ha fatto conoscere.

La Cena segreta

Apocrifo bogomilo, la Cena segreta *o* Interrogatio Johannis *è un testo anteriore al catarismo medievale, di cui anticipa i temi essenziali. Si presenta come le* «domande poste da Giovanni, apostolo ed evangelista, a Nostro Signore Gesù Cristo, nella Cena segreta del Regno dei Cieli, riguardo all'organizzazione del mondo, del Principe di questo mondo e di Adamo».

1. Io, Giovanni, che sono tuo fratello e partecipo alla tribolazione per partecipare al Regno dei Cieli, mentre riposavo sul petto di Gesù, gli dissi: «Signore, chi è colui che ti tradirà?». Egli mi rispose: «Colui che mette la mano con me nel piatto. Allora Satana entrerà in lui e mi consegnerà».

2. Io dissi: «Signore, prima che Satana cadesse, quale era la sua gloria presso tuo Padre?». Egli mi rispose: «Era in gloria tale che governava le virtù dei cieli. Quanto a me, io troneggiavo presso mio Padre. Satana governava tutti coloro che imitano il Padre e discendeva dal cielo fino agli esseri più piccoli e risaliva dagli inferi fino al trono del Padre che nessuno vide mai. Ed egli osservava la gloria di colui che fa muovere il cielo poiché voleva essere simile all'Altissimo. Ed essendo disceso nell'aria, disse all'angelo dell'aria: "Aprimi le porte dell'aria". E l'angelo gli aprì le porte dell'aria. E andando avanti verso il basso, incontrò l'angelo che reggeva le acque e gli disse: "Aprimi la porta delle acque". E l'angelo gliela aprì. Egli giunse sotto la terra e vide due pesci che erano distesi al disopra delle acque. Erano come due buoi aggiogati per arare e, per ordine del Padre invisibile, reggevano tutta la terra, da ponente a levante. Essendo disceso ancora più in basso, trovò le nuvole che incombono sui flutti del mare per trattenerli. Continuando a scendere, egli giunse fino al suo inferno che genera il fuoco. Poi, non poté scendere più in basso a causa delle fiamme del fuoco ardente. Allora Satana ritornò indietro e si riempì di malvagità, e accostandosi all'angelo dell'aria e a quello che era al disopra delle acque disse loro: "Tutto questo m'appartiene. Se mi darete ascolto, collocherò il mio trono sopra le nubi e sarò simile all'Altissimo; ritirerò le acque dal cielo superiore e radunerò tutti i luoghi occupati dal mare. Così, non vi sarà più acqua sulla faccia della terra e io regnerò con voi nei secoli dei secoli". E così dicendo, Satana salì verso gli altri angeli fino al quinto cielo e a ognuno di loro parlava così: "Quanto devi al tuo padrone?" "Cento misure di grano", rispose uno. Ed egli gli disse: "Prendi penna e inchiostro e scrivi: quaranta". Disse agli altri: "E voi, quanto dovete al vostro Signore?" "Cento orci di olio", gli risposero.

"Sedetevi", disse Satana, "e scrivete: cinquanta". Egli salì in tutti i cieli e con queste parole sedusse gli angeli del Padre invisibile fino al quinto cielo.

3. Ma una voce uscì dal trono del Padre e disse: "Cosa fai, negatore del Padre che seduce gli angeli? Creatore del male, fa' presto ciò che hai in mente di fare". Allora il Padre ordinò ai suoi angeli. "Spogliateli delle loro vesti". E gli angeli spogliarono delle loro vesti, dei loro troni e delle loro corone tutti gli angeli che avevano dato ascolto a Satana».

Io domandai ancora al Signore: «Quando Satana cadde, dove andò ad abitare?». Ed egli mi rispose: «Mio padre lo trasformò a causa del suo orgoglio e gli tolse la luce. Il suo viso divenne come ferro arroventato e fu simile a quello dell'uomo. Ed egli trascinò con la sua coda il terzo degli angeli di Dio e fu precipitato dal trono di Dio e dal Regno dei Cieli. E discendendo fino a questo cielo, non poté trovare un luogo di riposo né per lui né per coloro che erano con lui. Allora invocò il Padre dicendo: "Sii paziente con me e ti restituirò tutto". E il Padre ebbe pietà di lui e concesse il riposo a lui e a coloro che erano con lui, e il permesso di fare tutto ciò che voleva fino al settimo giorno.

4. E così Satana si insediò in questo cielo e comandò all'angelo che era al disopra dell'aria e a quello che era al disopra delle acque: essi sollevarono due parti delle acque, dal basso in alto, al disopra dell'aria, e con la terza parte fecero il mare che divenne padrone delle acque. Ma secondo il comandamento del Padre, ordinò anche all'angelo che era al disopra delle acque di stare sui due pesci, ed essi sollevarono la terra dal basso in alto e comparve l'aridità. Ed egli prese la corona dell'angelo che governava le acque: da una metà fece la luce della luna e dall'altra metà la luce delle stelle. Con le pietre preziose, fece tutta la schiera delle stelle. Poi, prese i suoi angeli per ministri secondo l'ordine solenne dell'Altissimo. E secondo il comandamento del Padre invisibile, egli fece il tuono, la pioggia, la grandine e la neve. E pose i suoi angeli come ministri al disopra di tutto ciò. E ordinò alla terra di generare tutte le bestie grandi, tutti i rettili, e gli alberi e le erbe. E ordinò al mare di generare i pesci e gli uccelli del cielo.

5. Dopo questo, Satana rifletté e fece l'uomo perché fosse suo schiavo o schiavo di se stesso. E ordinò all'angelo del terzo cielo di entrare in questo corpo di fango, di cui poi prese una parte per fare un altro corpo in forma di donna, e ordinò all'angelo del secondo cielo di entrare in questo corpo di donna. Ma questi angeli piansero quando videro che avevano forma mortale e che erano divenuti dissimili a causa di questa forma. E Satana ordinò loro di compiere l'atto di carne nei loro corpi di fango ed essi non sapevano così di peccare. L'annunciatore del male rifletté tra sé sul modo in cui avrebbe fatto il Paradiso e vi fece entrare gli uomini, ordinando di portarveli. Allora, piantò una canna in mezzo al Paradiso e da uno sputo fece il serpente e gli ordinò di abitare nella canna. È così che il Diavolo realizzò il suo malvagio disegno affinché l'uomo e la donna non venissero a conoscenza del suo inganno. Egli entrò nel Paradiso, parlò con loro e disse loro: "Mangiate qualsiasi frutto che si trova nel Paradiso, ma guardatevi bene dal mangiare il frutto della conoscenza del bene e del male". Allora, il Diavolo entrò nel corpo del malvagio serpente e sedusse l'angelo che aveva forma di donna e gli versò la concupiscenza dei peccati e appagò la propria concupiscenza con Eva per mezzo della coda del serpente. Per questo gli uomini sono chiamati figli del Diavolo e figli del serpente perché essi servono la concupiscenza del loro padre il Diavolo fino alla consumazione di questo secolo».

6. E in seguito, io, Giovanni, domandai al Signore: «Come si può dire che Adamo ed Eva sono stati creati da Dio e messi nel Paradiso per obbedire al Padre e che in seguito sono stati destinati alla morte?». Mi rispose il Signore: «Ascolta, Giovanni, amato da mio Padre, sono gli ignoranti che dicono a torto che mio Padre ha fabbricato questi corpi di fango, in verità, egli creò tutte le virtù del cielo per mez-

zo dello Spirito Santo: è quindi a causa del loro peccato che Adamo ed Eva ebbero corpi mortali di fango e furono destinati alla morte».

E di nuovo, io, Giovanni, domandai al Signore: «In che modo un uomo può nascere in spirito in un corpo di carne?». E mi rispose il Signore: «Nati dagli angeli caduti dal cielo, gli uomini entrano nel corpo della donna ed è la concupiscenza della carne che dà loro carne. Lo spirito nasce dunque dallo spirito e la carne dalla carne. E così si realizza il regno di Satana in questo mondo e in tutte le nazioni». E mi disse ancora: «Mio Padre gli ha permesso di regnare sette giorni che sono sette secoli».

7. Interrogai nuovamente il Signore: «Che avverrà in questo tempo?». Ed egli mi disse: «Non appena il Diavolo fu decaduto dalla gloria del Padre ed ebbe rifiutato di parteciparvi, sedette sulle nuvole e inviò degli angeli del fuoco per bruciare gli uomini, da Adamo fino a Enoc. Ed egli innalzò Enoc, suo ministro, al disopra del firmamento e gli mostrò la sua divinità. Gli diede penna e inchiostro ed Enoc, dopo essersi seduto, scrisse sessantasette libri. Egli gli ordinò di portarli sulla terra. Enoc li custodì sulla terra e li tramandò ai propri figli e insegnò loro il modo di celebrare sacrifici e misteri iniqui. E a quel modo nascondeva agli uomini il regno dei cieli. E Satana diceva loro: "Vedete che io sono il vostro Dio e che non vi è altro Dio fuori di me". Ecco perché mio Padre mi ha inviato nel mondo perché io riveli agli uomini la mente maligna del Demonio e imparino a conoscerlo. Ma Satana sapendo che io sono disceso dal cielo in questo mondo inviò il suo angelo e questo prese il legno di tre alberi e lo diede a Mosè perché fossi crocifisso con questo legno che è già preparato per questo. E Satana ha reso nota la sua divinità al suo popolo e ha ordinato che la legge fosse donata ai figli d'Israele e fece loro passare il mare in secca.

8. Quando mio Padre pensò d'inviarmi sulla terra, mandò innanzitutto il suo angelo, di nome Maria, perché mi accogliesse. Allora discesi, entrai in lui dall'orecchio e riuscii dall'orecchio. E Satana, principe di questo mondo, seppe che ero sceso qui per cercare di salvare gli esseri che erano periti e inviò per battezzare nell'acqua il suo angelo il profeta Elia, che venne chiamato Giovanni Battista. Ma Elia chiese al principe di questo mondo: "Come potrò riconoscerlo?". E gli disse il Signore in persona: "Colui su cui vedrai lo Spirito Santo discendere come una colomba e fermarsi, battezzalo nello Spirito Santo per la remissione dei peccati: lui solo ha il potere di perdere o di salvare"».

9. E di nuovo, io, Giovanni, domandai al Signore: «Si può essere salvati dal battesimo di Giovanni senza il tuo battesimo?». E rispose il Signore: «Se io non l'ho battezzato per mezzo dello spirito per la remissione dei suoi peccati, nessun uomo può vedere il Regno dei Cieli per mezzo del solo battesimo dell'acqua poiché sono io il pane di vita disceso dal settimo cielo. E solo quelli che mangiano la mia carne e bevono il mio sangue sono chiamati figli di Dio».

Io domandai al Signore: «Cosa bisogna capire con queste parole: "mangiano la mia carne e bevono il mio sangue"?». E mi disse il Signore: «Prima che il Diavolo fosse scacciato con tutta la sua schiera dalla gloria del Padre, quando pregavano, gli angeli glorificavano il Padre dicendo nelle loro preghiere: "Padre nostro che sei nei cieli". E così tutti i loro canti salivano fino al trono del Padre. Ma dopo la loro caduta, non possono più glorificare Dio per mezzo di questa preghiera».

E io domandai al Signore: «Perché tutti ricevono il battesimo di Giovanni e non ricevono il tuo?». Il Signore rispose dicendo: «Perché le loro opere sono malvagie ed essi non raggiungono la luce. I discepoli di Giovanni Battista prendono marito e prendono moglie, ma i miei discepoli non si sposano e sono come gli angeli di Dio nei cieli».

Dissi allora io, Giovanni: «Se è già un peccato conoscere la donna, l'uomo non deve sposarsi».

Mi rispose il Signore: «Non tutti comprendono il senso di questa parola a meno che non sia stato dato loro di comprenderla: vi sono eunuchi che sono usciti in questo modo dal ventre della madre, vi sono eunuchi che sono stati castrati e ve ne sono altri che si sono fatti eunuchi essi stessi per il Regno dei Cieli. Chi è in grado di comprendere, comprenda!».

10. E io interrogai il Signore sul Giorno del Giudizio: «Quale sarà il segno della tua venuta?». Egli mi rispose: «Sarà quando il numero dei Giusti sarà consumato secondo il numero dei Giusti coronati caduti dal cielo. Allora, Satana sarà liberato e uscirà dalla sua prigione, animato da una grande ira, e muoverà guerra ai Giusti e questi grideranno al Signore Dio con grande clamore. E subito il Signore ordinerà al suo angelo di suonare la tromba. La voce dell'angelo nella tromba risuonerà dal cielo agli inferi. E allora il sole s'oscurerà e la luce non darà più la sua luce. Cadranno le stelle e i quattro venti si scioglieranno e faranno tremare la terra e il mare, come anche i monti e le colline. Immediatamente tremerà il cielo e il sole si spegnerà all'ora quarta. Allora, comparirà il segno del Figlio dell'Uomo, e con lui tutti gli angeli buoni ed egli porrà il suo seggio sulle nubi e siederà sul trono della sua maestà, con i dodici apostoli assisi sui dodici seggi della gloria. E verranno aperti i libri ed egli giudicherà tutto l'universo e la fede che aveva predicato. E allora il Figlio dell'Uomo invierà i suoi angeli perché radunino i suoi eletti, dai quattro venti e dalla sommità dei cieli fino al loro limite, e perché vadano a cercarli. Allora il Figlio dell'Uomo invierà i demoni malvagi perché conducano dinanzi a lui tutte le nazioni ed egli dirà loro: "Venite qui, voi che dicevate: 'Abbiamo ben mangiato e ben bevuto e abbiamo ricevuto delle ricompense in questo mondo'". E dopo che avremo visto questi demoni, tutte le nazioni staranno dinanzi al giudice, piene di timore. E saranno aperti i Libri della Vita e scopriranno tutte le nazioni e le esporranno. E il Signore glorificherà i Giusti per la loro pazienza e le loro buone opere. A coloro che avranno seguito le prescrizioni angeliche apparterranno la gloria, l'onore e l'immortalità. Ma coloro che avranno obbedito al demonio subiranno l'ira, l'indegnità, i tormenti e l'angustia.

Il Figlio dell'Uomo ritirerà allora i suoi eletti da mezzo ai peccatori e dirà loro: "Venite, voi, gli amati di mio Padre, possedete il regno che è stato preparato per voi dall'origine del mondo". Dirà poi ai peccatori: "Andate lontano da me, maledetti, al fuoco eterno che è stato preparato per il Diavolo e i suoi angeli". E tutti gli altri, vedendo la separazione definitiva, precipiteranno i peccatori nell'inferno per ordine del Padre invisibile.

Allora le anime usciranno dalla prigione dei non credenti, la mia voce sarà udita e non vi sarà più che un solo ovile, che un solo pastore. Ed egli farà uscire dalle profondità della terra l'oscurità e le tenebre che sono quelle dell'inferno del fuoco, ed esse consumeranno tutto l'universo dal fondo della terra fino all'aria del firmamento. E il Signore regnerà dal firmamento fino alle profondità della terra. Il lago di fuoco in cui abiteranno i peccatori è così profondo che se un uomo di trent'anni sollevasse una pietra e la facesse cadere giù, essa ci metterebbe tre anni per raggiungere il fondo.

11. Allora, Satana sarà incatenato con tutta la sua milizia e verrà gettato in questo lago di fuoco. E il Figlio di Dio camminerà coi suoi eletti sul firmamento e rinchiuderà il Diavolo legandolo con catene indistruttibili con i peccatori piangenti e in lamento che diranno: "Terra, assorbici e annientaci". E allora i Giusti brilleranno come il sole nel regno del loro Padre e il Figlio di Dio li condurrà dinanzi al trono del Padre invisibile e dirà: "Eccomi con i figli che mi ha dato il Padre; il mondo non ti ha conosciuto, ma io ti ho conosciuto in verità perché sei tu che mi hai inviato". E allora risponderà il Padre al Figlio: "Figlio mio benamato, siedi alla mia destra cosicché io ponga come sgabello per i tuoi piedi i tuoi nemici che mi hanno negato e hanno detto: "Noi siamo gli dèi e all'infuori di noi non vi sono altri dèi". Es-

si che hanno messo a morte i tuoi profeti e perseguitato i tuoi Giusti. Ora, sei tu che li hai precipitati nelle tenebre esterne, lì dove vi saranno pianti e stridor di denti".

E allora il Figlio di Dio siederà alla destra del Padre e il Padre governerà i suoi angeli. Porrà i suoi eletti nei cori degli angeli, li ricoprirà di vesti incorruttibili, donerà loro corone imputrescibili e immutabili seggi. E Dio sarà in mezzo a loro. Essi non avranno più fame né sete, né il sole né il calore li bruceranno. E Dio asciugherà tutte le lacrime dai loro occhi. E il Figlio regnerà col Padre santo e il suo regno non avrà fine nei secoli dei secoli».

La vera Chiesa di Dio e il *consolamentum* o battesimo spirituale (Rituale occitano di Dublino)

Questa Chiesa patisce le persecuzioni, le tribolazioni e il martirio in nome di Cristo, poiché egli stesso li patì con la volontà di riscattare e salvare la sua Chiesa e mostrarle con atti come con parole, fino alla fine dei secoli, che essa dovrà patire persecuzione, onta e maledizione, come dice nel Vangelo di san Giovanni (XV, 20): «Se hanno perseguitato me, perseguiteranno anche voi». E nel Vangelo di san Matteo egli dice (V, 10-12): «Beati coloro che patiscono le persecuzioni per la giustizia, perché loro è il Regno dei Cieli. Sarete benedetti quando, per me, gli uomini vi malediranno, vi perseguiteranno e diranno contro di voi tutto il male delle loro menzogne; rallegratevi dunque ed esultate, perché la vostra ricompensa è grande in cielo; poiché così hanno perseguitato prima i profeti». E dice ancora (X, 16): «Ecco, io vi mando come pecore in mezzo ai lupi». E ancora (X, 22, 23): «Sarete odiati da tutti gli uomini a cagione del mio nome; colui che avrà perseverato sino alla fine sarà salvato. E quando vi perseguiteranno in una città, fuggite in un'altra».

Osservate fino a che punto queste parole di Cristo contraddicano la malvagia Chiesa romana; poiché questa non è perseguitata, né per il bene né per la giustizia che vi sarebbe in essa, ma al contrario, è essa che perseguita e mette a morte chiunque non voglia acconsentire ai suoi peccati e alle sue slealtà. Ed essa non fugge di città in città, ma ha signoria sulle città e i borghi e le province, e siede maestosamente tra le pompe di questo mondo, ed è temuta dai re, dagli imperatori e dagli altri baroni. Essa non è affatto come le pecore in mezzo ai lupi, ma come i lupi in mezzo alle pecore e ai capri; ed essa fa di tutto per imporre il suo impero sui pagani, gli ebrei e i gentili; e soprattutto, perseguita e mette a morte la santa Chiesa di Cristo, che subisce tutto con pazienza, come fa la pecora che non si difende dal lupo.

Ma, contrariamente a tutto ciò, i pastori della Chiesa romana non provano alcuna vergogna a dire di essere loro le pecore e gli agnelli di Cristo, e dicono che la Chiesa di Cristo, quella che essi perseguitano, è la Chiesa dei lupi. Ma questa è una cosa assurda, poiché da che mondo è mondo i lupi hanno inseguito e ucciso le pecore, e bisognerebbe che oggi tutto fosse all'incontrario perché le pecore fossero adirate al punto di mordere, inseguire e uccidere i lupi, e i lupi fossero pazienti al punto di lasciarsi mangiare dalle pecore! [...]

Ed è per questo che l'apostolo Giovanni dice (XIII, 13): «Oh fratelli, non meravigliatevi che il mondo vi odi».

Questa Chiesa pratica il santo battesimo spirituale, vale a dire l'imposizione delle mani, tramite il quale è dato lo Spirito Santo; Giovanni Battista dice (Mt, III, 11): «Colui che viene dopo di me, ci battezzerà con lo Spirito Santo». E così, quando Nostro Signore Gesù Cristo venne dal seggio della grandezza per salvare il suo popolo, egli insegnò alla sua santa Chiesa a battezzare gli altri con questo santo battesimo, come si dice nel Vangelo di san Matteo (XXVIII, 19): «Andate e insegnate a tutte le nazioni, e battezzatele nel nome del Padre e del Figlio e dello Spirito Santo». E nel Vangelo di san Marco, dice loro (XVI, 15, 16): «Andate per tutto il mondo e predicate il Vangelo a tutte le creature, e colui che crederà e sarà battezzato sarà salvato, e colui che non crederà sarà condannato».

Ma la malvagia Chiesa romana, da bugiarda e seminatrice di menzogne qual è, dice che Cristo con questo intendeva il battesimo dell'acqua materiale, che praticava Giovanni Battista prima che predicasse Cristo. Affermazione che si può confutare con molteplici argomenti; perché se il battesimo praticato dalla Chiesa romana fosse quello insegnato da Cristo alla sua Chiesa, allora tutti coloro che hanno ricevuto il battesimo sarebbero condannati. Dice infatti Cristo (Mc, XVI, 16): «Colui che non crederà sarà condannato». Ora, essi battezzano i neonati che non possono né credere né sapere cos'è il bene e il male; quindi, secondo la loro parola, li condannano [...].

Il *consolamentum* o battesimo spirituale (Rituale occitano di Lione)

[...] E se deve essere "consolato" seduta stante, faccia il suo *melhorier* (la sua "venerazione") e prenda il libro dalle mani dell'anziano. Questo deve ammonirlo ed evangelizzarlo con adeguate testimonianze e con parole appropriate a una "consolazione". Gli parli così:

«Pietro, voi volete ricevere il battesimo spirituale (*lo baptisme espetiral*), tramite cui è dato lo Spirito Santo nella Chiesa di Dio, con la santa orazione, con l'imposizione delle mani dei Buoni uomini [...]».

Di questo battesimo, Nostro Signore Gesù Cristo dice nel Vangelo di san Matteo (XXVIII, 19, 20) ai suoi discepoli: «Andate e ammaestrate tutte le nazioni e battezzatele nel nome del Padre e del Figlio e dello Spirito Santo. E insegnate loro a osservare tutte le cose che vi ho comandate. Ed ecco, io sono con voi per sempre, sino alla consumazione del secolo». E nel Vangelo di san Marco (XVI, 15) dice: «Andate per tutto il mondo, predicate il Vangelo a ogni creatura. E chi crederà e sarà battezzato sarà salvato, ma chi non crederà sarà condannato». E nel Vangelo di san Giovanni (III, 5) dice a Nicodemo: «In verità, in verità io ti dico che nessun uomo entrerà nel regno di Dio se non sarà stato rigenerato tramite l'acqua e lo Spirito Santo». E san Giovanni Battista ha parlato di questo battesimo quando ha detto (Gv, I, 26, 27, e Mt, III, 1): «È ben vero che io battezzo con l'acqua, ma colui che viene dopo di me è più forte di me; io non sono degno di allacciargli la cinghia dei sandali. Egli vi battezzerà con lo Spirito Santo e col fuoco». E Gesù Cristo ha detto negli Atti degli Apostoli (I, 5): «Giovanni invero battezzò con l'acqua, ma voi sarete battezzati con lo Spirito Santo». Il santo battesimo tramite l'imposizione delle mani è stato istituito da Gesù Cristo secondo ciò che riferisce san Marco (XVI, 18): «Imporranno le mani sugli infermi e gli infermi guariranno». E Anania (Atti, IX, 17, 18) fece questo battesimo a san Paolo quando questo si convertì. E in seguito, Paolo e Barnaba lo fecero in molti luoghi. E san Pietro e san Giovanni lo fecero ai Samaritani. Poiché san Luca dice così negli Atti degli Apostoli (VIII, 14-17): «Gli apostoli, che erano a Gerusalemme, avendo appreso che quelli di Samaria avevano ricevuto la parola di Dio, vi mandarono Pietro e Giovanni, i quali, essendovi giunti, pregarono per loro affinché ricevessero lo Spirito Santo, poiché non era ancora disceso sopra alcuno di loro. Allora, posarono le mani su di loro ed essi ricevettero lo Spirito Santo».

Questo santo battesimo, tramite cui è dato lo Spirito Santo, la Chiesa di Dio l'ha custodito dagli apostoli sino a oggi, e si è trasmesso da Buoni uomini a Buoni uomini fino a qui, ed essa lo farà fino alla fine del mondo.

E voi dovete comprendere che alla Chiesa di Dio è dato il potere di legare e sciogliere, di perdonare i peccati e di ritenerli, come dice Cristo nel Vangelo di san

Giovanni (XX, 21-23): «"Come il Padre mi ha mandato, anch'io mando voi". E detto questo soffiò su loro e disse: "Ricevete lo Spirito Santo; a chi perdonerete i peccati, saranno perdonati; a chi li riterrete, saranno ritenuti"».

E nel Vangelo di san Matteo dice a Simon Pietro (XVI, 18, 19): «Io ti dico che tu sei Pietro e che su questa pietra edificherò la mia Chiesa e che le porte degli inferi non la potranno vincere. E ti darò le chiavi del regno dei cieli. E tutto ciò che tu avrai legato sulla terra, sarà legato nei cieli, tutto ciò che avrai sciolto sulla terra, sarà sciolto nei cieli». In un altro punto (Mt, XVIII, 18-20), dice ai suoi discepoli: «In verità, vi dico che tutto ciò che avrete legato sulla terra, sarà legato nei cieli, e tutto ciò che avrete sciolto sulla terra, sarà sciolto nei cieli. E anche, in verità, vi dico che se due di voi si riuniscono sulla terra, qualsiasi cosa domandino verrà loro concessa da mio Padre che è in cielo. Poiché dove due o tre persone si riuniscono nel nome mio, io sono in mezzo a loro». E in un altro punto (Mt, X, 8) dice: «Guarite gli infermi, resuscitate i morti, purificate i lebbrosi, scacciate i demoni».

E nel Vangelo di san Giovanni (XIV, 12), dice: «Chi crede in me farà le opere che faccio io». E nel Vangelo di san Marco (XVI, 17, 18), dice: «Questi sono i segni che accompagneranno coloro che avranno creduto: nel nome mio scacceranno i demoni, parleranno nuove lingue, leveranno i serpenti, se berranno qualcosa di mortale non farà loro alcun male. Porranno le mani sugli infermi ed essi guariranno». E nel Vangelo di san Luca (X, 19), dice: «Ecco, vi ho dato il potere di camminare sui serpenti e gli scorpioni e su tutte le forze del nemico, e nulla potrà nuocervi».

E se volete ricevere questo potere e questa forza, dovete osservare i comandamenti di Cristo e del Nuovo Testamento secondo ciò che è in vostro potere. E sappiate che egli ha comandato che l'uomo non commetta né adulterio, né omicidio, né menzogna, non presti alcun giuramento, non prenda, derubi, né faccia agli altri ciò che non vuole venga fatto a lui; perdoni chi gli ha fatto del male, ami i suoi nemici, preghi per i suoi calunniatori e i suoi accusatori e li benedica. Se lo colpiscono su una guancia, porga l'altra, se gli tolgono la gonnella, lasci il mantello; e non giudichi né condanni, e molti altri comandamenti che sono comandati dal signore e la sua Chiesa. E bisogna parimenti che odiate questo mondo e le sue opere e le cose che sono in esso. Poiché san Giovanni dice nella prima epistola (II, 15-17): «Carissimi, non amate il mondo né le cose che sono nel mondo. Se uno ama il mondo, la carità del Padre non è in lui. Poiché tutto ciò che è nel mondo è brama della carne, e brama degli occhi e superbia della vita, che non è dal Padre, ma è dal mondo; il mondo passerà come anche la sua brama, ma chi fa la volontà di Dio dimora in eterno». E Cristo dice alle nazioni (Gv, VII, 7): «Il mondo non può odiare voi, ma odia me, perché testimonio di lui che le sue opere sono malvagie». E nel libro di Salomone (Eccl., I, 14) è scritto: «Ho veduto tutte le cose sotto il sole ed ecco tutto è vanità e tormento dello spirito». Giuda, fratello di Giacomo, dice per nostro insegnamento nell'epistola (vers. 23): «Odiate questa veste macchiata che è carnale». E a cagione di queste testimonianze e di molte altre, dovete osservare i comandamenti di Dio e odiare questo mondo. E se lo fate bene sino alla fine, abbiamo speranza che la vostra anima avrà vita eterna [...].

Poi, il credente deve fare la sua venerazione (*melhorier*) e dire: «*Parcite nobis*. Per tutti i peccati che ho potuto commettere, o dire, o pensare, od operare, chiedo perdono a Dio, alla Chiesa e a voi tutti». Allora i cristiani dicano: «Tramite Dio e tramite noi e tramite la Chiesa siate perdonato e preghiamo Dio che vi perdoni». Dopo di che devono consolarlo. L'Anziano prenda il libro (i Vangeli) e glielo metta sulla testa, e gli altri Buoni uomini impongano ciascuno la mano destra e dicano le *parcias* e tre *adoremus*, e poi: «*Pater sancte, suscipe servum tuum in tua justitia, et mitte gratiam tuam et spiritum sanctum tuum super eum*». Preghino Dio con l'Orazione, e colui che conduce il servizio divino deve dire a bassa voce la "sestina"; e quando la sestina sarà detta, deve dire tre *adoremus* e l'orazione una volta ad alta voce, e poi il Vangelo (di san Giovanni). E quando è detto il Vangelo, devono dire tre *adoremus* e la *gratia* e le *parcias*. Poi, devono fare la pace (baciarsi) tra di loro e con il libro. Se vi sono dei "credenti", facciano la pace in questo modo, e le "credenti", se ve ne sono, facciano la pace con il libro e tra di loro. E poi preghino Dio con una *doppia* (orazione) e con *veniae* (domande di grazia) e la cerimonia è conclusa.

Richiesta di perdono e impegno alla penitenza (Rituale occitano di Lione)

Noi siamo venuti dinanzi a Dio e dinanzi a voi e dinanzi alla gerarchia della santa Chiesa per ricevere servizio e perdono e penitenza per tutti i peccati che abbiamo commesso, o detto, o pensato od operato dalla nostra nascita fino a ora, e chiediamo misericordia a Dio e a voi perché preghiate per noi il Padre santo di misericordia che ci perdoni.

Adoriamo Dio e rendiamo noti tutti i nostri peccati e le nostre numerose e gravi offese nei riguardi del Padre e del Figlio e dell'onorato Spirito Santo, e degli onorati santi Vangeli e degli onorati santi Apostoli, per l'orazione e per la fede e per la salvezza di tutti i veri cristiani che conoscono la Gloria, e dei beati avi addormentati, e dei fratelli qui presenti, e dinanzi a voi, santo Signore, perché ci perdoniate tutto ciò in cui abbiamo peccato. *Benedicite parcite nobis*.

Poiché numerosi sono i nostri peccati, coi quali offendiamo Dio quotidianamente, notte e giorno, con parole e opere, e con il pensiero, con volontà e senza volontà, più per nostra volontà che gli spiriti maligni ci portano nella carne di cui siamo rivestiti. *Benedicite parcite nobis*.

Ma mentre la santa parola di Dio ci ammaestra, i santi Apostoli e i nostri fratelli spirituali ci annunziano, noi respingiamo ogni desiderio della carne e ogni lordura, e facciamo la volontà di Dio compiendo il Bene perfetto, noi servitori negligenti, non facciamo solo la volontà di Dio come si dovrebbe, ma assai spesso soddisfacciamo il desiderio della carne e le cure mondane, tanto da nuocere ai nostri spiriti. *Benedicite parcite nobis*.

Andiamo con la gente del mondo, e con loro stiamo e parliamo e mangiamo, e pecchiamo in molte cose, tanto da nuocere ai nostri fratelli e ai nostri spiriti. *Benedicite parcite nobis*.

Con la nostra lingua cadiamo in parole oziose, in vane conversazioni, in riso, in beffe e malignità, in detrazione di fratelli e sorelle, di cui non siamo degni di giudicare né condannare i peccati; tra i cristiani siamo peccatori. *Benedicite parcite nobis*.

Il servizio che abbiamo ricevuto, non l'abbiamo custodito come avremmo dovuto, né il digiuno, né l'orazione: abbiamo trasgredito i giorni, prevarichiamo le ore; mentre siamo nella santa Orazione, i nostri sensi si volgono a desideri carnali, a cure mondane, tanto che in quest'ora a malapena sappiamo che cosa offriamo al Padre dei Giusti. *Benedicite parcite nobis*.

Oh tu, Signore santo e buono, tutte le cose che ci accadono, ai nostri sensi e ai nostri pensieri, noi te le confessiamo, Signore santo, e tutta la moltitudine dei peccati la poniamo nella misericordia di Dio e nella santa Orazione e nel santo Vangelo, poiché numerosi sono i nostri peccati. *Benedicite parcite nobis*.

Oh Signore, giudica e condanna i vizi della carne, non avere pietà della carne nata dalla corruzione, ma abbi pietà dello spirito che è in prigione, e amministra i nostri giorni e ore e *veniae* e digiuni e orazioni e prediche, come è uso dei buoni cristiani, perché il Giorno del Giudizio non siamo giudicati né condannati con i felloni. *Benedicite parcite nobis*.

II

Le dottrine degli eretici della contea di Tolosa

Il manoscritto 609 della biblioteca di Tolosa merita un'analisi minuziosa. Si è sostenuto che [*gli inquisitori*] Bernardo di Caux e Giovanni di Saint-Pierre ascoltarono tra le otto e le diecimila persone. È un'esagerazione che dimostra uno studio superficiale del documento. In realtà, essi ricevettero le deposizioni di 5638 testimoni giurati. Un certo numero, è vero, cinquecento circa, fece delle "confessioni negative", ossia disse di non sapere nulla degli eretici e di non averli mai visti. Ma questo dato ha sicuramente il suo valore. L'insieme delle deposizioni affermative degli altri cinquemila testimoni costituisce una testimonianza impossibile da ignorare. Si riferisce al periodo dell'albigeismo, che è compreso tra il 1185 e il 1245 e abbraccia sessant'anni. Quest'inchiesta fornisce le informazioni più abbondanti sullo stato dell'eresia nel Nord-ovest della contea di Tolosa nel periodo tra la fine del XII secolo e l'inizio del XIII, prima e dopo la crociata contro gli albigesi fino al 1245 [...].

Se Dio non ha creato la materia, è perché essa è malvagia e, del resto, soggetta alla corruzione. Se il battesimo non può nulla per la salvezza, se l'ostia consacrata non contiene il corpo di Cristo, è perché la materia malvagia è incapace di cooperare all'opera della santificazione e di ricevere lo Spirito Santo. È stato quindi il demonio o principe del male a creare l'universo visibile, in cui ha rinchiuso le anime; e i coniugi che, procreando dei figli, trattengono le anime nei corpi, fanno l'opera del demonio. Quindi Cristo non può aver preso un corpo mortale; un altro è morto al posto suo; le anime vengono da lui salvate, ma solo dopo numerose peregrinazioni attraverso i corpi fino al giorno in cui riescono a sfuggire alla loro stretta.

Quale che sia, comunque, il loro rapporto logico, è certo che, dopo la conquista del 1245, le dottrine degli "eretici" ritornarono a queste proposizioni fondamentali:

1. Dio non ha creato le cose visibili e transitorie, il cielo e la terra, sia che tutto sia stato fatto da una sorta di demiurgo, «*voluntate et nutu Dei*» ("per volontà e comando di Dio"), o che ne sia autore direttamente il demonio, che ha fatto in particolare il corpo dell'uomo, o che la terra produca autonomamente la vegetazione che la ricopre. La creazione non può essere l'opera di Dio poiché ciò che esce dalle sue mani non si corrompe né perisce.
2. Non è stato crocifisso il figlio di Dio, ma un altro.
3. Il battesimo dell'acqua non serve a nulla per la salvezza.
4. L'ostia consacrata non contiene affatto il corpo di Cristo.
5. Il matrimonio è un vero e proprio concubinato e i figli che ne risultano appartengono alla categoria degli esseri malvagi.
6. Le anime passano da un corpo all'altro fino alla loro liberazione.
7. I corpi non resusciteranno.

La conseguenza pratica di quest'insegnamento, in rapporto alla setta che lo propagava, era che non solo si poteva essere salvati con gli "eretici", ma che non si poteva essere salvati che con essi, «*non est salus nisi cum hereticis*» ("non c'è salvezza se non con gli eretici"), e che era necessario lasciare la Chiesa per passare all'"eresia". Era quello che comprendevano ed era quello che affermarono molti testimoni, incapaci di concezioni metafisiche, ma che, secondo un'espressione spesso attestata, consideravano gli "eretici" «*bonos homines et veraces et amicos Dei*» ("uomini buoni e amanti del vero e amici di Dio"), in possesso della vera fede, «*habere bonam fidem*».

Raramente gli inquisitori mancheranno d'informarsi su quest'ultimo punto, che distinguevano dalla parte teorica o metafisica della dottrina. Se ne comprende il motivo, perché per loro era fondamentale soprattutto conoscere coloro che respingevano il seno della Chiesa, e di quella Chiesa romana cui opponevano l'eresia.

Queste dottrine sono proprio quelle attribuite agli "eretici" della contea di Tolosa. Questo risulta inoltre dal fatto particolare che molti testimoni assicuravano di conoscerle solo grazie alla descrizione ascoltata dalla bocca stessa dei chierici, senza specificare il luogo, le circostanze, né lo scopo perseguito dai chierici nell'esporre questi insegnamenti. Ad esempio, Willem di Saint-Nazare «*non audivit eos (hereticos) dicentes errores de visibilibus, nec de aliis sacramentis; set bene audivit dici a presbiteris quod heretici dicebant quod Deus non fecit visibilia, et quod hostia sacrata non erat corpus Christi, et quod baptismus et matrimonium non proficiebant ad salutem, et quod corpora mortuorum non resurgent*» ("non li ho sentiti (gli eretici) pronunciare errori riguardo alle cose visibili, né agli altri sacramenti; ma ho udito bene affermare dai presbiteri che gli eretici dicevano che Dio non ha creato le cose visibili, e che l'ostia consacrata non era il corpo di Cristo, e che il battesimo e il matrimonio non giovano alla salvezza, e che i corpi dei morti non risorgono").

Possiamo immaginare come dall'alto del loro pulpito i preti rilevassero e confutassero tali errori, davvero grossolani. A ben pensarci, essi hanno un forte sapore di dualismo, di manicheismo; s'ispirano al principio manicheo secondo cui la materia è malvagia, principio di cui essi sono diretta conseguenza, da cui nascono tramite una deduzione rigorosamente logica. Essendo la materia opera del principio malvagio, se non addirittura sede del male, non può essere stata né creata né formata da Dio; il battesimo dell'acqua non può servire a nulla; il corpo del Signore non può essere contenuto in un elemento materiale, pane o altro; il matrimonio fa partecipare all'opera dello spirito malvagio rinchiudendo le anime nella materia; la carne, infine, non potrà essere in alcun modo richiamata in vita tramite la resurrezione. L'universo e l'uomo sono sotto il dominio del principio malvagio: il male è ovunque, tutto è male, tranne la setta che denuncia l'opera del principio malvagio difeso dalla Chiesa romana

(Céléstin Douais, *Les Hérétiques du comté de Toulouse dans la première moitié du XIII*[e] *siècle, d'après l'enquête de 1245*, A. Picard, 1891, pp. 6, 9)

III
Guilberto di Castres, vescovo cataro

Nato intorno al 1165, Guilberto di Castres è senz'alcun dubbio uno dei più celebri prelati catari. Michel Roquebert vi vede addirittura «la figura più alta del catarismo occitano» (*Histoire des cathares*, Perrin, 1999; trad. it. *I catari*, Cinisello Balsamo, San Paolo, 2003). Con ogni probabilità appartenente alla famiglia signorile di Castres, ha un'approfondita formazione da chierico e conosce alla perfezione le Sacre Scritture. Lo troviamo insediato a Fanjeaux verso il 1193. All'inizio del XIII secolo, si dedica alla predicazione catara, difendendo le idee dei Buoni uomini durante i pubblici dibattiti che confrontano le teologie catara e cattolica, come nel caso del contradditorio di Montréal (1207) che lo oppone, insieme ad altri teologi catari, a Pietro di Castelnau.

Durante i primi anni della crociata, si rifugia a Montségur; all'epoca è il *figlio maggiore* del vescovo della regione di Tolosa, Gaucelin. Nel 1220, grazie alla riconquista di Raimondo il Giovane, i catari ritornano nelle città e nei villaggi da cui erano stati scacciati dai crociati, in particolare nel Lauragais e nella regione di Tolosa. Guilberto di Castres, che all'epoca diventa vescovo cataro della regione di Tolosa (1220 o 1222), si insedia a Fanjeaux. Da qui, favorisce e dispone il ritorno dei catari e riorganizza la sua Chiesa, ordinando diaconi, perfetti e perfette. Inoltre, quest'uomo colto e brillante esercita un vero e proprio magistero spirituale presso la nobiltà eretica.

A partire dal 1227-1228, con la ripresa della crociata sotto la direzione del re Luigi, Guilberto di Castres deve lasciare Fanjeaux e rifugiarsi per qualche tempo a Saint-Pol-Cap-de-Joux. Nel 1229, all'epoca del trattato di Meaux-Parigi, per salvare i suoi Stati, Raimondo VII è obbligato a promettere di sradicare l'eresia, e i catari sono nuovamente costretti a vivere in clandestinità. Guilberto di Castres lascia quindi precipitosamente Saint-Pol-Cap-de-Joux e, scortato da alcuni cavalieri, si rifugia nell'Alto Razès. Verso il 1232 s'insedia a Montségur, dove stabilisce «la sede e il capo» della sua Chiesa, protetta dal signore del luogo, Raimondo di Péreille (o Perella). Da qui, nonostante l'età avanzata, assistito dal "figlio maggiore", Bernardo di Lamothe prima, Bertrando Marty poi, e da diversi diaconi, Guilberto di Castres prosegue senza tregua ad animare e strutturare la "gerarchia" catara. Se ne perdono le tracce, intorno al 1240, ossia quattro anni prima dell'assedio della cittadella.

IV
Cronologia generale

X secolo. Comparsa dell'eresia bogomila in Bulgaria.
1022. Eresia manichea di Orléans.
1054. Grande scisma tra la Chiesa d'Oriente e la Chiesa d'Occidente.
1099. I crociati prendono Gerusalemme. Diversi baroni si creano feudi in Palestina.
XII secolo. Un'ondata eretica tocca il Sud della Francia, la Renania, l'Artois, le Fiandre, il Belgio e l'Italia.
1126. Rogo di Saint-Gilles, dove è arso l'eresiarca manicheo Pietro di Bruys.
1127 ca. Canzoni di Guglielmo IX, duca d'Aquitania. Nascita della vita di corte e di una brillante letteratura cortese nelle regioni di lingua d'oc.
1148. Raimondo V, conte di Tolosa.
Fallimento della seconda crociata.
1150 ca. Il Mezzogiorno tolosano è ampiamente "contaminato" dall'eresia catara. Nascita di Simone IV di Montfort.
1156. Nascita di Raimondo VI, conte di Tolosa.
1159. Alessandro III sale sul soglio pontificio.
1163. Al concilio di Tours, denuncia dei vescovi di Francia dei preoccupanti progressi del catarismo in Linguadoca.
1165 ca. Nascita di Guilberto di Castres.
1165. Colloqui di Lombers.
1167. "Concilio cataro" di Saint-Félix, nel Lauragais.
1170. Comparsa della dissidenza valdese a Lione, condannata una prima volta come scismatica nel 1184. I discepoli di Pietro Valdo (Pierre Valdès, o Vaudès) si autodefiniscono i «poveri di Lione».
1179. Terzo concilio lateranense. Anatema contro i catari.
1180. Filippo Augusto succede a Luigi VII sul trono di Francia.
1181. Su ingiunzione di papa Alessandro III, un piccolo esercito guidato dal cardinale Enrico di Marsiac assedia la città di Lavaur, dove Raimondo Trencavel I ha lasciato insediare due vescovi catari.
1187. Presa di Gerusalemme da parte di Saladino. Caduta degli Stati cristiani d'Oriente.
1190-1191. Terza crociata. L'imperatore e i re di Francia e d'Inghilterra intraprendono una crociata col solo risultato positivo della presa di Cipro e Acri.
1193 ca. Nascita di Pietro di Vaux-de-Cernay, redattore della *Storia albigese*.
1194. Raimondo VI succede a Raimondo V alla guida della contea di Tolosa.
1195. Trattato tra Tolosa e Riccardo Cuor di Leone a vantaggio di Raimondo VI, che recupera l'Agenais.
1196. Pietro II sale al trono d'Aragona.
1197. Nascita di Raimondo VII.
1198. Avvento di papa Innocenzo III, che indice immediatamente la quarta crociata contro i turchi. Vi prendono parte cavalieri ambiziosi, che comprano la traver-

sata in Oriente sulle navi veneziane accettando di marciare su Costantinopoli. Parte anche Simone di Montfort.

1199. Morte di Riccardo Cuor di Leone. Filippo Augusto si oppone quindi a Giovanni Senza Terra, attaccando la Normandia e impadronendosi di Château-Gaillard nel 1204.
Innocenzo III equipara l'eresia al crimine di lesa maestà.

1202. Assedio di Zara, in Dalmazia, a cui partecipa Simone di Montfort. Costantinopoli viene prese l'anno seguente.

1203-1204. Il papa invia due legati nella contea di Tolosa, sotto la supervisione dell'abate di Cîteaux Arnaldo Amalrico, per tentare di organizzarvi la difesa della fede cattolica.

1204. Raimondo VI sposa Eleonora, sorella di Pietro II d'Aragona.
Conquista del Poitou da parte di Filippo Augusto.
Fondazione dell'Impero Latino di Costantinopoli da parte dei crociati.

1206. Prima predicazione di Domenico di Guzman, futuro san Domenico, presso i catari. Il santo fonda il monastero di Prouille, vicino a Castelnaudary.

1207. Raimondo VI viene scomunicato.

1208. Omicidio di Pietro di Castelnau, legato pontificio (gennaio). Viene accusato il conte di Tolosa.
Inizio del racconto di Guglielmo di Tudela che costituisce la prima parte della *Canzone della crociata albigese*.

1209. Solenne riconciliazione di Raimondo VI con la Chiesa a Saint-Gilles (giugno). Crociata contro Béziers (presa e sacco il 22 luglio) e Carcassonne (presa il 15 agosto). Simone di Montfort viene riconosciuto visconte di Carcassonne e di Béziers.

1210. I crociati prendono Castres, Minerve (luglio), Monréal e Termes (novembre).

1211. Raimondo il Giovane, figlio di Raimondo VI, sposa Sancia, sorella di Pietro II d'Aragona.
Presa di Lavaur da parte dei crociati e di cinquemila tolosani inviati dal vescovo Folco, poi presa di Les Cassès (maggio). A Lavaur vengono arsi sul rogo quattrocento eretici. Fallimento dell'assedio di Tolosa (giugno). Presa di Castelnaudary da parte di Montfort (luglio), che vi si rinchiude.

1212. I crociati conquistano l'Agenais (maggio-settembre). Battaglia di Las Navas de Tolosa (16 luglio). I cavalieri cristiani, guidati da Pietro II d'Aragona, infliggono una severa sconfitta agli Almoadi, insediati in Spagna dalla metà del XII secolo.
Assemblea e Statuti di Pamiers, sotto l'egida di Simone di Montfort (dicembre).
Un autore anonimo prosegue la redazione della *Canzone della crociata albigese*.

1213. Concilio del Laterano (gennaio): vengono respinte le richieste di Pietro II d'Aragona, intervenuto presso i prelati e i crociati in favore dei suoi alleati tolosani.
Battaglia di Muret (12 settembre). Sconfitta dei tolosani.
Viene ucciso Pietro II.
Gli succede Giacomo I, che regna fino al 1276 estendendo il proprio regno a sud.

1214. Battaglia di Bouvines (27 luglio). Sconfitta della coalizione formata da Giovanni Senza Terra contro Filippo Augusto.

1215. Al concilio di Montpellier (gennaio) Simone di Montfort viene riconosciuto conte di Tolosa.
Quarto concilio lateranense (novembre). Innocenzo III tenta d'instaurare una teocrazia nel mondo cristiano.
Appello alla crociata contro i saraceni (quinta crociata).
Condanna degli "albigesi" e dei "valdesi"; misure discriminatorie nei confronti degli ebrei. I crociati contro l'eresia ottengono l'indulgenza plenaria.

Il papa conferma i diritti di Simone di Montfort sulla contea di Tolosa.
In Inghilterra, la Magna Charta concessa da Giovanni Senza Terra indebolisce in maniera duratura il potere regio.

1216. Riconquista dei luoghi del Sud-est da parte di Raimondo il Giovane. Assedio di Beaucaire (giugno). Raimondo VI si ritira in Spagna.
Vicenda degli ostaggi di Villeneuve e sacco di Tolosa da parte di Montfort (novembre).
Avvento di Enrico III al trono d'Inghilterra.

1217. Assedio di Crest da parte di Simone di Montfort (settembre), durante cui Raimondo VI riprende Tolosa. Assedio infruttuoso di Tolosa da parte di Montfort (ottobre 1217-luglio 1218).
Onorio III è eletto papa.

1218. Morte di Simone di Montfort davanti a Tolosa (24 giugno).
Inizio della riconquista dei conti di Tolosa, che durerà fino al 1224.

1219. Amalrico di Montfort, figlio di Simone, viene sconfitto a Baziège dai conti di Tolosa, di Comminges e di Foix (gennaio).
Il principe Luigi raggiunge Amalrico davanti a Marmande, la cui popolazione è massacrata (primavera). Fallimento del nuovo assedio di Tolosa (giugno-luglio).
Primi francescani in Francia.

1220-1221. Fallimento dell'assedio di Castelnaudary da parte dei crociati. Ritorno dall'esilio di numerosi perfetti e perfette.

1221. Il conte di Foix riprende Montréal, Limoux e Fanjeaux.
Morte di san Domenico (san Francesco muore nel 1226).

1222. Morte di Raimondo VI. Béziers, Narbona e il Minervois scacciano i crociati. Amalrico di Montfort ripiega sul Carcassès.

1223-1226. Regno di Luigi VIII.

1224. Amalrico di Montfort e i suoi ultimi fedeli riprendono la via della Francia del Nord.

1225. Concilio di Bourges. Nuova crociata predicata contro Raimondo VII.
Morte d'Arnaldo Amalrico, abate di Cîteaux.

1226. Crociata del re Luigi nel Sud della Francia. Assedio di Avignone (estate); capitolazione della Provenza. In autunno viene sottomessa la regione di Tolosa.
Morte del re, l'8 novembre. Avvento al trono di Luigi IX, futuro Luigi il Santo, all'età di dodici anni. Reggenza di Bianca di Castiglia.

1227. Raimondo VII riprende diverse piazzeforti nel Sud della Francia.
Sinodo di Narbona sulla ricerca degli eretici.
Federico II, che si era fatto incoronare imperatore in cambio della promessa, non mantenuta, d'intraprendere una crociata, è scomunicato da papa Gregorio IX (1227-1241).

1229. Trattato di Meaux-Parigi tra la monarchia francese e il conte di Tolosa.
Inizio della costruzione della Chiesa dei Giacobini a Tolosa.

1229-1230. Concilio di Tolosa, consacrato alla lotta all'eresia in Linguadoca.

1230. Inizio delle persecuzioni contro i valdesi nella regione di Lione. Questi si disperdono e a poco a poco entrano in clandestinità. Nel 1532, si uniranno alla Riforma.

1231-1233. Gregorio IX istituisce l'Inquisizione. Gli inquisitori saranno essenzialmente reclutati tra domenicani e francescani.

1232. In autunno, il vescovo cataro Guilberto di Castres si ritira a Montségur, dove stabilisce «la sede e il capo» della Chiesa catara.

1234. Tribunali fissi dell'Inquisizione a Tolosa e a Carcassonne.

1235. Gli inquisitori sono momentaneamente scacciati da Tolosa e da Narbona.
Scomunica di Raimondo VII, che perde i suoi titoli. Per riconciliarsi con la Santa

Sede, il conte annuncia la propria partenza per la Terra Santa, promessa mai mantenuta.

1235-1236. Assedio di Costantinopoli da parte di bulgari e greci. La città è difesa dai cavalieri cristiani, che salvano l'Impero Latino per altri venticinque anni.

1239. Rogo di Mont-Aimé, nella Champagne. Centottanta catari sono arsi dall'Inquisizione.

1240. Rivolta di Trencavel.
Si accelera il ripiegamento del catarismo. Si perdono le traccia di Guilberto di Castres.

1242. Guglielmo Arnaud e Stefano di Saint-Tibéri, due inquisitori, sono assassinati ad Avignonet, nel Lauragais, da un gruppo di uomini provenienti da Montségur, tra cui un parente del conte di Tolosa.
Ultima rivolta del conte Raimondo VII contro il re.

1243. Trattato di pace di Lorris-en-Gâtinais tra il conte di Tolosa e il re (gennaio). Concilio di Béziers (aprile). È eletto papa Innocenzo IV (giugno).

1244. Caduta di Montségur dopo diversi mesi d'assedio (16 marzo). Più di duecento catari periscono sul rogo. Raimondo VII ottiene una riconciliazione con la Chiesa (14 marzo).

1245-1246. Tentativi falliti da parte di Raimondo VII, tramite diversi matrimoni, di generare un erede maschio.

1249. Morte di Raimondo VII. La figlia Giovanna diventa contessa di Tolosa.

1271. Morte di Alfonso di Poitiers, genero di Raimondo VII e fratello di Luigi il Santo. Annessione della contea di Tolosa ai domini regi.

1321. Guglielmo Bélibaste, ultimo perfetto cataro a noi noto, viene arso sul rogo a Villerouge-Termenès.

V
Gli ordini mendicanti in Linguadoca nel XIII secolo

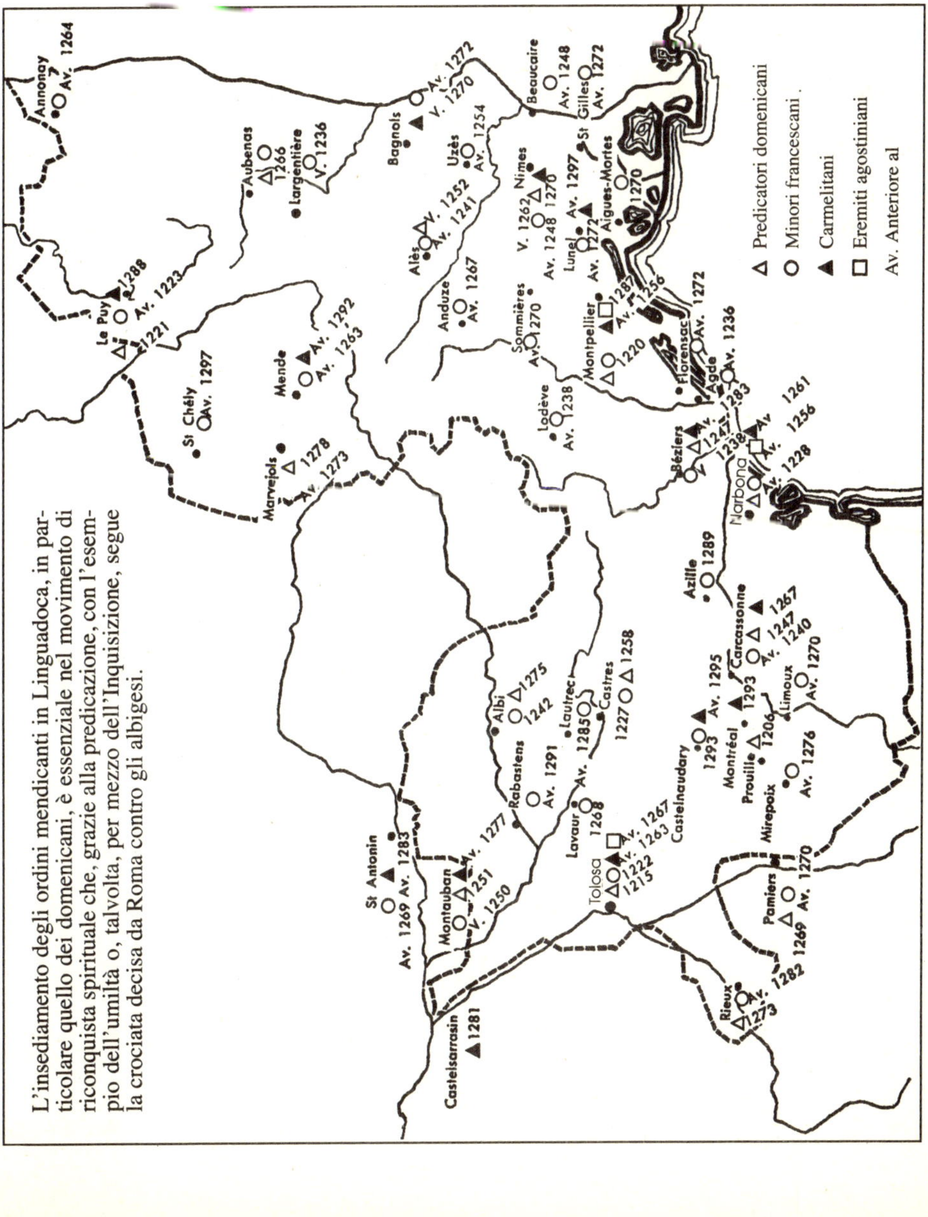

L'insediamento degli ordini mendicanti in Linguadoca, in particolare quello dei domenicani, è essenziale nel movimento di riconquista spirituale che, grazie alla predicazione, con l'esempio dell'umiltà o, talvolta, per mezzo dell'Inquisizione, segue la crociata decisa da Roma contro gli albigesi.

VI
Tolosa all'inizio del XIII secolo

PIANTA DI TOLOSA

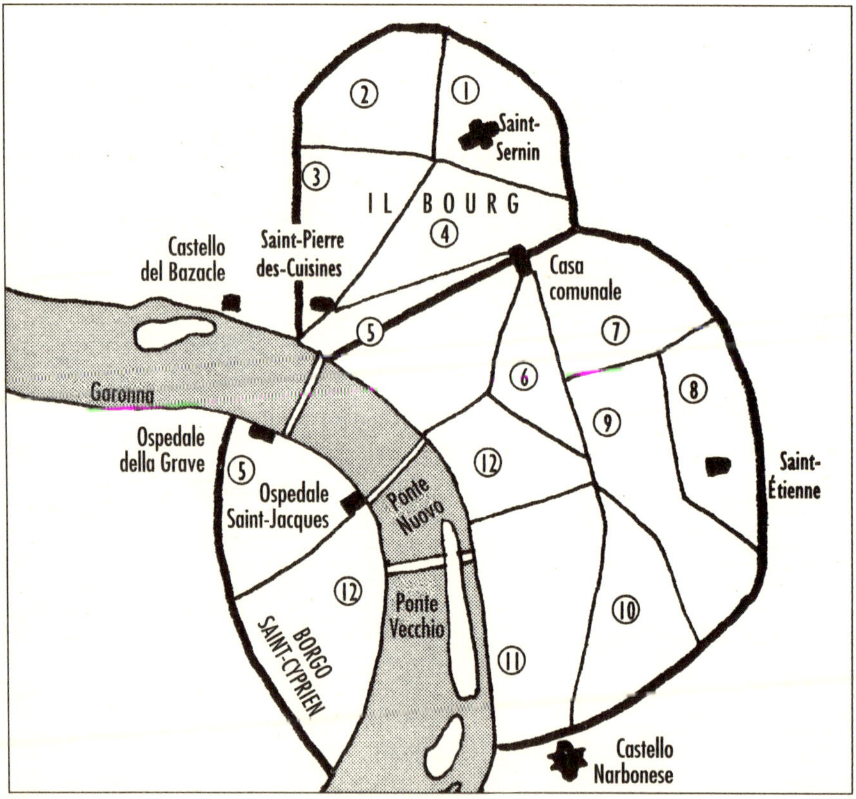

I dodici *capitoulats*:

1. Saint-Sernin
2. Saint-Julien
3. Saint-Pierre-des-Cuisines
4. Taur
5. Daurade
6. Saint-Pierre Saint-Martin
7. Saint-Rome
8. Saint-Étienne
9. Saint-Pierre Saint-Gérand
10. Saint-Barthélemy
11. Dalbade
12. Ponte Vecchio

VII
Lo Stato occitano-catalano costituito da Pietro II d'Aragona nel gennaio del 1213

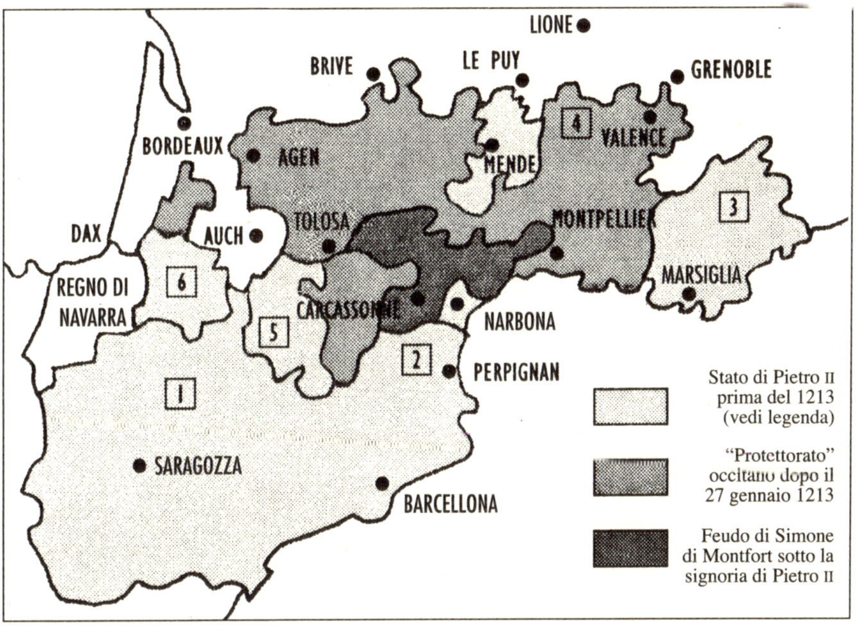

Stato occitano-catalano costituito da Pietro II d'Aragona il 27 gennaio 1213. Prima di questa data i suoi domini e principati vassalli comprendevano:

1. Aragona
2. Catalogna
3. Contea di Provenza
4. Contea di Gévaudan, viscontea di Millau e di Grèze
5. Casata di Comminges
6. Casata di Béarn

VIII
Corrispondenza tra il re d'Aragona e i prelati al concilio di Lavaur

Ingresso del re d'Aragona a Tolosa. Intorno all'Epifania, venne a Tolosa il re Pietro d'Aragona, che non vedeva di buon occhio la questione della fede; vi soggiornò a lungo, frequentò gli eretici e gli scomunicati, fece sapere all'arcivescovo di Narbona, legato della Sede Apostolica, e al nostro conte che desiderava un incontro con loro per negoziare pace e accordo tra il nostro conte e i nemici della fede. Di comune accordo, venne preso un appuntamento per questo incontro tra Tolosa e Lavaur. L'arcivescovo di Narbona convocò a questa riunione un concilio dove si recarono una ventina di arcivescovi e vescovi. Come ci fummo radunati nel luogo convenuto, il re cominciò a pregare l'arcivescovo di Narbona e i vescovi di restituire le terre ai tre conti di Tolosa, Comminges e Foix e a Gastone di Béarn. Ma l'arcivescovo rispose al re di mettere le proprie richieste per iscritto e d'inviarle, scritte e sigillate, ai vescovi a Lavaur. Il re, dopo aver fatto buon viso al nostro conte, al fratello e ai figli, domandò al conte di cessare di fare del male ai suoi nemici durante gli otto giorni di negoziati. Al che il conte, pieno di nobiltà e cortesia, rispose: «Per riguardo a voi, durante questi otto giorni, cesserò, non di fare del male, ma di fare del bene, poiché ritengo che combattendo i nemici di Cristo, faccio del bene più che del male». A sua volta, il re promise a nome dei nostri nemici che essi non avrebbero attaccato i nostri durante i negoziati, ma questi uomini senza fede, nonostante l'assicurazione fornita dal re, non appena seppero che eravamo riuniti, si misero a scorazzare per la nostra terra dalle parti di Carcassonne, a commettervi danni e a uccidere molti dei nostri. Oh orribile tradimento! Il terzo giorno, dopo che il re ebbe lasciato il luogo dell'incontro e fu ritornato a Tolosa, inviò agli arcivescovi e ai vescovi le sue richieste scritte così concepite.

Richieste del re. «Richieste del re d'Aragona al concilio di Lavaur. Poiché la nostra santissima madre Chiesa possiede non solo la severità della sferza che castiga, ma anche la dolcezza del seno materno, a ciò che si insegna, Pietro, devoto figlio della Chiesa, per misericordia divina re d'Aragona, chiede umilmente a Vostra Santità e la prega insistentemente in favore del conte di Tolosa, che desidera rientrare in seno alla nostra madre Chiesa, di accordargli con clemenza e misericordia la restituzione dei suoi possedimenti e di altri beni da lui perduti: per gli eccessi che ha commesso, s'impegna a dare personalmente la soddisfazione che la Chiesa giudicherà adeguata e a riparare i danni e le ingiurie causate a diverse chiese e a diversi prelati secondo ciò che la clemenza di nostra santa madre Chiesa deciderà d'ingiungergli. Se per avventura la Chiesa rifiutasse di esaudire la richiesta del re per il conte, il re rinnova la sua richiesta e la sua preghiera per il figlio; quanto al padre, darà nondimeno soddisfazione personale per i propri eccessi partendo con i suoi cavalieri in soccorso alla cristianità, sia sul fronte saraceno, sia nei paesi d'oltremare, secondo ciò che la Chiesa giudicherà più opportuno, ma che il figlio resti nella propria terra, fedelmente protetto e custodito con cura per l'onore di Dio e della Chiesa fino a quando non dia segni certi del suo buon comportamento. Poiché il conte di Comminges non è mai stato eretico, non ha mai accolto, ma al contrario ha combattuto gli eretici, e si dice che abbia perso la sua terra per aver prestato aiuto al proprio signore e cugino il conte di Tolosa, il predetto re intercede in suo favore e chiede, poiché è suo vassallo, che gli venga restituita la sua terra: egli darà soddisfazione secondo la volontà della Chiesa se si dimostrerà che abbia commesso un qualunque torto. Poiché il conte di Foix non è eretico e non lo è mai stato, il predetto re prega per lui che è suo vassallo e suo amatissimo cugino, al quale non può senza vergogna rifiutare di sostenere il suo diritto, affinché lo si reintegri nei suoi beni per grazia e riguardo al re: egli darà tuttavia soddisfazione secondo la volontà della Chiesa sui punti in cui la clemenza di nostra madre Chiesa riterrà che abbia commesso un qualche torto. Per Gastone, suo vassallo, il re chiede e prega affettuosamente che gli vengano restituiti la terra e i feudi dei suoi vassalli, tanto più che egli è pronto ad attenersi al diritto e a dare soddisfazione secondo la volontà della Chiesa dinanzi a giudici non sospetti, se non potete ascoltare né giudicare voi stesso la sua causa. In tutto ciò che precede, il predetto re preferisce invocare misericordia più che giudizio. Egli raccomanda alla vostra clemenza i suoi vescovi, chierici e baroni e accetterà tutto ciò che verrà deciso tra loro e voi sulle questioni che precedono. Egli vi supplica di voler testimoniare loro una diligente comprensione della situazione affinché possa avere l'aiuto dei suddetti signori e del conte di Montfort nella crociata di Spagna per l'onore di Dio e il bene grandissimo della santa Chiesa. Dato a Tolosa, il XVII delle calende di febbraio».

Risposta dei prelati. «All'illustre e benamato in Cristo, Pietro, per grazia di Dio re d'Aragona e conte di Barcellona, il concilio di Lavaur, salute e sincero amore nel Signore. Abbiamo preso atto delle richieste e preghiere che vostra reale serenità ci ha rivolto in favore del conte di Tolosa (e di suo figlio), dei conti di Foix e di Comminges e del nobile signore Gastone di Béarn. In queste lettere, tra l'altro vi dite devoto figlio della Chiesa. Pertanto rivolgiamo molteplici azioni di grazie a Nostro Signore Gesù Cristo e a vostra grandezza reale. E a causa di questo reciproco amore che vi porta nostra santa madre Chiesa, a nostra conoscenza, e che voi le portate e per riguardo verso la vostra reale eccellenza ammettiamo affettuosamente le vostre preghiere in tutti i punti in cui ci sarà possibile farlo secondo Dio. Per le vostre preghiere e richieste in favore del conte di Tolosa, e di suo figlio, ecco cosa riteniamo di dover rispondere a vostra reale serenità. Per autorità superiore, siamo stati privati della causa del conte di Tolosa come di quella del figlio che dipende da quella del padre, poiché il conte di Tolosa ha ottenuto dal signor papa che la sua questione fosse affidata al nostro venerabile fratello il vescovo di Riez e a mastro Tedisio a determinate condizioni. Ricordate le grazie immense e ripetute concesse dal signor papa al predetto conte dopo i suoi numerosi eccessi, e anche la grazia per vostra intercessione e per le vostre preghiere concessa dal venerabile padre arcivescovo di Narbona, legato della Sede Apostolica, all'epoca abate di Cîteaux, al predetto conte a Narbona e a Montpellier, due anni fa se la memoria non ci inganna. Il legato voleva lasciare al conte integri e senza danni tutti i domini e proprietà (e persino i diritti di enfiteusi, questua e cavalcata sulle località eretiche che erano nel suo feudo). Quanto alle altre località eretiche che non erano nel suo feudo (il conte ne stimava il numero ad almeno cinquecento), il legato voleva che ne fosse confiscato a vantaggio del conte il quarto se non addirittura il terzo. Il conte rifiutò questo grande favore che gli facevano il signor papa, il suo legato e la chiesa di Dio: violò tutti i giuramenti prestati dinanzi ai legati; accumulò iniquità su iniquità, crimini su crimini, malefatte su malefatte; si alleò agli eretici, ai soldati di ventura e ad altri appestati per combattere ancor più gravemente e causare maggiori danni alla Chiesa di Dio, alla cristianità, alla fede, alla pace, tanto da rendersi indegno di qualsiasi grazia e beneficio. Alle vostre richieste e preghiere riguardanti il conte di Comminges, abbiamo ritenuto opportuno rispondere nel seguente modo: sappiamo da fonte certa cha ha commesso numerosi eccessi, violato il suo giuramento, stretto alleanza con gli eretici e i loro istigatori, attaccato la Chiesa con la complicità di questi appestati come se avesse da vendicare una qualche offesa personale, e che quindi è stato espressamente invitato ad abbandonare questa via, a ritornare sui suoi passi e a riconciliarsi con l'unità cattolica. Ciononostante questo conte ha conservato e conserva ancora la sua malvagità: è colpito da scomunica e anatema. È stato lui, il conte di Comminges, a trascinare nella guerra il conte di Tolosa, come questo, si dice, è uso affermare. Ha quindi su di sé la responsabilità del prosieguo delle ostilità e dei numerosi mali che ne risultano per la Chiesa. Tuttavia, se egli si dimostra degno di meritare il beneficio dell'assoluzione, la Chiesa non rifiuterà di rendergli giustizia, se egli dovesse lamentarsi di qualcuno, ma solo dopo che sarà stato assolto e avrà il potere di stare in giudizio. In favore del conte di Foix, vostra grandezza reale ha formulato richieste e preghiere, a cui rispondiamo così: è dimostrato che per lungo tempo questo conte ha dato ricetto agli eretici e ancora oggi dà loro ricetto e ne è il difensore, poiché non vi sono dubbi che i credenti degli eretici siano essi stessi eretici. Questo conte ha commesso eccessi numerosi e assai gravi: ha saccheggiato e demolito le chiese, nonostante i giuramenti prestati personalmente e gli obblighi assunti di persone e beni. Ha preso dei chierici e li ha gettati in prigione (per questi motivi e molti altri ancora è stato colpito dalla spada della scomunica e dell'anatema). Persino dopo la grazia già accordata dal legato, su vostro intervento e secondo le vostre preghiere, al predetto conte, questi ha crudelmente massacrato crociati, chierici e laici, che marciavano in semplicità e purezza di cuore contro gli eretici di Lavaur. Ciò che era questa grazia, quale ne fosse l'importanza, vostra grandezza reale deve rammentarlo, crediamo, poiché è su vostra iniziativa e conformemente alle vostre preghiere che il legato offrì un accordo al conte ed è dimostrato che questo accordo non venne accettato dal conte ed esiste persino una vostra lettera, indirizzata al conte di Montfort, sigillata col vostro sigillo reale e contenente a proposito di questa grazia il seguente brano: "Noi ci impegniamo verso di voi in tal guisa che se il predetto conte rifiuta di sottomettersi a questa ordinanza e voi quindi non ascolterete le preghiere che faremo per lui, non concepiremo alcun risentimento". Tuttavia, se egli dovesse agire in modo da meritare il beneficio dell'assoluzione e poi dopo aver ottenuto la grazia dell'assoluzione venisse a lagnarsi, la Chiesa non gli rifiuterà giustizia. Per Gastone di Béarn, avete domandato insistentemente che recuperi i suoi domini e i feudi dei suoi vassalli, sul quale punto vi rispondiamo così: per non parlare, per il momento, delle altre accuse numerose, o piuttosto innumerevoli, che gravano su di lui, ha stretto alleanza con gli eretici, ha dato loro ricetto e ne è il difensore contro la Chiesa e i crociati. È un persecutore notorio e pericoloso delle chiese e del clero. Durante l'assedio di Castelnaudary, ha portato rinforzi ai conti di Tolosa e di Foix contro coloro che, con l'ordine del signor papa, combattevano gli eretici e i loro istigatori; ha accolto l'assassino del legato frate Pietro di Castelnau, di santa memoria; ha per lungo tempo prezzolato dei soldati di ventura e lo fa ancora. L'anno scorso, ha fatto entrare i suoi soldati di ventura nella cattedrale di Oloron: questi tagliarono la corda da cui pendeva la pisside e la fecero cadere in terra dove (cosa orribile a dirsi) si sparse il corpo di Nostro Signore; uno dei mercenari, per farsi beffe del clero, indossò i paramenti pontifici per impersonare il papa che cantava la messa; si dice anche che abbia fatto un sermone nella chiesa stessa e abbia ricevuto le offerte dagli altri. Ha violato i giuramenti. Ha brutalmente alzato la mano su dei chierici. Per questi motivi e per altre ragioni che al momento passiamo sotto silenzio, il predetto Gastone è stato colpito da scomunica e anatema. E tuttavia, dovesse dare soddisfazione alla Chiesa, come deve, e ottenere il beneficio dell'assoluzione, allora solamente dopo che sarà stato assolto, se verrà a lagnarsi di qualcuno, verranno accolte le sue giuste lamentele. Dovesse essere altrimenti, illustrissimo principe, non converrà che vostra maestà reale interceda in favore dei suddetti scomunicati. Quanto a noi, non oseremmo dare, riguardo a tali personaggi e tali fatti, una risposta diversa. Raccomandiamo al Signore vostra serenità reale e la invitiamo a rammentare l'onore che ella ha ricevuto dalla Sede Apostolica e quello che è attualmente concesso a suo cognato, l'illustre re di Sicilia, la promessa che faceste al signor papa in occasione della vostra incoronazione e le lettere pastorali della Sede Apostolica. Preghiamo Dio che vi conservi ancora a lungo per il suo onore e quello della santa romana Chiesa. Dovesse la nostra risposta non dare soddisfazione a vostra maestà reale, avremo cura per riguardo a vostra reverenza e vostra grazia d'informarne il Sommo Pontefice. Dato a Lavaur il XV delle calende di febbraio».

(Pietro di Vaux-de-Cernay, *Storia albigese*, 367-84,
trad. fr. di P. Guébin e H. Maisonneuve, J. Vrin, 1951)

IX
Muret: due visioni della battaglia
(settembre 1213)

I due brani che seguono presentano opposti punti di vista della battaglia di Muret, decisivo scontro che vide opporsi il re d'Aragona, alleato del conte di Tolosa, e i crociati di Simone di Montfort. Il primo è tratto dalla Cronaca *di Guglielmo di Puylaurens, chierico cattolico tolosano favorevole ai crociati; il secondo si deve a un autore anonimo, redattore della seconda parte della* Canzone della crociata albigese, *le cui simpatie vanno invece agli eretici e al conte di Tolosa.*

Cronaca di Guglielmo di Puylaurens

Infatti, in quello stesso periodo, il re d'Aragona, che era stato fortunato contro i Saraceni, volle mettere alla prova la propria sorte anche contro i cristiani. Venne quindi a Tolosa verso la fine dell'estate e, dopo essersi consultato con i conti, i grandi e i cittadini della città, ne uscì in forze, e venne ad assediare il castello di Muret, dove il conte Simone aveva stabilito una guarnigione che recava gran disturbo alla città di Tolosa. Lì fu raggiunto da una gran moltitudine dei paesi circostanti, che servì ad accrescere il suo esercito. Avendo appreso ciò, il conte di Montfort corse immediatamente in aiuto ai suoi. Ora, ecco ciò che ho udito dire diversi anni fa dal venerabile don Maurino, abate di Pamiers, uomo degno di fede e stimabile da tutti i punti di vista, che, essendo ancora sagrestano, aveva la custodia del castello di Pamiers. Essendo andato incontro al conte a Boulbonne e apprendendo dalla sua bocca che egli veniva per dar soccorso agli assediati, e anche per combattere gli assedianti, se l'avessero atteso in pianura, gli rispose: «Avete pochi uomini rispetto al numero dei vostri nemici, tra i quali è il re d'Aragona, uomo assai esperto e abile nelle armi, che ha con sé i conti e un grande esercito; la lotta sarebbe quindi impari se ingaggiaste battaglia con così poche forze contro il re e una tal copiosa moltitudine». Ma a queste parole, il conte, estraendo una lettera dalla scarsella disse: «Leggete questa lettera». E il sagrestano vi scoprì che il re d'Aragona la indirizzava a una certa nobile dama, moglie di un nobile della diocesi tolosana, convincendola che era per amor suo se veniva a scacciare i francesi dal suo paese, e snocciolandole altre simili scempiaggini. E come il sagrestano, dopo aver letto, ebbe risposto al conte: «E con questo che volete dire?», «Quello che voglio dire!», gridò Simone, «è che Dio mi sia d'aiuto tanto quanto io temo poco un uomo che viene a mettere sottosopra gli affari di Dio per una donna». Così dicendo, richiuse prontamente la lettera nella borsa. E forse era stato qualche domestico o segretario della suddetta nobile dama a farne una copia per il conte, come di cosa degna di nota, e questo la portava con sé a testimonianza dinanzi al Signore contro colui che, come un effeminato, non credeva o non temeva che, persino con la fede in Dio, gli si potesse resistere.

Il conte e i suoi, proseguendo il loro cammino, entrarono dunque a Muret; e quando passarono sul ponte, se avessero voluto, i nemici avrebbero potuto contarli a loro piacimento, uomo più uomo meno. Lì, dopo che furono entrati i venerabili padri che li accompagnavano, ossia, Folco, vescovo di Tolosa, Guido, vescovo di Carcassonne, e Bédèse, vescovo di Agde, si misero, viste le vicissitudini della guerra, a negoziare, per ottenere la pace o una tregua. Poiché il re non volle accettare né l'una né l'altra, se non a condizioni vergognose e dannose per la Chiesa, il conte Simone, presumendo che se avesse abbandonato questo castello ai nemici, tutto il paese si sarebbe sollevato contro di lui per unirsi a loro, in guisa che i nuovi pericoli sarebbero stati peggiori dei primi, e d'altro canto considerando che egli difendeva la causa di Dio e della fede, mentre gli altri camminavano all'inverso ed erano impastoiati dai legacci della scomunica, ritenne preferibile esporsi al pericolo un solo giorno piuttosto che accrescere l'audacia dei nemici con la lentezza e l'inazione. Che altro dire? I campioni del crocifisso decisero di combattere il giorno seguente, festa dell'Esaltazione della Santa Croce: e allora, essendosi confessati dei loro peccati e avendo udito l'ufficio divino come al solito, nutriti del salutare pane dell'altare e riconfortati da un sobrio pasto, si rivestirono delle loro armi e si prepararono a venire alle mani. Ora, nel momento in cui il conte stava per montare a cavallo, essendosi rotta la cinghia della sella, ridiscese e subito l'accomodò; ma quando montò nuovamente, il cavallo gli sferrò un colpo di testa in fronte con tale forza che rimase per un po' tutto intontito, tanto che, se egli avesse avuto fede, come molti usano fare, in questi indovini vagabondi che girano per il paese, avrebbe dovuto temere che nel combattimento gli potesse accadere qualcosa di infausto.

In breve, si decise di non fare una sortita direttamente contro l'esercito degli assedianti, per non esporre i cavalli a una gragnuola di frecce, e si uscì dalla porta del lato d'oriente, mentre il loro campo era al contrario a occidente, tanto che, non indovinando il loro piano, i nemici in principio crederono che essi si dessero alla fuga, fin quando essendo avanzati un po', attraversarono un ruscello e ritornarono in pianura sul nemico. Col conte di Montfort, vi erano Guido, il fratello, Baldovino, fratello del conte di Tolosa, Guglielmo di Barres, Alano di Roucy, e molti altri in numero pari a circa mille uomini in armi.

Il re d'Aragona si preparò dunque al combattimento, sebbene il conte di Tolosa consigliasse al contrario di restare nel campo allo scopo di sfiancare a colpi di frecce e giavellotti la cavalleria degli assediati, per poterli abbordare con maggior sicurezza dopo averli così indeboliti e farli più facilmente a pezzi, o metterli in fuga, considerando che non potevano resistere nel castello per mancanza di viveri; ma il re non ne volle sapere, attribuendo questo consiglio alla paura e tacciandolo di viltà. Così, avendo schierato il suo esercito in ordine di combattimento, ingaggiò battaglia, e il primo attacco fu affidato al conte di Foix, seguito dai catalani e da una moltitudine di gente di guerra. Dall'altro lato, come ho appreso da Raimondo, ultimo conte di Tolosa (che non potendo all'epoca combattere, a causa della giovane età, era stato condotto fuori dal campo su un cavallo tirato per la briglia in cima a un'altura dove poteva vedere la battaglia), dall'altro lato, dicevo, il conte Simone avanzava coi suoi schierati in tre corpi, secondo l'ordine e l'uso della disciplina militare, poiché la conosceva, in modo che le ultime file accelerando la loro corsa caricassero contemporaneamente alle prime, ben sapendo che un urto dato insieme genera la vittoria; ed essi travolsero a tal punto i nemici sin dal primo colpo, che li scacciarono dalla pianura come fa il vento con la polvere sulla superficie del suolo, mentre i fuggitivi si lanciavano come potevano dietro gli ultimi ranghi del loro esercito. Poi i vincitori girandosi verso il lato dove si trovava il re, di cui avevano distinto lo stendardo, si avventarono su di lui con una violenza tale che il cozzo delle armi e il rumore dei colpi erano trasportati dal vento sino al luogo in cui si trovava colui che mi ha fatto questo racconto, non meno che se fosse stata una foresta che cadeva sotto una moltitudine di accette. Lì venne ucciso il re con un gran numero dei più importanti signori d'Aragona, che perirono intorno a lui. Il resto si diede alla fuga e fu ucciso a profusione mentre correva. Gli stessi conti di Tolosa e di Foix, come anche altri, dovettero la salvezza solo a una pronta ritirata.

Tuttavia la gente di Tolosa, trincerata nel campo dietro i carri e altri equipaggiamenti, ignorava ancora a chi fosse toccata la vittoria, finché riconoscendo infine le insegne portate di corsa dai fuggitivi, non scappò alla rinfusa verso una nave che aveva in riva alla Garonna: quelli che vi poterono entrare si salvarono, gli altri annegarono o perirono di spada in mezzo ai campi, tanto che il numero dei morti è stato stimato in tutto a quindicimila persone. Quanto al corpo del re, avendolo i frati ospedalieri di San Giovanni richiesto e ottenuto e, come si disse allora, trovato tutto nudo sul campo di battaglia, lo portarono via.

Mentre si sgozzava così la gente qua e là nella pianura, non mancarono persone che gli rimproveravano il suo comportamento verso i prigionieri che aveva poc'anzi massacrato a Tolosa. Del resto, diversi che erano stati presi in battaglia e tenuti in vita, morirono in prigione, o si riscattarono col denaro, né si trovò che fosse perito un sol uomo di Chiesa. Ecco, in questa battaglia, ciò che la superbia e gli eccessi valsero a questo re che aveva sempre avuto fortuna contro i saraceni, e che neppure l'amore paterno poté sviare dai suoi piani insensati; poiché, come ostaggio del trattato concluso, aveva consegnato il figlio nelle mani del nemico, e questo, se avesse voluto, avrebbe potuto tranquillamente farlo perire per vendicarsi della fede violata. Ma era penoso vedere e udire i lamenti del Tolosano che piangeva i suoi morti, perché non vi era casa che non avesse un morto da piangere, o che non dovesse ritenere uno dei suoi ucciso o per lo meno catturato. Causa di tutto questo male era stato il fatto che la popolazione, uscita di senno per troppa audacia, era tutta corsa alle armi, spinta da uno stesso furore, confidando nelle forze umane e non nella divina protezione, mentre i suoi avversari, pieni della fede in Dio, grazie al loro numero esiguo, erano rimasti esenti da una tale presunzione; e celebrando con gran devozione la festa della santa Croce, vinsero in questo giorno gli avversari di quella stessa croce, da degni campioni del Signore quali erano. E anzi, tornati in trionfo nel loro campo, resero grazie al Signore Gesù Cristo per averli fatti vincere, grazie ai suoi meriti, nonostante il loro esiguo numero, una tale e sì grande moltitudine.

(Guillaume de Puylaurens, *Histoire de la guerre des albigeois*,
Mémoires relatifs à l'histoire de France, publiés par François Guizot,
tome 15, J.-L. Brière, 1824, pp. 242-48)

Canzone della crociata albigese

Sì, fu una sciagura per la razza degli uomini.
Il fior d'oro dell'onore fu infranto in questo luogo
e il mondo cristiano insozzato di un'ignobile onta.
Ascoltate ora come ciò avvenne.
Ecco dunque riuniti sotto le mura di Muret
il buon re d'Aragona in vivace corredo,
il conte Raimondo, i suoi baroni e i suoi uomini.
Sono disposte le petriere. La battaglia comincia.
I bastioni son ben presto sfondati, scalati.
L'armata dei tolosani si riversa nella città.
I francesi, sommersi, ripiegano disordinatamente,

si rifugiano nel maschio, si barricano dentro.
Allora all'alta tenda di Pietro d'Aragona
viene un donzello: «Sire», gli dice,
«la vittoria è nostra. Gli uomini di Tolosa
hanno preso la città nuova, invaso i suoi vicoli,
fracassato pavimenti, raso al suolo casupole,
e spinto i francesi nel loro ultimo angolino:
il castello. Ora sono lì, accerchiati».
Il re Pietro tace. Tutto ciò conta poco.
Va a vedere i consoli di Tolosa
e li addottrina con ben sentite frasi:
«Lasciamo in pace quelli di Muret», dice loro.
«Ridurli alla nostra mercé sarebbe follia pura.
So, tramite le mie spie e messaggeri segreti,
che arrivano Simone di Montfort e i suoi baroni.
Saranno qui domani, entreranno in città
e vi si chiuderanno. Solo allora
bisognerà forzare i bastioni del castello.
I capi della crociata saranno presi in trappola.
Non potranno sopravvivere. Periranno tutti là
e nelle nostre terre sofferenti rinascerà l'onore.
Ma se sottomettiamo la città oggi,
Simone si darà alla fuga. Lo si dovrà inseguire.
La battaglia sarà molto più incerta.
Quindi, mettiamoci d'accordo: che nessuno impedisca
a Montfort e ai suoi crociati di entrare in città.
Quando sarà dentro abbasseremo le carte e giocheremo la nostra mano».

Il consiglio comunale dà immantinente l'ordine
ai soldati tolosani sparpagliati per le strade
di non recar più danno né a facciate né a barriere,
di abbandonare Muret, di lasciare i francesi
in pace nel loro castello e di rientrare al campo.
È quello che comanda il buon re d'Aragona
perché bisogna che Simone trovi la città in ordine:
è lì che vuole prenderlo e in nessun'altra parte.
Subito gli uomini di Tolosa ripiegano,
raggiungono gli alloggi nelle tende del campo
e lì, tranquillamente, si sistemano per cenare.
Terminato il pasto, vedono, sul poggio,
apparire Montfort che cavalca nobilmente
tra le orifiamme e i suoi baroni crociati.
Gli elmi, le spade, lungo la Garonna,
lanciano nel cielo azzurro sfavillii di cristallo.
Certo, sono pochi, ma ognuno vale dieci uomini.
Entrano a Muret per la via del mercato
e vanno, con animo sereno, ai loro alloggiamenti
dove su tovaglie li attendono pane e carne.
L'indomani mattina, col nuovo sole,
il buon re d'Aragona e i suoi migliori baroni
se ne vanno in un prato a tenere consiglio di guerra
con il sire Raimondo, il conte di Comminges

dal cuor puro e gagliardo, Ugo il siniscalco
e il conte di Foix. Sono anche presenti
artigiani e borghesi dell'esercito tolosano.
Il re, per primo, prende la parola.

Il buon re d'Aragona, la cui parola è d'oro,
dice: «Signori, ascoltate. Ecco ciò che si deve fare:
Simone è a Muret. Non può scappare.
Prima del calar della notte voglio vederlo arreso.
Ingaggeremo quindi una seria battaglia.
Attaccate senza esitazione, comandate bene i vostri uomini,
picchiate, squarciate, tagliate e non indietreggiate.
È questo l'unico modo di vincere, cavalieri!».
«Sire», dice allora il conte di Tolosa,
«se volete darmi retta, un po' più di prudenza
sarebbe opportuna in questo grave scontro.
Facciamo invece innalzare alte palizzate
attorno al campo. Aspettiamo i francesi.
Quando attaccheranno, i nostri arcieri comunali
li colpiranno così fittamente che faranno dietrofront.
Allora, sorgeremo, correremo loro alle calcagna,
e li schiacceremo sotto i loro cavalli insanguinati».
«Questo proprio non mi piace», dice Michele di Lusie.
«Combattere in tal modo è indegno di un re.
Capisco ora nel vedervi così pavidi
perché il paese vi è sfuggito di mano».
«Ho espresso i miei sentimenti, signori», risponde il conte.
«Facciamo come più vi piace e, certo, vedremo,
prima del calar della notte chi tra noi è un vile».
Il consiglio è tolto. Ognuno va a equipaggiarsi
e tutti, la spada in pugno, irrompono nella città
con tale vigore che i francesi non riescono
a chiudere il grande portale: mille lance lo bloccano.
S'ingaggia un'accanita battaglia sulla soglia.
Spiedi e giavellotti s'incrociano, perforano, si spezzano.
I corpi perdono sangue in tali zampilli
che l'ampio portale ne è tutto vermiglio.
Ma nessuno entra di un passo. Allora gli assalitori
mollano la presa e, stremati, tornano alle loro tende,
slacciano le cinture e siedono per cenare.
Nel frattempo, Montfort divulga quest'ordine
tramite i banditori che corrono di porta in porta:
«Preparate i cavalli, andiamo in battaglia!».
Vuole, in verità, giocare un brutto tiro
all'esercito tolosano. Raduna i suoi uomini
alla Porta di Salles e tiene loro questo discorso:
«Siamo tutti qui, signori, baroni di Francia,
a rischiare la vita. Questo lo sapete.
Ma che fare per vincere? Ascoltate. Stanotte
non ho chiuso occhio. Ho lungamente meditato
sul da farsi. A mio parere, si deve,
per questo sentiero erboso che conduce alle loro tende,

andare dai tolosani come per sorprenderli
tentando di attirarli lontano dal campo.
Se l'impresa fallisce, se vogliono accerchiarci,
non insistiamo. Fuggiamo dritti su Auvillar».
Risponde Baldovino: «D'accordo, signor conte, proviamo.
Se escono dal loro campo, battiamoci da veri nobili.
È meglio morire gloriosi che sopravvivere mendici».
Il vescovo Folco, allora, benedice i cavalieri
e Guglielmo di Barres, in testa alla compagnia,
prende il comando. Ben presto gli uomini d'arme
marciano in tre colonne, orifiamme al vento,
verso il campo tolosano.

Ecco che avanzano per il sentiero melmoso,
a stendardi spiegati e pennoni che fluttuano alti.
Elmi, usberghi, spade, armature, begli scudi
ornati d'oro martellato, abbagliano il giorno.
Il buon re d'Aragona, non appena li scorge,
raduna alcuni uomini e si lancia in battaglia.
I soldati comunali, attratti da questo movimento,
seguono, disordinati, nonostante le grida del conte
che vuole trattenerli. I francesi vedono il re.
Caricano dritti su di lui. Il messere d'Aragona
ha un bel gridare il suo nome, non lo ascoltano,
lo fendono, lo lacerano. Cade da cavallo
ed eccolo disteso nell'erba. È morto.
Il suo sangue si allontana in rivoli dal corpo.
I suoi uomini, intorno a lui, ne sono tanto spaventati
che fuggono, l'animo smarrito. Neanche uno si difende.
I francesi li inseguono e si accaniscono su di loro
con tanto furore che i superstiti non osano
credere alla propria sorte: sono vivi, è un miracolo!
Gli uomini di Montfort spingono il loro vantaggio
sino alla riva di un ruscello. I soldati comunali
rimasti all'accampamento sono colti da terrore.
«Dio, vieni in nostro soccorso!», grida Dalmas di Creixell
gesticolando in acqua. «La sventura è su di noi!
Il buon re d'Aragona è morto! Mi avete inteso?
Morti, mille volte vinti sono anche i suoi baroni!
Mai si subì una disfatta tanto terribile!».
Esce, sbraitando così, dal fiume e si dà alla fuga.
Allora i tolosani, borghesi e popolino,
lasciando lì i bagagli, abbandonano il campo,
correndo verso la Garonna in masse sbandate,
ci si gettano, tentando di raggiungere l'altra sponda.
Tanti sono gli annegati portati dalla corrente.
Tanti sono quelli che giacciono tutt'intorno, nella pianura.
Per il mondo, già si diffonde la lugubre voce
del disastro.

Che colpo che fu, che lutto, che terribile dolore
quando il re d'Aragona rimase sanguinante in mezzo all'erba!

Che perdita, la morte di tanti cavalieri!
Onta alla cristianità di aver permesso ciò!
La battaglia è finita, perduta. I superstiti
furenti, stremati, portando con sé la loro grande pena, vanno
a rinchiudersi al riparo dei bastioni di Tolosa.
Il conte di Montfort, gaio, esultante,
fa spogliare i morti. Il bottino è immenso,
e ognuno dei suoi uomini ha di che rallegrarsi.
A Tolosa, Raimondo, in preda alla disperazione,
chiede ai *capitouls* riuniti in segreto
di concludere un accordo se possibile onorevole
con Montfort. Lui invece, nel frattempo,
andrà a lagnarsi dal papa e a domandare riparazione
del male subito da quel porco di Simone.
La gente di Tolosa, col cuore greve, l'animo scuro
presta dinanzi a Montfort giuramento d'obbedienza
e consegna alla Chiesa ogni potere sulla città.

(*Chanson de la Croisade albigeoise*, adaptation de Henri Gougaud, Berg International-LGF, 1989, lasse 137-140, pp. 203-211)

X
La rivolta di Trencavel
(1240)

Durante la legazione del vescovo di Tournai, il sommo pontefice affidò ai frati dell'ordine dei predicatori l'inquisizione da fare contro gli eretici, e a questo scopo furono delegati i fratelli Pietro Cellani e Guglielmo Arnaud, che fecero il nome di alcuni eretici di Tolosa che ritenevano potessero essere più facilmente convinti e li indicarono come ben noti eretici; poi, in questo modo, l'Inquisizione cominciò a poco a poco ad arrivare ad alcune persone più importanti. Ne conseguì che alcuni, persone dalle cospicue fortune, tentarono di porre ostacoli all'operato degli inquisitori; il che riuscì a tal punto e prevalse in tal modo, che i frati come anche il vescovo furono costretti a lasciare la città, e persino il convento tutto intero dei frati predicatori fu gettato fuori d'un solo colpo; quanto a ciò che si fece provare ai canonici della chiesa e alla loro gente, voglio tacerlo per rispetto della città, in cui un po' di lievito cattivo corruppe in quel momento e in quell'occasione l'intera massa, per quanto buona in sé. In quello stesso periodo, essendo stato liberato del fardello delle sue funzioni, il vescovo di Tournai venne sostituito dal venerabile signor Giovanni, arcivescovo di Vienne; sul quale, se si è letto ciò che gli scriveva riguardo ai fatti precedenti il Sommo Pontefice, il signor papa Gregorio IX, si conoscerà tutta la verità. Quanto al suddetto vescovo, nonostante la quartana che lo affliggeva, non tardò ad avvicinarsi alla Sede Apostolica e a rivelare il male al Sommo Pontefice. Tutto sommato, grazie alla sollecitudine del nuovo legato, un buon numero di cose fu sistemato affinché l'Inquisizione si muovesse più liberamente, stabilendo che coloro che avessero voluto in un termine di grazia dire tutta la verità su se stessi e gli altri, giurando di non essere più recidivi in futuro, non avrebbero avuto niente da temere per la propria persona o i propri beni e sarebbero diventati penitenti da sopportare. Inoltre, considerato che i frati predicatori erano temuti perché troppo severi, venne loro aggiunto un collega dell'ordine dei frati minori, il quale doveva temperare il loro rigore con la propria mansuetudine; in più, si aggiunse per grazia che gli inquisitori si sarebbero recati nelle diverse città del paese, e lì avrebbero ascoltato gli abitanti, affinché non potessero lagnarsi del disagio che avrebbero provato andando in luoghi lontani dal loro territorio. Dopo che così fu fatto e gli inquisitori furono arrivati al Castelnaudary, avendo chiamato dinanzi a loro gli uomini e le donne dei dintorni, li trovarono talmente legati l'uno all'altro che non se ne poteva estorcere una verità, o quasi niente. Perciò, di colpo e all'improvviso, essi si recarono a Puy-Laurens, dove non si era ancora stabilita alcun'intesa e trovarono che lì ci si confessava abbastanza, finché una lettera, ottenuta non si sa come dai magistrati municipali, non tenne in sospeso a lungo l'Inquisizione.

Tuttavia, con l'andar del tempo, l'arcivescovo di Vienne fu richiamato dalle sue funzioni e il Sommo Pontefice inviò al suo posto un legato *a latere*, cioè il vescovo di Preneste, cardinale della Chiesa romana.

L'anno del Signore 1239, il terzo giorno di giugno, il sabato della settimana, alle ore sei, vi fu un'eclissi di sole; un'altra ugualmente lo stesso anno, il giorno di san Giacomo. Stavolta il sole fu oscurato più di quando tramonta verso sera, ma assolutamente non come la volta precedente, poiché allora l'oscurità era stata tale che erano apparse le stelle.

L'anno seguente (anno del Signore 1240), avendo radunato un numeroso esercito, il conte di Tolosa in estate penetrò nella Camargue e si volse contro la città del conte di Arles, vicino Trinquetaille, al di qua del Rodano, e la guerra durò quasi tutta la stagione, tanto a causa dell'attacco e la difesa dei bastioni, per mezzo di macchine, petriere e altri strumenti d'assedio, quanto per i combattimenti ingaggiati sul fiume. I marsigliesi erano venuti in soccorso del conte di Tolosa, essendo egli loro signore.

In quello stesso periodo, Trencavel, figlio del vecchio visconte di Béziers, di concerto con gli importanti signori Oliviero di Termes, Bernardo d'Orzals, Bernardo Ugo di Serrelongue, Bernardo di Villeneuve, Ugo di Romegous, suo nipote, e Giordano di Saissac, invase le terre del signor re, nelle diocesi di Narbona e di Carcassonne; e un buon numero di castelli passarono a lui, Montréal, Montolieu, Saissac, Limoux, Azillan, Laurac, e tanti quanti ne volle, in questo primo momento d'impeto e terrore. Allo stesso tempo, entrarono a Carcassonne i venerabili padri arcivescovo di Narbona e vescovo di Tolosa, più i baroni della contrada e numerosi chierici della regione con la loro gente e i loro effetti, confidando nella sicurezza che ispiravano loro ugualmente la città e il borgo; infatti, il vescovo di Tolosa vi andava spesso, predicando ai borghesi e riconfortandoli e premunendosi contro la defezione nei confronti della Chiesa e del re, che non avrebbero tollerato, come potevano immaginare, che una cosa simile durasse a lungo. Durante queste esortazioni si riempiva la città di messi e vendemmia, le mura venivano fortificate con lavori in legno, si disponevano le macchine, si preparava tutto per il combattimento. Tuttavia, alcune persone del borgo si recarono in segreto dai nemici, offrendosi di farli entrare. Nello stesso tempo, il conte di Tolosa tornava dalla Camargue che aveva devastato, e al suo arrivo a Pennautier, vicino a Carcassonne, venne raggiunto dal siniscalco del re, uscito per chiedergli di scacciare dal paese i nemici del suddetto signor re. Alla risposta che su questo argomento avrebbe tenuto consiglio a Tolosa, ognuno se ne tornò a casa sua.

Pochi giorni dopo, il vescovo di Tolosa, la cui gentile lingua era quanto mai efficace nel mitigare gli odi, si recò col siniscalco nel borgo, riunì i borghesi e il popolo nella chiesa della beata Maria e là, sull'altare della Vergine gloriosa, li legò tutti con un giuramento sul corpo di Cristo, le reliquie dei santi e i santissimi Vangeli, perché stessero dalla parte della Chiesa, del re, di coloro che erano nella città e li difendessero. Poi, il giorno seguente, festa della Natività della beata Maria, avendo ricevuto delle lettere dal re con lo stesso messo che gli avevano inviato i borghesi, i prelati e notabili, chiusi nella città, le mostrarono con gran dispiegamento di gioia.

Ma, la notte stessa, avvenne che i nemici del re e della Chiesa vennero introdotti nel borgo e accolti nonostante i giuramenti; addirittura se ne prestarono allora di completamente opposti. Un buon numero di chierici che si trovava nel borgo si rifugiò in chiesa, e sebbene avessero ottenuto dal principe in persona, e con la garanzia della sua firma, la licenza di andare a Narbona con la promessa di sicurezza, appena uscirono furono assaliti da quei reprobi e sgozzati a tradimento in numero di trenta, oltre a quelli che, in ancor maggior quantità, furono uccisi vicino alla porta. In seguito, mettendosi a scavare al modo delle talpe, gli assedianti tentarono di penetrare nella città; ma essendogli andati incontro i nostri, ugualmente sottoterra, li costrinsero, con ferite, fumo e calce viva, ad abbandonare quest'opera. Non mancherò di riferire che Bernardo Arnaldo, Guglielmo il Forte e gli altri signori del castello di Pennautier, nonostante il giorno precedente avessero giurato al siniscalco che sarebbero venuti per difendere la città, l'indomani rinnegarono la loro promessa e si unirono ai nemici, accecati com'erano dalla loro stessa malvagità, da uomini scellerati quali erano, non vedendo ciò che avrebbe potuto loro valere la lealtà, né ciò che avrebbe potuto costar loro il tradimento.

Nel primo attacco, avendo preso un mulino difeso da una palizzata vecchia ed esile, gli assedianti uccisero i giovani che vi si trovavano. Durante l'assedio, i combattimenti si svolsero sempre molto vicini e con tanto più pericolo perché le case del borgo erano quasi contigue alla città, in modo che i nemici potevano, al coperto, arrecare gran danno con le loro baliste e aprire buche senza che gli altri se ne avvedessero. A ogni modo, erano trattati in pari maniera a grandi colpi di pietre e di macchine.

Si combatté così per circa un mese; dopo di che, arrivando soccorsi dalla Francia, i nemici non osarono attenderli e, avendo appiccato il fuoco in diversi punti del borgo, l'abbandonarono ai francesi per ritirarsi all'istante a Montréal, dove furono a loro volta assediati dall'esercito che li aveva inseguiti. Qui, dopo che ci si era battuti per diversi giorni, i conti di Tolosa e di Foix arrivarono infine a parlare di pace, e gli assediati, uscendo dal castello con armature e cavalcature, l'abbandonarono come anche gli abitanti. La stagione era ormai così rigida che sarebbe stato pericoloso per l'esercito svernare in un luogo simile.

(Guillaume de Puylaurens, *Histoire de la guerre des albigeois*, Mémoires relatifs à l'histoire de France, publiés par François Guizot, tome 15, J.-L. Brière, 1824, pp. 295-99)

XI
La caduta di Montségur
(1244)

Subito dopo, nella primavera dell'anno del Signore 1243, il conte Raimondo si recò alla corte di Roma; e lì, accanto all'imperatore, soggiornò un anno o quasi, e ottenne la restituzione del Contado Venassino. Nello stesso periodo, venne a Roma, dove era stato convocato, il vescovo di Tolosa; e nel frattempo, il venerabile signore Pietro d'Amiel, arcivescovo di Narbona, don Durando, vescovo di Albi, e il siniscalco di Carcassonne assediarono il castello di Montségur, nella diocesi di Tolosa, dove si erano insediati con l'usurpazione e la frode, e che tenevano da lungo tempo, i due potenti signori Pietro di Mirepoix e Raimondo di Peyrèle. Questo era il pubblico rifugio di tutti i malfattori, di tutti gli eretici e come la sinagoga di Satana, a causa della forza di questo castello, che, situato su un'altissima rupe, pareva inespugnabile. Essendovisi dunque presentati gli assedianti, dopo che furono rimasti a lungo senza trarre gran vantaggio, si decise di inviare dei valletti agili e con buona conoscenza del suddetto luogo con degli uomini d'arme che si prepararono a inerpicarsi di notte per orribili precipizi; e avendo raggiunto, con la guida di Dio, un posto fortificato, collocato su un angolo della montagna, essi sgozzarono all'istante le sentinelle, s'impadronirono del forte e passarono a fil di spada tutti quelli che vi trovarono. Poi, allo spuntar del giorno, come se fossero stati uguali agli altri assediati, tuttavia più numerosi di loro, cominciarono ad attaccarli vigorosamente. In realtà, guardando il terribile sentiero per cui si erano arrampicati di notte, non avrebbero mai osato avventurarvisi di giorno; ma essendo il nemico rinchiuso in quel modo in alto, divenne più facile a quelli dell'esercito salire in seguito; e poiché non si lasciava loro alcun riposo né di giorno né di notte, questi infedeli, non potendo resistere agli attacchi dei fedeli, consegnarono agli assalitori, a patto di aver salva la vita, il castello e gli eretici *rivestiti* che vi si trovavano, i quali, sia uomini che donne, erano in numero di duecento circa. Ora, era tra di loro Bertrando Marty, che avevano nominato loro vescovo; ed essendosi tutti rifiutati di convertirsi, come venivano invitati a fare, furono rinchiusi in un recinto fatto di pali e pioli e lì bruciati passarono al fuoco del Tartaro. Per quanto riguarda il castello, fu reso al maresciallo di Mirepoix, a cui apparteneva prima.

(Guillaume de Puylaurens, *Histoire de la guerre des albigeois*,
Mémoires relatifs à l'histoire de France, publiés par François Guizot,
tome 15, J.-L. Brière, 1824, pp. 307, 308)

XII
I principali luoghi della crociata albigese

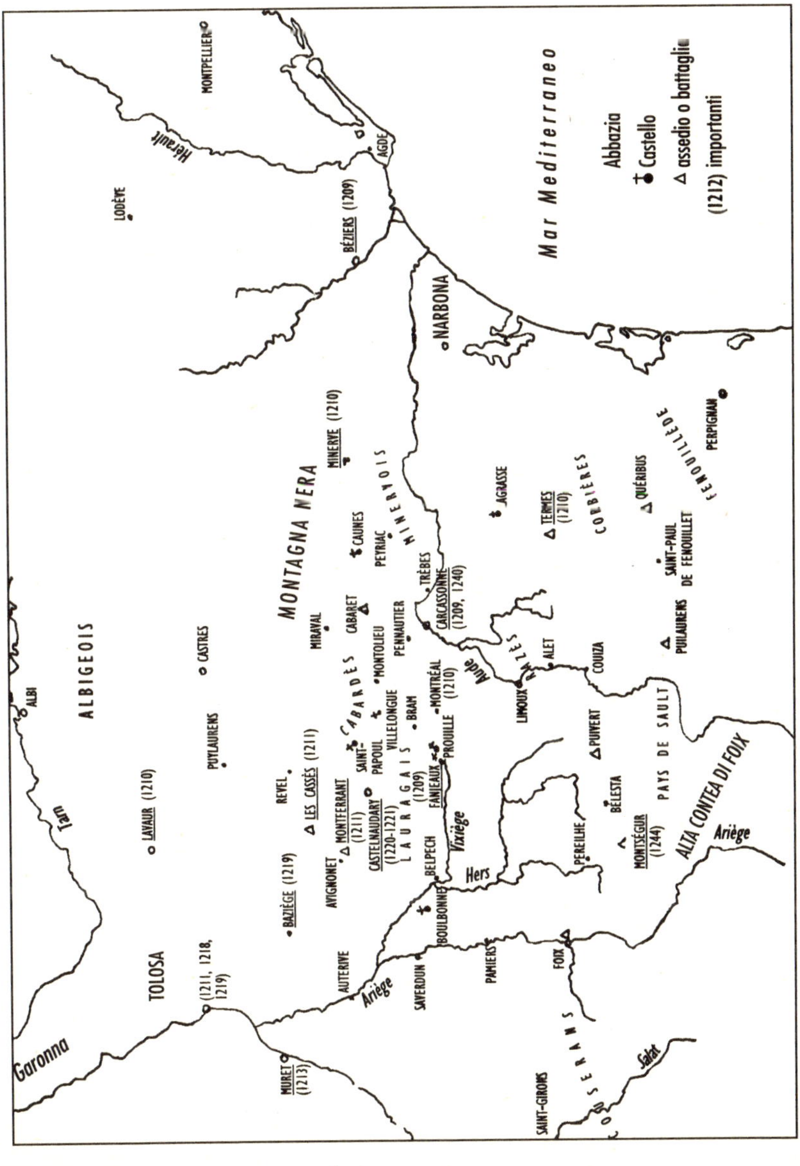

XIII
Tavole genealogiche

LA DISCENDENZA DI FILIPPO AUGUSTO

Filippo Augusto
1165-1180-1223

- s. 1. Isabella di Hainaut
  - Luigi VIII 1187-1223-1226 s. Bianca di Castiglia
    - 4 figli morti in tenera età tra cui Filippo
    - Luigi IX 1214-1226-1270 s. Margherita di Provenza
      - Isabella 1242-1271 s. Teobaldo di Navarra
      - Luigi
      - Filippo III
      - Giovanni Tristano conte di Valois s. Giovanna contessa di Blois
      - Bianca 1253-1323 s. Ferdinando de la Cerda (Castiglia)
      - Margherita 1254-1271 s. Giovanni duca di Brabante
      - Roberto 1256-1318 s. Beatrice di Borbone
      - Agnese 1260-1327 s. Roberto II di Borgogna
    - Alfonso conte di Poitiers s. Giovanna contessa di Tolosa
    - Isabella
    - Roberto conte di Artois s. Mafalda di Brabante
    - Carlo 1226-1266-1285 re di Sicilia s. Beatrice di Provenza
- s. 2. Ingeburge di Danimarca
- s. 3. Agnese di Merano
  - Filippo Hurepel s. Mafalda di Borgogna
  - Maria
- s. 4. una donna di Arras
  - Pietro Carlo vescovo di Noyon

I CONTI DI TOLOSA

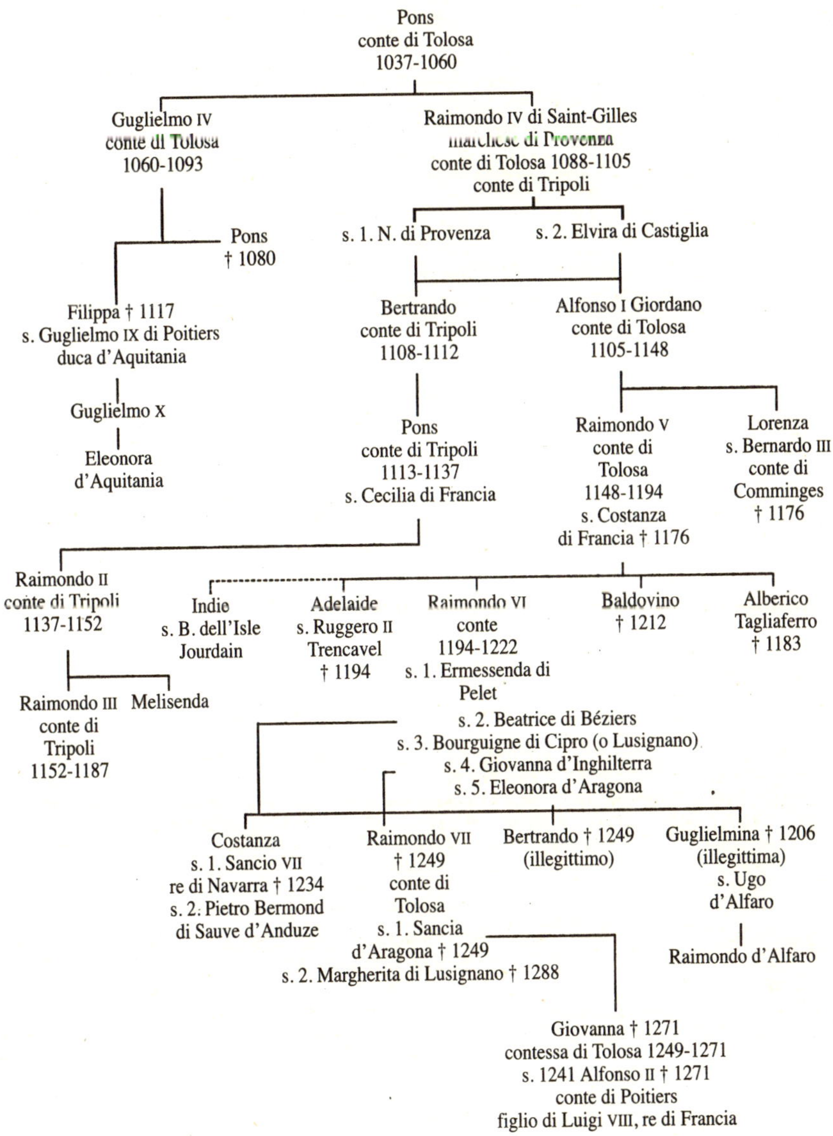

I MONFORT

- Amalrico conte di Hainaut in vita nel 952
  - Guglielmo di Hainaut, s. N. signora di Montfort e d'Épernon
    - Amalrico II di Montfort e d'Épernon, s. Bertrada 1028-1053
      - Simone I di Montfort † 1087, s. 1. Isabella di Broyes, 2. Agnese d'Évreux
        - (da 1.) Amalrico III † 1090
        - (da 1.) Isabella di Nogent
        - (da 1.) Eva s. Guglielmo Crespin
        - (da 2.) Riccardo † 1090
        - (da 2.) Simone II † 1101
        - (da 2.) Amalrico IV † 1136, s. 1. Richilde di Hainaut, 2. s. Agnese di Garlande o di Rochefort
          - (da 1.) Luciana s. Ugo di Crécy
          - (da 2.) Agnese s. il conte di Meulan
          - (da 2.) Amalrico V † 1140 conte d'Évreux
          - (da 2.) Simone III il Calvo conte d'Évreux, s. 1. Mafalda, s. 2. Amicia, contessa di Leicester
            - Amalrico VI, s. 1. Havis contessa di Gloucester, s. 2. Melisenda di Gournay
            - Simone IV † 1218 signore di Montfort, s. Alice di Montmorency † 1221
              - Amalrico VII, s. 1214 Beatrice di Borgogna † 1241 a Otranto
                - Giovanni
                - Margherita s. il conte di Soissons
                - Laura
                - Alice
                - Peronella
              - Guido conte di Bigorre, s. 1216 Petronilla di Comminges † 1220 a Castelnaudary
                - Alice
                - Peronella
              - Roberto † 1226
              - Simone V conte di Leicester † 1265
              - Amicia s. G. di Joigny
              - Laura s. G. di Picquigny
              - Peronella
            - Guido † 1228 signore della Ferté-Alais Castres-Lombers, s. 1202 Elvige d'Ybelin
              - Peronella
              - Filippo I † 1270 signore di Tiro e Toron
            - Bertrada
            - Peronella
            - Guiburga
        - (da 2.) Guglielmo † 1100 vescovo di Parigi 1092
        - (da 2.) Bertrada, s. 1. Folco IV d'Angiò, rapita e s. 2. dal re di Francia Filippo I
      - Mainier signore d'Épernon
        - Amalrico signore d'Épernon 1133
          - Simone
          - Mainier

I TRENCAVEL

- **Bernardo**, visconte nel 918
  - Frotaire
  - **Aton I**, visconte di Albi e Ambialet 937-942
    - Frotaire
    - **Bernardo II**, visconte di Albi e Ambialet 956-972
      - Frotaire, vescovo di Albi † 1014
      - **Aton II**, visconte di Albi e Nîmes † 1030
        - Frotaire, vescovo di Nîmes † 1077
        - **Bernardo Aton III**, visconte di Albi † 1060
          - **Raimondo Bernardo Trencavel** † 1074, visconte di Albi e Nîmes, visconte di Béziers e Carcassonne (con Esmengarda)
          - Frotaire

- **Garsinda di Béziers**, s. Raimondo di Carcassonne
  - **Pietro Raimondo**, conte di Carcassonne e Béziers
    - Ruggero III, conte di Carcassonne e Béziers † 1067
    - **Esmengarda**, contessa di Carcassonne (con Raimondo Bernardo Trencavel)

- **Bernardo Aton IV** † 1129, visconte di Béziers, Carcassonne, di Albi e Nîmes
  - Ruggero I † 1150
  - **Raimondo I Trencavel** †1167, visconte di Béziers, Carcassonne e Albi
    - **Ruggero II** † 1194, visconte di Albi, s. Adelaide di Tolosa
      - **Raimondo Ruggero I** † 1209, visconte di Albi, Carcassonne, Béziers
        - **Raimondo Ruggero II** † 1263, visconte di Albi, Carcassonne, Béziers, Nîmes, Agde
          - Ruggero, si fa crociato nel 1269
          - Raimondo
    - Raimondo Trencavel
  - **Bernardo Aton V** † 1159, visconte di Nîmes e Agde
    - **Bernardo Aton VI**, visconte di Nîmes e Agde, cede i suoi Stati a Montfort nel 1214

I VISCONTI DI NARBONA

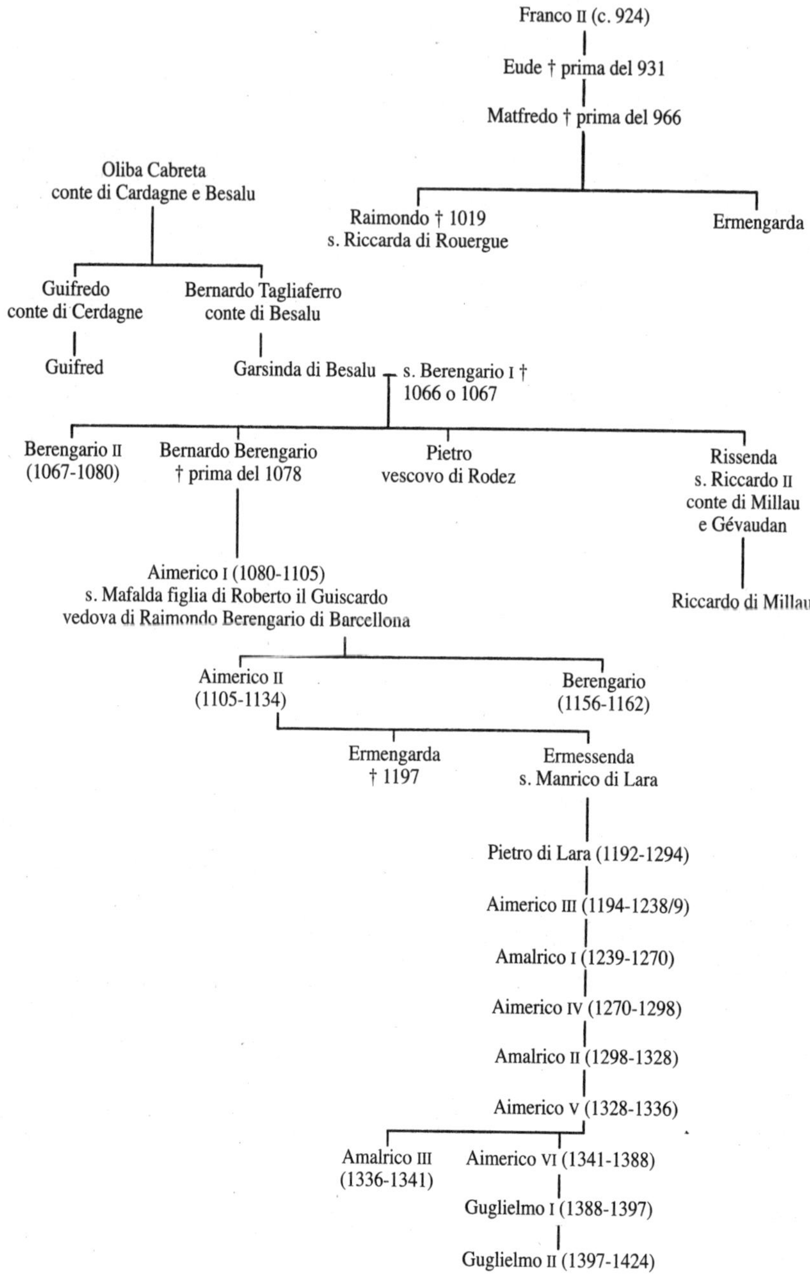

FAMIGLIA DI FOIX, DI COMMINGES E DI CARCASSONNE
(primo ramo)

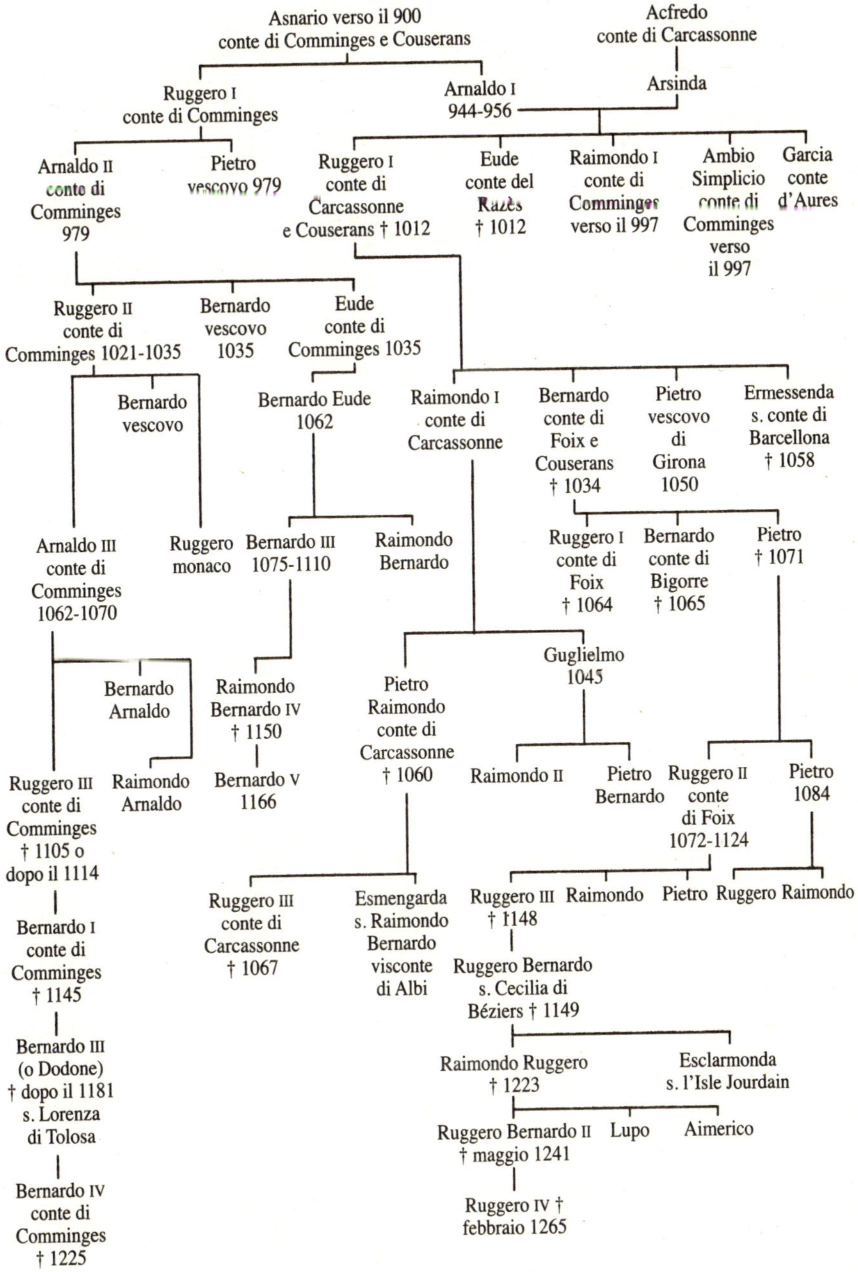

Indice dei nomi e dei luoghi

Indice

I volti della storia

Volumi pubblicati

LAURENCE GARDNER, *La linea di sangue del Santo Graal*
CLAIRE LALOUETTE, *L'Impero dei Ramses*
FRANCO CUOMO, *Le grandi profezie*
ROSALIE DAVID, *Alla scoperta dei misteri dell'Antico Egitto. All'ombra delle piramidi*
JOHN & ELIZABETH ROMER, *Sulle tracce delle Sette Meraviglie del Mondo*
COLIN WILSON, *Alla scoperta dei misteri del soprannaturale*
LAURENCE REES, *Nazisti*
ROBERTO GIACOBBO / RICCARDO LUNA, *Il segreto di Cheope*
MICHAEL D. COE, *I Maya*
CLAIRE LALOUETTE, *Il romanzo di Thutmosis, il grande Faraone*
MICHAEL BAIGENT / RICHARD LEIGH, *Origini e storia della Massoneria. Il Tempio e la Loggia*
GIUSEPPE CARLO MARINO, *Storia della mafia*
BRUCE PERRY, *Malcolm X*
LAURENT DESHAYES, *Storia del Tibet*
BRUNO ZEVI, *Controstoria e storia dell'architettura* (vol. I)
BRUNO ZEVI, *Controstoria e storia dell'architettura* (vol. II)
BRUNO ZEVI, *Controstoria e storia dell'architettura* (vol. III)
PAOLO PORTOGHESI, *I grandi architetti del Novecento*
STANLEY G. PAYNE, *Il fascismo*
CASSANDRA EASON, *Miti, magie e divinazioni delle antiche civiltà*
DAVID A. TRAILL, *Schliemann e il mistero di Troia*
JEAN RICHARD, *La grande storia delle Crociate*
STEFANO RIZZELLI, *Dalla Sindone a Padre Pio. I segreti del sacro*
MICHAEL H. HART, *Gli uomini che hanno cambiato il mondo*
RICHARD TOWNSEND, *Gli Aztechi*
PAULA CLIFFORD, *Breve storia della fine del mondo*
FRANCESCO VALITUTTI (con DIEGO VERDEGIGLIO), *Alla conquista dello Spazio*
ROBIN LUMSDEN, *La vera storia delle SS*
MARTIN BAUER, *Il mistero dei Templari*
BRIAN FAGAN, *I grandi imperi precolombiani e Regni d'oro. Regni di giada*
GIUSEPPE ANTONELLI, *Scipione l'Africano*
LUDOVICO GATTO, *Storia di Roma nel Medioevo*
DAVID FURLONG, *Le chiavi del tempio*
MICHAEL SMITH, *Foley. La spia che salvò 10.000 ebrei dai lager nazisti*
FRIEDRICH HEER, *Il Sacro Romano Impero*
PAUL JORDAN, *Gli enigmi della Sfinge*

GIANNI BISIACH, *I Kennedy*
ROBERTA MARESCI, *I grandi miti del XX secolo*
SIEGFRIED AUGUSTIN, *Storia degli Indiani d'America*
EUGENE DAVIDSON, *Gli imputati di Norimberga*
TIM WALLACE-MURPHY & MARILYN HOPKINS, *Sulle tracce del Santo Graal*
BRUNO ZEVI, *Capolavori del XX secolo, esaminati con le sette invarianti del linguaggio moderno*
ROBERTO IVALDI, *Storia del colonialismo*
ROBERT LOMAS, *L'uomo che ha inventato il XX secolo*
ALAN F. ALFORD, *Il mistero della genesi delle antiche civiltà*
MARTIN BIDDLE, *Il mistero della tomba di Cristo*
STAN LAURYSSENS, *L'uomo che ha inventato il Terzo Reich*
STUART STIRLING, *L'ultimo conquistador*
ANTONIO VARONE, *Pompei. I misteri di una città sepolta*
EUGENE DAVIDSON, *L'ascesa di Adolf Hitler*
GIULIO M. FACCHETTI, *L'enigma della lingua etrusca*
GUY PATTON / ROBIN MACKNESS, *L'enigma dell'oro scomparso*
ALAN F. ALFORD, *Dalle piramidi ad Atlantide*
IAN LAWTON/CHRIS OGILVIE-HERALD, *Il Codice di Giza*
CHARLES ALLEN, *Alla ricerca di Shangri-la*
GRAHAM PHILLIPS, *I segreti del Santo Graal e il mistero del sepolcro della Vergine Maria*
KLAUS P. FISCHER, *Storia dell'Olocausto*
MICHAEL BAIGENT / RICHARD LEIGH, *I segreti della Germania nazista*
LAURENCE GARDNER, *Le misteriose origini dei Re del Graal*
CLAUDIA CERCHIAI / FULVIA MAINARDIS / ALBERTO MANODORI / VINCENZO MATERA / CLAUDIO ZACCARIA, *Storia di Roma antica*
FRANCESCO FLORIS, *I sovrani d'Italia*
HERBIE BRENNAN, *L'enigma di Atlantide*
MICHAEL D. COE, *Le civiltà dell'antico Messico*
HOWARD REID, *Alla ricerca degli immortali*
EDMUND L. BLANDFORD, *I servizi segreti delle SS*
JONATHAN LUXMOORE / JOLANTA BABIUCH, *Il Vaticano e la bandiera rossa*
MICHAEL E. MOSELEY, *L'impero Inca*
MARILYN HOPKINS / GRAHAM SIMMANS / TIM WALLACE-MURPHY, *Il codice segreto del Graal*
PIERS PAUL READ, *La vera storia dei Templari*
NICK HAZLEWOOD, *Il Selvaggio di Darwin*
DAVID WRAGG, *Da Pearl Harbor alla guerra del Golfo. I fiaschi militari del XX secolo*
EUGENE DAVIDSON, *La disfatta di Adolf Hitler*
GIUSEPPE CARLO MARINO, *I Padrini*
GIUSEPPE ANTONELLI, *Caligola*
PAOLO CORTESI, *Alla scoperta del misterioso tesoro degli Inca*
KLAUS P. FISCHER, *Storia della Germania nazista*
MIKE PITTS, *L'enigma di Stonehenge*
ALAN F. ALFORD, *Le origini divine delle antiche civiltà*
JOHN KEAY, *Storia dell'India*
GIOVANNI DI BENEDETTO / CLAUDIO RENDINA, *Storia di Roma moderna e contemporanea*

RAFFAELE D'ANIELLO, *La battaglia di Little Big Horn*
LAURENCE GARDNER, *Mito e magia del Santo Graal*
ANDREA FREDIANI, *Gli ultimi condottieri di Roma*
ADRIAN HOUSE, *San Francesco d'Assisi*
PAUL JORDAN, *Neandertal. L'origine dell'uomo*
IAN SAYER / DOUGLAS BOTTING, *L'oro dei nazisti*
GORDON WILLIAMSON, *Storia illustrata delle SS strumento del terrore di Hitler*
BARBARA WATTERSON, *Alla scoperta degli dèi dell'antico Egitto*
J.A.G. ROBERTS, *Storia della Cina*
MICHAEL PHAYER, *La Chiesa cattolica e l'Olocausto*
HERBIE BRENNAN, *Storia segreta dell'Antico Egitto*
STEVE BLAKE / SCOTT LLOYD, *Alla scoperta del mistero di Re Artù*
JOHN PHILIP RAY, *La seconda guerra mondiale*
JOHN BRIGHT, *Storia dell'antico Israele*
PAOLO CORTESI, *Storia e segreti dell'alchimia*
GARY HYLAND, *I segreti perduti della tecnologia nazista*
FRANJO TERHART, *I Templari, guardiani del Santo Graal*
JOHN TEBBEL / KEITH JENNISON, *Le guerre degli Indiani d'America*
STEPHEN HODGE, *I manoscritti del Mar Morto*
CLAUDIO SAPORETTI, *La rivale di Babilonia. Storia di Ešnunna, un potente regno che sfidò Ḫammurapi*
ANDREA FREDIANI, *Le grandi battaglie di Roma antica*
ERLING HAAGENSEN / HENRY LINCOLN, *L'isola segreta dei Templari*
DAVID WELCH, *Le cospirazioni del Terzo Reich*
STAN LAURYSSENS, *Diario di un nazista. Le confessioni di Adolf Eichmann*
PIERRE AUBÉ, *Ruggero II. Re di Sicilia, Calabria e Puglia*
MICHAEL A. CREMO / RICHARD L. THOMPSON, *Archeologia proibita. Storia segreta della razza umana*
CLAUDIA BOCCA, *I Savoia*
GWENDOLYN LEICK, *Città perdute della Mesopotamia*
ALAN F. ALFORD, *Il segreto di Atlantide e delle antiche civiltà sommerse*
MIROSLAV VERNER, *Le Piramidi*
FERNAND BRAUDEL, *Il Mediterraneo*
MANFRED CLAUSS, *L'antico Egitto*
ANDREA FREDIANI, *Le grandi battaglie di Napoleone*
GIUSEPPE ANTONELLI, *Gli uomini che fecero grande Roma antica*
HOWARD REID, *La storia segreta di Re Artù*
LORIS BAGNARA, *Il segreto di Giza*
DAVID HACTHER CHILDRESS, *Le scoperte scientifiche delle antiche civiltà*
TREVOR RAVENSCROFT / TIM WALLACE - MURPHY, *Il potere occulto della Lancia del Destino*
GIULIO MAGLI / CATERINA LA PORTA, *Piramidi, stelle, megaliti, un enigma del passato*
PAUL MATUSSEK / PETER MATUSSEK / JAN MARBACH, *Il volto segreto di Hitler*
BIRGIT BRANDAU / HARTMUT SCHICKERT, *Gli Ittiti*
VENCESLAS KRUTA, *La grande storia dei Celti*
CHARLES ENDERLIN, *Storia del fallimento della pace tra Israele e Palestina*
ANDREA FREDIANI, *Guerre e battaglie del Medioriente nel XX secolo*
ANDREA ACCORSI / MASSIMO CENTINI, *La sanguinosa storia dei serial killer*
FURIO SAMPOLI, *Le grandi donne di Roma antica*

CHAIM HERZOG / MORDECHAI GICHON, *Le grandi battaglie della Bibbia*
PAOLO CORTESI, *Manoscritti segreti*
ROBERT HUTCHINSON, *Le armi di distruzione di massa*
ANDREW SINCLAIR, *Storia del terrorismo*
ANDREA FREDIANI, *I grandi generali di Roma antica*
DAVID ALVAREZ, *Spie in Vaticano*
LUDOVICO GATTO, *Storia universale del Medioevo*
ANDREW COLLINS / CHRIS OGILVIE-HERALD, *La cospirazione di Tutankhamen*
LAURENCE GARDNER, *I segreti dell'Arca perduta*
ANDREA FREDIANI, *Le grandi battaglie di Giulio Cesare*
JOYCE TYLDESLEY, *L'età d'oro dell'antico Egitto*
GUIDO LOPEZ, *I signori di Milano*
BRYAN MARK RIGG, *I soldati ebrei di Hitler*
TOBY WILKINSON, *La genesi dei faraoni*
YOSRI FOUDA / NICK FIELDING, *Le menti criminali del terrorismo*
TUDOR PARFITT, *Le tribù perdute di Israele*
ALAN F. ALFORD, *La Piramide dei segreti*
WALTER RAUSCHER, *Hitler e Mussolini*
RICHARD ENGLISH, *La vera storia dell'IRA*
BIRGIT BRANDAU / HARMUT SCHICKERT / PETER JABLONKA, *La misteriosa storia di Troia*
GRAHAM PHILLIPS, *I Templari e il mistero dell'Arca perduta*
DAVID WEBSTER, *La misteriosa fine dell'impero maya*
RALPH ELLIS, *I sovrani scomparsi dell'antico Egitto*
DAVID ROHL, *Il testamento perduto*
ANDREA FREDIANI, *Le grandi battaglie di Alessandro Magno*
DAVID CROUCH, *I Normanni*
ALAIN DEMURGER, *Tramonto e fine dei cavalieri templari*
TOBIAS CHURTON, *Le origini esoteriche della Massoneria*
IAN LAWTON, *Le antiche civiltà antidiluviane*
JÉRÔME BASCHET, *La civiltà feudale*
JONATHAN WRIGHT, *I Gesuiti*
RALPH-JOHANNES LILIE, *Bisanzio, la seconda Roma*
GIULIO MAGLI, *Misteri e scoperte dell'archeoastronomia*
LAURENCE GARDNER, *I figli del Graal*
PHILIP MATYSZAK, *I grandi nemici di Roma antica*
ANDREA FREDIANI, *Le grandi battaglie dell'antica Grecia*
ANDREW COLLINS, *Il Graal*
MICHAEL J. BENTON, *La più grande catastrofe di tutti i tempi*
ANDREA FREDIANI, *I grandi condottieri che hanno cambiato la Storia*
HUGH KENNEDY, *Storia della più grande dinastia islamica*
HERBERTO NORMAN ACOSTA, *Ernesto Che Guevara*
LIONEL E PATRICIA FANTHORPE, *Il mistero del tesoro dei Templari*
KAREN LIEBREICH, *Intrighi e scandali in Vaticano*
VINCENZO MARIA MASTRONARDI / RUBEN DE LUCA, *I serial killer*
GIUSEPPE ANTONELLI, *Giulio Cesare*
LYNN PICKNETT, *La storia segreta di Lucifero*
FRANCISCO FLORIS, *I sovrani d'Europa*
LAURENCE GARDNER, *I segreti della Massoneria*